〔咸丰〕壬癸志稿

〔清〕钱宝琛 辑
太仓市史志办公室 编

广陵书社

图书在版编目（CIP）数据

〔咸丰〕壬癸志稿 / （清）钱宝琛辑 ；太仓市史志办公室编. -- 扬州 ：广陵书社，2023.5
ISBN 978-7-5554-1953-2

Ⅰ. ①咸… Ⅱ. ①钱… ②太… Ⅲ. ①太仓—地方志—清代 Ⅳ. ①K295.34

中国国家版本馆CIP数据核字(2023)第072719号

书　　名　〔咸丰〕壬癸志稿
作　　者　〔清〕钱宝琛辑　太仓市史志办公室编
责任编辑　罗晶菊

出版发行　广陵书社
扬州市四望亭路2-4号　邮编　225001
(0514)85228081(总编办)　85228088(发行部)
http://www.yzglpub.com　E-mail:yzglss@163.com
印　　刷　无锡市海得印务有限公司
装　　订　无锡市西新印刷有限公司

开　　本　889毫米×1194毫米　1/16
印　　张　26.5
字　　数　502千字
版　　次　2023年5月第1版
印　　次　2023年5月第1次印刷
标准书号　ISBN 978-7-5554-1953-2
定　　价　120.00元

点校说明

钱宝琛（1785 — 1859），字楚玉，又字伯瑜，晚号颐寿老人，人称茧园先生，江苏太仓人。嘉庆二十四年（1819）进士，历任贵州学政、河南归德知府、云南按察使、浙江布政使，以及湖南、江西巡抚等官。著有《存素堂诗稿》《存素堂文稿》《补遗》《奏疏》等。钱宝琛之孙钱溯耆在《识》语中叙述了《〔咸丰〕壬癸志稿》的成书过程："吾乡鳌《志》（指《〔嘉庆〕直隶太仓州志》）以后，失修已历五十年。咸丰二年，先大父创议重修，偕季菘耘、赵耳山、叶涵溪、毕雄伯诸先生开局分纂。旋以军兴，未及卒业，仅成《人物传》数十卷。先敏肃公暨叔父通守公屡欲付梓，以公冗未果。光绪六年，溯耆携之武昌，敬治剞劂，阅六月工竣。以先人未成之书，仍其名曰《壬癸志稿》，盖壬子、癸丑二年所作也。"

书名之所以称《壬癸志稿》，是因为编修年份是"壬子、癸丑二年"，即咸丰二年（1852）、咸丰三年（1853）。本志上承《〔嘉庆〕直隶太仓州志》，原意是要编成《太仓州志》，参与编纂的有季菘耘、赵耳山、叶涵溪、毕雄伯等人，后因太平天国运动而中断，没有全部完成，只有钱宝琛编纂的人物部分书稿在光绪六年（1880）由其孙子钱溯耆带到武昌付印了。

是书共二十八卷，载太仓州与镇洋县人物，略如清代一般志书的体式。卷一名宦：太仓州台司、郡守、知州、倅貳、教职、武职；卷二至卷十八人物：太仓州列传、忠节、孝友、文学、宦绩、耆硕、义行、隐逸、艺苑、技术、流寓、释道、杂传、列女、名媛；卷十九名宦：镇洋县知县、佐貳、教职；卷二十至卷二十八人物：镇洋县列传、孝友、文学、宦绩、耆硕、义行、列女、名媛。此志乃钱氏谢病归里时所作，仅存《人物》一门。既然称《志稿》，当然表示其原始性。所收人物，与旧志相比要多，记述也较征实。流传的主要版本有光绪六年（1880）刻《钱颐寿中丞全集续编》本。

目录

国朝

教职

元

明

国朝

武职

明

国朝

卷二　人物

太仓州列传

宋

元

明

国朝

卷三　人物

太仓州忠节

元

明

国朝

卷四　人物

太仓州孝友

宋

元

明

国朝

卷五　人物
太仓州文学

宋

元

明

国朝

卷六　人物

太仓州宦绩

宋

元

明

卷七　人物

太仓州耆硕

卷八 人物

太仓州义行

元

明

国朝

卷九　人物

太仓州隐逸

宋

元

明

卷十　人物

太仓州艺苑

明

国朝

卷十一　人物

太仓州技术

元

明

国朝

卷十二　人物

太仓州流寓

元

明

国朝

卷十三　人物

太仓州释道

元

明

国朝

卷十四　人物
太仓州杂传

卷十五　人物
太仓州列女一

卷十六　人物
太仓州列女二

卷十七　人物
太仓州列女三

卷十八　人物
太仓州名媛

卷十九　名宦
镇洋县知县

佐贰

教职

卷二十　人物

镇洋县列传

国朝

卷二一　人物

镇洋县孝友

国朝

卷二二　人物

镇洋县文学

国朝

卷二三　人物

镇洋县宦绩

国朝

卷二四　人物

镇洋县耆硕

国朝

卷一　名宦

太仓州台司

元

董抟霄

董抟霄，字孟起，藁城人。性耿介刚明。至正十三年，海贼侵太仓，立水军都万户府镇之，抟霄由江浙行省参政任副万户事。时方国珍引兰秀山贼来寇，抟霄督战舰御，获贼数百人，枭首。刘家港及半泾，由是贼不敢犯。祀遗惠祠。

明

吴　桢

吴桢，定远人。洪武初，以靖海侯张寅《志》作靖远侯。开府太仓，总督海运。读书，好文士。凡船场、兵库、公馆诸廨，皆其建置，于娄民尤多惠爱。

陈　瑄

陈瑄，字彦纯，合肥人。永乐初，以平江伯总督海漕，礼贤惠下，人心翕服。后建议凿漕渠，功尤伟。军民为立祠。

夏原吉

夏原吉，字维喆，湘阴人。历户部侍郎。永乐初，两浙大水，奉命来治，奏罢害政数十事。布衣徒步访水道，导之入海。奏发粟三十余万石，活饥民甚众。时议水退淤肥，宜召佃垦种以益国用。原吉驰奏，不宜重困吴民，议乃寝。祀遗惠祠。

周　忱

周忱，字恂如，吉水人。宣德五年，以工部侍郎巡抚南畿，置水次仓，受秋粮。运外余米，以充夏税。又余，即应百公务，为东南利。又以太仓、镇海二卫同治一城，请立学，训卫子弟，太仓文教自忱始。祀遗惠祠。又与都御史崔恭祀二卿祠。

崔　恭

崔恭，字克让，广宗人。天顺初，以副都御史巡抚应天，务守周忱规制。太仓卫有军户绝，无赖子利其遗产，自诬占籍。御史郭某信之。里中连坐配卫者二十四人列状诉，恭下有司核实，尽复为民，一方颂德。祀遗惠、二卿两祠。

王　恕

王恕，字贯宗，三原人。成化间，巡抚应天，奏建太仓州治，下苏州府核报，旋寝，后卒如恕请。祀遗惠祠。

朱　瑄

朱瑄，鄞县人。弘治间，巡抚应天，请立州治，疏陈六利，诏可。州初立，凡营度多出瑄手。廉节约俭，勤恤民隐，祀遗惠祠。

艾　璞

艾璞，官都御史，曾大有、张旻并官巡按御史。弘治十七年，海寇施安、钮东山等作乱，会驻太仓，率舟师讨平之。并祀遗惠祠。

高　江

高江，正德间任浙江按察佥事。先是，弘治间又有备倭都指挥佥事王宪，俱平海有功，祀遗惠祠。

蔡克廉

蔡克廉，号可泉，操江都御史。嘉靖三十二年，倭突薄太仓城，时克廉驻苏州，星驰至州城，乘堞，冒矢石，督将士固守，击杀贼三十余人，乃遁去。

周如斗

周如斗，字允文，余姚人，苏松巡按。嘉靖时，倭寇太仓，后复苦旱，疏免一岁税粮。又御史尚维，倭乱后奏留漕米万石赈饥。

任　环

任环，字应乾，潞安人，任苏州府同知。嘉靖三十二年，倭入寇，环练民兵，躬介胄，策马力战，遍体书姓名曰："死绥，职也！为二亲记此发肤。"环治兵，夜不解甲，与士卒同寝食。俸入悉以犒士，士乐用命。尝与贼战，败，追几及，庖者徐佩手搏贼免环，佩竟死。既以佥事备兵太仓，疽发，闻贼至，裹创出击，贼大败，俘斩甚众。倭平，升参政。卒赠光禄卿。

王仪

王仪，字克敬，霸州人。嘉靖二年进士。初知嘉定县，后守苏州。及任苏松兵备副使，时倭初平，议省兵食，仪独详利害，请于台凡十五事。乃即所部自金山而北至圌山，袤八百里，合诸军分戍。又移镇将，使首尾应。尝督漕遇涸，仪发机致水，凡三百里，以五日济。谓吴田粮不均，下属邑，履亩会计。仪竭思立法乃均。去后，民祀州之钟楼，今改祀报本寺。

欧阳铎

欧阳铎，字崇道，泰和人。嘉靖初，巡抚应天。时苏郡田赋大坏，豪右多欺隐诡寄，粮轻者亩五升，重者十五倍之。铎言："苏之田赋甲天下，吾不能减额而能均之。"会苏州知府王仪迁兵备副使，议相合，下属邑清丈均科，则赋以平。太仓镌石公所。

倪元珙

倪元珙，字赋汝，上虞人。以御史提学江南。时吴中盛文社，太仓复社，张溥主之，四方云集。有为蜚语告变，下台司治。元珙抗言："诸生修名节，讲文艺，无乱状。"柄国者以为党，谪光禄寺录事。

冯元扬

冯元扬，字尔赓，慈溪人。崇祯八年，以参议任苏松兵备道。抵任，视行间积玩，慨然曰："我官何衔？兵不备，曷称职？"乃选材官，简募技勇，别设一营，号中权，增饷练武。适京师戒严，元扬闻命，泣谕将士出师勤王，皆感奋，事解而回。于是浚城濠，置器械，举军政。复檄试四郡士，兼策经济，拔其尤，子弟称冯氏学。性廉平，吏事尤精敏，诘盗片言可折；财赋累万，运掌可会计。会复社蜚语上闻，事下台司，元扬同倪元珙力为申辨，触权贵，左调去。濒行，官军泣下，士民拥车，几不前。

黄希宪

黄希宪，字又生，宜春人。崇祯十三年，巡抚江南。时民困于役，最重为白粮解户，家立破；其次征地丁银为收头，民田十亩以上者，皆不免。希宪疏其害，请以白粮委县佐而收银属之吏，重困尽释。

国朝

秦世祯

秦世祯，字瑞寰，广宁人。顺治八年，以御史按吴。弹贪墨，捕大蠹，雪冤诬。时漕卒骄横，每米石索加银二三钱，世祯奏立五米五银法，官给之，著为令。

李森先

李森先，字琳枝，平度人。崇祯十三年进士。顺治十三年，以御史按吴。捕豪猾胥吏，悉置诸法。又举孝子、节妇以兴民行。时刘河塞，工巨，台司莫敢任。森先因士民请，独与知州白登明决策开浚。功垂成，以他事逮去，父老、执役者皆为垂涕。

马　祜

马祜，字笃周，满洲人。顺治九年，满洲榜进士第三人及第。康熙八年，巡抚江苏，奏蠲元年至八年逋赋一百九十余万。浚刘河、吴淞江；清田亩，行官收官兑法；修筑南北塘；歼盗魁，雪沉狱，一时风俗清谧。会淫雨，漂没田庐，忧惶成疾而卒。自草遗疏，极陈水灾民困，言不及私。

方国栋

方国栋，字干霄，宛平人。康熙十二年，任守巡道，修筑沿海墩台、桥梁、堤岸及建刘河闸。措办工费，不以累民，民咸德之。

慕天颜

慕天颜，字鹤鸣，静宁人。康熙十五年，任布政使。值水旱相仍，亟赈贷，缓征税。已又开浚刘河、吴淞，利七郡蓄泄。寻入觐，凡七上疏，请减赋除荒。及升巡抚，复疏请蠲被灾田赋，民困以苏。

汤　斌

汤斌，字孔伯，睢州人。顺治九年进士。康熙二十三年，巡抚江苏，饬僚属，安农业，罢淫祀，复社学。吴俗奢靡，悉裁之以礼。又累疏陈吴民疾苦，请减赋额。还朝之日，吴人攀送者数千人。

赵士麟

赵士麟，字玉峰，河阳人。康熙二十五年，巡抚江苏。下车，捕豪猾奸蠹，悉置之法，境内肃然。时太仓收白粮苛甚，折斗米至三百钱。士麟行部至，收蠹胥重杖之，欢呼载道。

包括　缪礼山　胡文伯

包括，钱塘人，进士。缪礼山，汉军人，雍正朝并任分巡道，驻太仓，整饬官方，民怀其德。胡文伯，海阳人，岁贡，乾隆朝任苏松粮储道，漕政肃清，升江苏按察使，旋擢巡抚。贤声清节,并著于时。

林则徐

林则徐,字少穆,侯官人。嘉庆十六年进士。道光三年,任江苏按察使。其夏大水,至初冬,四乡犹巨浸,农不得耕。州绅士议挖刘河故道以泄上游诸水,大吏或难之,则徐力主其议。未半月,水尽泄,高下皆得树麦。后十年,抚吴,遂有开浚刘河之役。则徐每坐小舟,数往来河上,察勤惰、测浅深,与役人相劳苦,不烦供亿。其规画详尽,见《水利》中。

郡守

明

况钟

况钟,字伯律,深州人。始以吏事,尚书吕震荐授部曹。宣德初,擢知苏州府,赐敕以便宜行事。郡田税额最重,钟奏减正赋七十二万一千有奇,募民垦荒起科,以免赔粮一十四万九千五百有奇,停征淹没田粮二十九万五千。往时太仓重赋,其得递减者,皆钟力也。祀遗惠祠。

林世远

林世远,四会人。弘治年,知苏州府。值崇明施天泰等作乱,嗥入刘家港,纵火而西。都御史魏绅檄世远谕降之。

国朝

贾朴

贾朴,故城人。康熙四十五年,知苏州府,洁己爱民,整饬纲纪。按部至太仓,亲鞫剧贼马张二等,得实,饬署州商奕铨立毙之,州境以安。

知州

元

王安贞

王安贞,字吉卿,安阳人。延祐初,以朝列大夫知昆山州。时州治初迁,安贞事有规制，民不知扰，政教并行。秩满，迁饶州路治中，州人祀于学。

那　怀

那怀，蒙古瓮吉剌氏。泰定初，以武德将军任昆山州达鲁花赤。时州未立廨，那怀创作之。先是，上官至，民苦供帐，那怀以公镪预办，役始息。又崇儒重老成，为时贤牧。

八资剌

八资剌，字思齐，畏吾氏。至元二年，以奉议大夫监昆山州。先有憸人占学宫，斥诸生立石隐界。八资剌下车，即还诸生籍，兴复如旧。又建采芹亭，风俗为之一变。

勃罗帖木儿

勃罗帖木儿，字存中，唐兀氏。至正七年，以奉议大夫监昆山州。适立都水庸田使司，受委开浚，工毕，民不知役。修庙学，礼乐力善，有仁恕风。

史文彬

史文彬，丹阳人。至正九年，领昆山州事。明年春，海寇犯境，官军百艘，所过横掠。文彬严禁之，犯则立置于法，民以安堵。新庙学，增弟子员，劝农平役，皆极明干。

明

李　端

李端，字表正，枣阳人。弘治十年，立太仓州，以御史出知州事。时方草创，两卫弁争长，军伍仍故习，侮乡民，端治以法，皆敛手服。崇明有黄道，恣劫杀人，县莫能禁。端以计擒之，笞死。为人倜傥，负气节，面折豪贵，无所讳。升广南知府，行橐萧然。祀遗惠祠。

翟　敬

翟敬，猗氏人。由翰林院检讨出令休宁，来知州事，莅以宽简。尝靖海盗，不见声色。三年，迁凤翔府同知，累官都御史。

倪宗正

倪宗正，字本端，余姚人。以庶吉士出知州事，有性度，和易近民。时东南大水，民死载道。宗正殚心拯救，疏陈利弊六事，其兴水利、均田税，尤为切要。迁兵部武选员外，戒行[1]，州民遮道泣。

1　戒行：登程，出发上路。

黄廷宣

黄廷宣，字汝为，莆田人。正德九年进士。来知州事，抚众慈易，于奸宄不少借。禁游僧毋入境，数毁淫祠，立乡学，延师训子弟。岁旱，去冠盖，被农服，祈祷四郊，三日而雨。时冠礼废，廷宣醮其子，择名士为宾曰："此古成人礼，其为州倡！"性方严，不能曲意。在州五年，改南京右军都督府经历。

刘世龙

刘世龙，字允卿，慈溪人。正德十六年进士。嘉靖初，知州事。世龙短视，动止简略。公暇，喜吟咏，善草书。然性明察，心在民事。时立州已三十年，进士屈儒、太仆丞姚奎以添设非宜，奏请裁撤。世龙采诸生王梁议，力言存州有六便，勘上，州得不废。寻入为国子监博士。

王　扬

王扬，字维直，三河人。以刑部员外郎出知州事。性刚方，又通敏，无留狱。教子弟有法。州苦徭役，里胥得为奸，扬手自编次，民力乃均。未二年，入为兵部员外郎。

陈　璜

陈璜，字佩之，鄱阳人。以兵部郎中调外知州事。吏治尚修谨，不为深文。修庙学，创三闸，撤淫祠材建尊经阁，公私不扰。暇日，集诸生讲说经义。人称循良。

黄仁山

黄仁山，字元静，新淦人。以给事中迁严州知府，谪知州事。性明敏，御事精审，讼狱皆无留滞。升马湖同知。

杨儒鲁

杨儒鲁，字得之，兴国人。嘉靖五年进士。初知通州，改太仓。儒鲁坦易，好文墨，有乞书者，公暇即据案应之。政近人，无操切。转户部员外郎。时郡县吏任内有民逋，虽迁，例不得去。儒鲁既转，得代巡抚责完逋，因僦居民舍。民争输之，不一月报具。

熊　桴

熊桴，字元乘，武昌人。嘉靖二十九年进士，知州事。三十二年，倭突入刘家港，掠州四境，寻薄城，桴昼夜乘城守。适御史蔡克廉至，倭乃去。复奉台檄出入兵间，多军功。当倭掠时，掘地夷灶，村镇几无人。倭退，桴百方抚循。复苦旱，请于御史周如斗，疏免一岁税粮，孑遗始全活。以功升苏松兵备道。

孙　科

孙科，号勿斋，普安人。由举人知州事。性介，不名一钱。时苦里甲供应夫役，条上，得召募。设谕盗六禁，民知惩劝。月课诸生，勤学者优给之。教俗俭约，务修行。兵荒后，赖以安息。在任凡三年。

袁伯睿

袁伯睿，江西人。由举人知州事。政简约，不徇请谒。或属以事，即面谢不敏。时田赋多隐匿，伯睿履亩清量，豪不得占，隐额遂平。性迟缓，方言目迟缓为木拖，因以呼之。伯睿闻，笑曰："后人当思我木拖也！"去，果怀之。

韩　策

韩策，字对廷，南宫人。万历十四年进士，知州事。值频年水旱，胔骸盈路。策请台司，得公镪万余，浚水道，民因借畚锸全活且贻远利。当审徭役，与乡民絮语，务得其情。

丁永祚

丁永祚，号建白，南昌人。万历二十年会试副榜，授福清知县，升太仓知州。岁旱潦，永祚蔬布徒跣，烈日泥涂中。雨旸，立应台檄急催科，令民无恐，我以官争之。民不忍，逋赋亦办。给定役下，里孤嫠至攀案与争，用物给平值，牙户不知官估。先后七年去。

赵赞化

赵赞化，字延禧，德化人。万历四十一年进士。天才敏决，事无留者。州田赋隶都，都设图不等，图设甲十，甲领散户。胥匿赋，每征籍，止载欠数，凡田若干、税粮若干，不摄总数，可以恣弊。赞化立长单法，视单会计，胥吏洗手从事。旧时，十甲轮充里长，任催一都赋。当其年者，殊苦。赞化独责都中逋重户任催，如自及额即易他逋户，复宽程限，故赋清而民不告艰。治狱立辨，两造咸服。或偶失当，即引咎改之。家人归，一老仆左右。夜篝灯案牍，毕身自执爨。任五年，升工部员外郎。

陈如松

陈如松，字白南，同安人。举人。由萧山知县升知州。性落拓，绝一切尺幅。然负高才，有强力。事无剧易，五官并给。治大讼，呼两造摇手："何苦冤结，我为若解之。"小讼开两手，作势曰："多事逐去！"州例，官放衙，管库吏治具以进，如松叱去。谒台司，候久，出袖中钱市粝食以食。即台司至，供帐简脱，诘责亦不动也。尝试童子，卷千余，一日夜。榜发，有诉遗斥者，如松问姓名，即诵其疵句，惊，相匿去。书法名家，人乞书，就判案应之。后以忤上官意，拂衣去。

刘士斗

刘士斗，字瞻父，南海人。崇祯四年进士，知州事。读书知大体，常旷不取一官下物。值生子，市吴绸四尺，人以为异。心慈厚，坐堂上，村妇子皆得至其前。嫉恶最严，以次锄奸猾四五辈。下车时，衙役衣鲜衣、乘肩舆，其役身宦家者益横，士斗皆绳以法。豪凌良弱，立逮治。他邑枉滞，多乞台司赴太仓讯辨。仿前知州赵长单法，邑赋以清。朔望集子弟，甲乙文艺，子弟咸劝。六年冬，署昆山。适漕卒恣暴，民哗，忌者以闻，左调去。两邑士民号呼，负砖石填城门。适巡盐御史行部，群诉且泣。御史特疏辨留，不得。扁舟夜出境，后任成都推官。十七年，擢建昌兵备佥事。未行，张献忠陷城，被杀。妾张氏、幼子晋积薪阖署自焚，二十余人同殉义。国朝赐谥烈愍。

钱肃乐

钱肃乐，字希声，鄞县人。崇祯十年进士，授太仓知州。豪奴黠吏，按必如律。民有母讼子，杖其子，令跪母前，并谕其母，俱感动泣谢去。有兄弟讼者，谕之曰："汝小忿，奈何伤天性亲？盍退思？"阅数日，兄弟果来谢。州健讼，多以人命诬人。肃乐令投牒时，先书"尸棺到坛"四字，验真讯如法，否则坐诬去，风顿息。大旱，祷于神，雨随至。时苦蝗，米价腾贵，穷民聚为乱。肃乐捕其魁，立毙之。复劝大姓出粟赈饥，减价平粜，设法煮糜，举同善会，周恤善类，全活甚众。在任五年，善政毕举。与州人张采同修州志。秩满，迁刑部员外郎。丁艰归，后仕鲁藩，死于福州琅琦山。事详《明史》。国朝赐谥忠节。

国朝

李作楹

李作楹，字辛水，孝感人。明崇祯三年举人，知州事。鼎革初，海氛屡警，苦供亿。作楹储峙粮草，取办俄顷。大兵过，民不为扰。时新令未颁，赋役纷杂，讼狱滋兴。作楹翦奸抉弊，综理无滞，众心折服。又以其暇，衡文校士，奖励诸生。迁江西建昌同知去。

白登明

白登明，字林九，奉天人。由柘城知县升授知州。甫下车，立四禁：一衙蠹，一地棍，一赌博，一奸淫。浃旬，试诸生，令于卷尾陈利弊，以次摘发无遗。时大蠹五六人，盘踞州境，构陷良善，人不自保，复要结抚按衙门，操官吏短长，莫敢诘。登明先后计擒之，杖毙通衢。奸人专构造命盗案，或捃摭人阴事，兴大狱，鞫讯得实，立毙之。邻境有冤，咸请上官，付州质审。尤以德教民，立讲院，举同善会，赈孤贫，旌孝义，无虚日。催科自正供外，毫无羡余。州民以条丁银自封投柜，自登明始。州地东高西下，自刘河壅塞，旱潦无备。登明用销圩法，先浚朱泾，继浚刘河。于是，震泽诸水得以入海，实为东南七郡利。会以逋赋劾去，士民祖道[1]阗咽。乡城皆立生祠。

朱士华

朱士华，字君实，镶蓝旗人。荫生。康熙十六年任知州。莅任后，劝农桑，省刑罚，缓征税，绝苞苴，礼贤敬老，为政不尚烦苛，务以德化。以拙于催科罢去。去之日，居民泣送者万人。

王溯维

王溯维，字七峰，嵩县人。康熙三十九年进士。由昆山知县升任。州邻昆山，溯维为政强敏久著，至州，奸猾屏息，夜不吠犬，衢巷不闻哄斗者。时立镇洋县分治，州岁漕犹六万有奇，溯维不抶一人，旬余报具。以迁去。

黄廷铨

黄廷铨，奉天正红旗人。《职官表》作"正黄旗"。由高邮知州来知州事。性质直廉断，折狱凭法，不受请谒。罢官后，侨居民舍，饘粥不给，竟卒于寓。

江之炜

江之炜，字葵峰，晋江人。举人。雍正十一年由嘉定知县升任。州故无当铺，时被祲后，贫民缓急不便。之炜招苏郡大铺，分开州境，民至今赖之。州之田赋，旧设图书册、书里书、区书，催科则有里差、地差、坐差诸名目，民苦其扰。之炜勒碑永革，并檄四邑通行之。每朔望，必课诸生于尊经阁下，手定甲乙，一时有人伦之鉴。乾隆五年，以事劾去。

傅　椿

傅椿，字受先，镶黄旗人。由高邮知州来知州事。为政明敏，案无留牍。披览讼牒，洞见委曲，经其摘发，无冤者。在任二年，疏七浦，通城濠，经理有次第。迁淮安知府，民惜其去。

赵锡礼

赵锡礼，字叔叙，兰溪人。进士。由泰州知州来知州事。干练勤敏，用法严明，民不敢犯。民间买田宅输税者，向假手胥吏，累岁不给印券，弊日滋。锡礼每升堂收税，钤印

1　祖道：古代为出行者祭祀路神和设宴送行的礼仪。《汉书》载，西汉将领李广利率军队出击匈奴之前，"丞相为祖道，送至渭桥"。

对给，民甚便之。州治久圮，以罚锾葺而新之。在任一年，擢知安庆府。

蔡长沄

蔡长沄，字巨源，漳浦人。以官生考授京畿知县。《职官表》作“优贡生”。乾隆九年，由无锡知县升任太仓州。父礼部侍郎世远，为理学名臣。长沄本家学，施之政事，勤恤民隐，廉正自持。时州境有民妇王徐氏以邪教煽众，其党蔓延。事觉，捕之，诛其首，余置不问。性侃直，不少依附。升松江知府。《职官表》作“江宁府”。后仕至刑部侍郎。

宋楚望

宋楚望，字荆川，当阳人。进士。乾隆十七年，由扬州府同知调太仓。初下车，咨访民瘼。沿海屡被潮患，请借帑筑塘捍御，南自宝山，北至常熟支塘界，绵亘五十里。事竣，著《海塘纪要》一书，于善后事宜尤极周悉。捕役豢贼，每窃盗案发，过限期不获，即禁系其妻孥。役惧，盗风寝息。岁除，单骑赴四乡，给鳏寡老疾之无告者。在任二年，擢常州府，送者绘双旌图以赠焉。

邵丰锳

邵丰锳，号莱峰，山阴人。监生。由山西崞县知县升任太仓州。丰锳通习吏事，严正自持，勤慎不苟，吏民安焉。在任八年，凡育婴、普济诸善政，经理不怠。

贵中孚

贵中孚，号嵩崖，武陵人。举人。历任知县，升知州。中孚精明强干，亦长于抡文。州志自明张采后，无继起修之者，中孚虑事久湮没，请王宬、程穆衡排纂[1]。草创未就，以任满去。

宋觐光

宋觐光，字龙溪，营山人。拔贡生。《职官表》作“副贡”。乾隆三十九年，来知州事。练习政事，人不能欺。治匪类尤严，四境帖息。旋擢知徐州府。

秦廷堃

秦廷堃，号复山，汉军镶黄旗。举人。乾隆四十年，由苏州海防同知迁知州事。性豪直，赏罚严明。时邑故家子钱承谦有佃为仇所毙，佃属诬之，知县任惠加刑鞫诬伏，谳已定。值廷堃引见回，廉得实，竟雪其冤，置仇于法，士民颂之。升绍兴知府。

1　排纂：编撰，编辑。

孙思庭

孙思庭，字坦园，怀来人。举人。由上海知县升任太仓。思庭为政精敏，赏罚必行。未下车，境内赌博无赖及流妓、剧贼皆闻风屏息。既至，凡积年案牍，经理一清，里闬肃然。在任三月，升昭通知府去。

康基田

康基田，字茂园，兴县人。进士。由河督谪官太仓州。甫下车，崇文教，斥淫祀，浚玉带河。州中水道将次第开浚，莅事未久调去。

张作楠

张作楠，字丹村，金华人。嘉庆十三年进士，道光元年来知州事。政尚勤敏，案无留滞。三年夏，大水，作楠荷蓑戴笠，履勘乡村，问民疾苦，抚恤周至，民赖以安。平生淹贯经术，通晓政体，远近数十年，以文教饰吏治者，莫能逾也。莅州五年，升任徐州知府。

李正鼎

李正鼎，字刚峰，吉水人。由邳州知州升任太仓。性详慎，以能称。屡决疑狱，刑无冤纵。岁旱，率僚属步祷烈日中，必得雨而后已。道光十四年，奉檄浚刘河，身亲督役，不辞劳瘁。寻以忧去。

蔡维新

蔡维新，字柳塘，怀宁人。道光二十一年来署州事。明年夏，暎夷[1]犯吴淞口，提督陈忠愍化成殉难。溃兵塞州城，居民惊恐，讹言日至。维新鞾刀匹马，巡防昼夜，民获安堵。后以属县失守，被议落职。

蔡映斗

蔡映斗，号小渔，云南晋宁人。咸丰三年六月中来署州事。土匪周立春等据嘉定为乱，连陷宝山、南汇。八月十二日，贼数百人突进州城。映斗躬发抬枪，殪贼数人，群惊溃窜。十四日，贼复攻东门。映斗偕署都司周建勋登城守御，枪炮并施，杀贼无算。时吴县知县丁国恩适领苏郡兵勇驻西门外，与城中声势联络，并力合击，城得无恙。

1　暎夷：《宣统太仓州志》作“英夷”。

倅 贰

元

姜复昌

姜复昌，嘉兴人。泰定初，为昆山州判。时津助法行，与省官核产，程役[1]务平惬，宽免单窭。值长官拗执，复昌气容温舒，从容讽劝，长官率为之屈。

徐石麟

徐石麟，字仁甫，兰溪人。至正间，任昆山州判，折疑狱，修水利，徭役咸当。既休，遂家于州。贫不自给，卒葬城南隅。卢熊志其墓，称其出处议论，淡然古君子。

郜 肃

郜肃，字彦清，山东人。任昆山州判，专职农事。至正间，田污被浸，肃修筑堤岸，冒犯风露，与民共劳苦。工成，潦不为灾。

明

丁 隆

丁隆，字时雍，南昌人。由御史谪州同知。州治经始，多资规略。与知州李端并著贤声。四年，升延平府同知。

璩 渊

璩渊，新城人。由吏员累官至州同知。性廉静，布袍蔬食，不携家累，一仆给薪水。期年，致仕去，知州倪宗正以三十金赆，渊却之弗及。既归，寓书归金。宗正叹曰："当为建却金亭以记其事。"

黄 晖

黄晖，福宁州人。父钏，仕温州府同知，殁倭寇之难。晖以荫补州判，能于其职。尝署嘉定知县，其人貌雍而视正，其政廉而不刿，宽而有制，劳而善让。甫四月，舆人颂之。后调楚藩护军经历。王昶按：徐学谟《海隅集》有《赠太仓州黄倅赴楚藩经历序》。张采《志》无传，惟《官师表》内，其时州判官有黄谱、黄晖二人，谱注黄梅人，而晖下独无注。以学谟序证之，其为晖无疑。《福建通志》亦止有黄钏传。

---

1 程役：工程劳役。

王伯安

王伯安，确山人。由吏员累官至州判。有才誉，务廉慎。时海上盗起，伯安破之。正德中，以忧去。

孙 琼

孙琼，肃宁人。由监生任州判。恭谨有干力，尤敬礼贤士。擢知山西榆社县。

章 纶

章纶，字理之，山西人。由监察御史谪判州事。时知州梁谷忧去，纶署篆两月，人颂其清约。寻改知潍县。

周 延

周延，字南乔。以兵科给事中言事左迁州判官。性严毅，律己清约，绳豪右必以法，人不敢犯。以忧去。

董效贤

董效贤，号北溪，钧州人。为太仓吏目。尝迹岛盗，从壮士掩之，盗魁就缚，立解散其党。以贤能为上官所器。丁母丧去。

王 聘

王聘，字彦觉，利津人。由兵科给事中言事谪州判。性谅直，居官惟一仆应门。尝公事夜归，身自执爨，暖馇粥，盂蔬以食。每行乡，屏轩盖。遇农耕，则止垄上，劳劝如家人。两署州事，不事烦苛。有兴举，必通下情。迁南京户部主事。

王 儒

王儒，蓬溪人。以岁贡除州判官，廉介不苟。时俸廪例当加直，儒独从市价，余却之。自初任至转官，服敝则浣补，未尝有所改益。居三年，升云南永昌府推官。

汤 拱

汤拱，赣州人。以岁贡选州同知，处事详慎。居四年，清白不渝。升成都府通判。

李乘云

李乘云，字子雨，钧州人。以监察御史言事左迁州判官。乘云质直，处官如家，不肯以谪官避事。能体民隐，尝编次里甲，视田丰啬，务称平。军卫乱民版籍，悉厘正之。居未二年，升蒲州知州。

李枝秀

李枝秀，字干云，肥乡人。进士。左迁州判官。州缺摄篆，清平无扰。时议浚盐铁塘，故时开河，豪强漏役，又每都设塘长，凡管河官需索陋规无厌，费巨，工卒不集。枝秀计亩受工，用水平法定深浅，下令曰："我无他科，但工不集，有重典，刻期行河。"丁夫踊跃，事遂竣。

国朝

商奕铨

商奕铨，字右衡，山阴人。由监生考授州同知，三摄州印，有能声。时沙溪剧贼马张二纠伙肆劫，吏不敢问，奕铨计擒毙之。康熙四十六年，奸僧一念倡乱，纠陆申、钱保、王昭骏等内应，约是夜五更放爆开城。知州李扬廷闻变，惶惧失措。奕铨申严守备，密饬衙鼓，以四为节。部署甫定，会天将曙，急率壮士扣巨魁门。时凶党已严装待，挥兵掩捕，悉就擒。一念逸去，获其簿籍伪札，按擒四十八人，余悉不问。事闻，魁党伏诛。明年，一念亦就擒。在任十三年，以摄印时腐米落职，羁太仓，贫不自给。乾隆元年遇赦，不能归，卒葬太仓。

储　京

储京，靖州人。以附贡生任州吏目，操守廉洁，性慈善，人以老佛名之。升镇江府经历去。

教　职

元

孔　渊

孔渊，字世升，孔子五十三世孙。其六世祖端越，为宋显武大夫，南渡。至渊父之敬，任元通州监税。渊由通之崇明徙家昆山。延祐元年，州治迁太仓，新作学宫，皆渊成之，遂摄学事。学行修治，为人伦宗，号莘野老人。子克让，孙士学，能世其家。

明

朱　冕

朱冕，字士章，嘉兴人。由昆山县教谕升太仓镇海卫学教授。课诸生，有常程。当课者居宿学舍，冕间持炬，随一童，历省勤惰，发疑难，衣冠步履，皆有师法。后有孙珩、余姚人方严为冕继。

李 亨

李亨，字嘉会，华亭人。天顺间卫学教授。时新建学，亨增葺学舍。民间子弟近卫治者，咸得肄业。

甘 泽

甘泽，字仁夫，蕲州人。州初立，为学正，立教规。公暇，闭门读书，分外事悉不问，亦未尝苟谈笑。

钱世资

钱世资，云南人。正德九年，为州学正，讲说精畅，自处极约。念亲舍万里，请布政司咨云南，分常禄以为养。擢四川仁寿知县。

蔡廷周

蔡廷周，南昌人。先授泗州学正，左迁州学训导。清心苦学，夙负刚直。间有谄进，辄面斥教诲人，反复不倦。正德十四年，聘陕西乡试考官，中道疾，还，卒于官。

黄 绩

黄绩，莆田人。州训导，端方纯正，诲诸生，言论敦切，足为后学师表。后被诬去，生徒上下泣辨，竟莫能白。

朱邦彦

朱邦彦，字民章，永嘉人。嘉靖十三年，以贡授学正。月试必治具以供进，所拔士，谆切劝奖。其有丧及贫者，不时周给之。学道闻人诠以四十金檄备书籍，邦彦出私钱买百余种置于学，还所檄金。改建敬一亭及土地祠，又置月试坐几六十余。擢延平府教授，生徒百里泣送。

常大烇

常大烇，字仰坡，秀水人。以明通榜第一领州学事。重经术名节，弟子谒，不问贽。择善者给膏油费，贫者且为代谋饔飧，至鬻己田以应。有负枉或困繁役及他调发非分者，得实，为白其状于州。州重其言，无弗听，讼庭盖无弟子迹也。居五年，聘贵州乡试考官，迁国子监丞。

钱景醇

钱景醇，字琴箱，无锡人。举人。署州学正。气度闲雅，进子弟，讲文行，却所执贽。故事，新进子弟，必第其家高下征脩脯，景醇耻之，谢绝。月立期课，偶挂名讼牒，则为援解贫诸生有俟以举火者。升国子监博士去。

萧思似

萧思似，宁国人。以举人署学正，讲论性理，教子弟从王守仁学，与乡老徐鸣皋往复辨难。持身严整，一时矜式。

马希尹

马希尹，字维任，无锡人。以贡生任训导。适学正缺，署印凡二年。希尹勤校课，劝廉让。故时知州朔望行学，青衿环列言事，希尹约束之。喜谈忠孝，重乡饮酒礼，与人恂恂，至义理所在，则奋往不顾。学田有余租，以归公。升广西平乐教授，不赴，归。

文祖尧

文祖尧，字心传，呈贡人。以明经授名山训导。崇祯六年，升太仓学正。时师道坏，学宫圮，师弟子视若路人。祖尧至，葺文庙，修尊经阁，整祭器。颁诸生《儒学日程》，书善过；月朔集明伦堂，考其进退，谆谆以圣贤之道相劝勉。鼎革后，弃官，寓僧舍间，以青乌术自给。州人皆知滇南先生为古君子。久之南归，道卒，门人私谥“贞道先生”，即故寓为祠，曰“思贤庐”。后建祠学宫左，废。今祠南园。

国朝

李　煜

李煜，字亮采，金坛人，邳州籍。顺治十四年举人，授州学正。为人豪宕历落，葺学舍，严祀典，月集英隽课之。又建射圃亭，仿先正观德会，与诸生讲习其中。邑中有大议或大工，当事多委任焉。以卓异迁莘县知县。

吴云垗

吴云垗，字木夫，上元人。举人，考授中书。乾隆二年会试，中明通榜，改授学正，由六安调太仓。操守廉静，务以行谊诲士。文章朴实，一宗先正理法。邻学孙斯位、郑拱图卒于任，倾囊经纪其丧。乾隆二十年，禾灾，委查赈，实心稽核。

陆国宾

陆国宾，字省斋，华亭人。举人。乾隆二十六年任州学正。才识明达，操行端方。升巴东知县去。

吕 鸿

吕鸿，字云逵，金坛人。举人。乾隆三十二年授太仓学正。为文章，雅有先正体裁。勤于训迪，从游者咸敬而亲之。卒于任。

薛 澍

薛澍，字南沙，常熟人。举人。乾隆三十八年任州学正。精文律，诸生质正者，口讲指画，娓娓不倦。任满，以老辞归。

武 职

明

刘 广

刘广，罗田人。明兵取太仓，广以千户守。伪周张让来争城，广遣兵越张泾与战，大破之。洪武四年，论功擢永平卫指挥佥事。

朱 文

朱文，无为州人。吴元年，设太仓卫，命文以指挥同知统之。洪武二年，倭入寇，文御败之。后升后军都督。

王 得

王得，张采《志》作"翁德"。太仓卫指挥佥事。洪武二年，倭寇沿海抄掠，得率官军出海，遇于海门之上帮。及其未阵，击之，杀溺甚多，生擒百人。升指挥使。

王 璘

王璘，字廷用，定远县人。任镇海卫指挥佥事，读书，善骑射。宣德二年，交阯梗，命将往讨。时同卫周指挥年老在选，璘毅然曰："彼衰效役，少壮乃留居，岂臣子死绥职耶？"即日请代行，从安远侯柳升抵昌江，战屡捷。深入，会大雨，泥扼马足，死之。子宽，袭职，亦好学，居官以慈爱称。孙立，尤有声士林。

武 政

武政，字维德。镇海卫指挥。性警敏，好读书，知时务。天顺间，巡抚刘孜奏兼督太仓卫事，多所建立。将老致仕，所居水木亭榭，一时名士乐与之游。

熊独隆

熊独隆，卫指挥同知。膂力过人，能举两石狮。嘉靖时，倭犯太仓，独隆不俟官兵，只身往斗，杀贼无算，中挠钩死。乡人德之，葬北门外，今犹称独隆坟。

马子龙

马子龙，字应乾。太仓卫指挥同知，署指挥使。嘉靖二十四年，土豪王泓叛，子龙会兵备道敖璠，率兵往剿，兵败，死之。事平，巡按奏其事，立祠于南道院。

姜　统

姜统，卫副千户。嘉靖三十二年，倭寇汪直、萧显等来犯，统即时领军剿杀，阖境以宁。

赵　胜

赵胜，世袭镇海卫佥事。嘉靖三十三年，倭犯太仓，残烧四门。胜登陴射杀贼数人，兵备任环壮之，委胜巡城。后贼犯江阴，胜奉檄赴剿。是时，任环以忧去，代者王某军江上，阳示克期进兵，实不欲战，且不给饷。贼侦知之，伪举号如江上军，约潜伏四野。胜领军至，伏发，力战杀贼，贼众攒兵斫死。

俞仲麟

俞仲麟，字昭彦。少读书，弃去为武生。崇祯十五年，海寇猖獗，巡抚募兵剿捕。仲麟隶太仓卫傅介子麾下，入海擒贼，著有功绩。寻告归，杜门不出，授徒以老。

国朝

陶鹰扬

陶鹰扬，字镇威，江宁人。授刘河营旗鼓厅。顺治四年，海寇郑芝龙犯境，随游击高必昌捍御海口，屡著劳绩，授武德将军。

雷　震

雷震，华亭武举，任刘河营把总。乾隆六十年九月，奉派巡洋，遇盗，格斗死。赏恤祭葬，入祀昭忠祠。王昶按：民壮唐福同遇害。又吴淞营兵王廷佐、龚文明、陆胜发护解兵粮，同时被杀，每名赏银五十两，附祀昭忠祠。

周建勋

周建勋，字臣哉，金匮人。署刘河营都司。咸丰三年八月，土匪周立春等据嘉定为乱，建勋在城防御。十四日，贼攻东门，与知州蔡映斗悉力拒守，枪毙数十人，贼众败走。建勋待士卒有恩信，故人乐为尽力。

卷二　人物

太仓州列传

宋

龚　识

龚识，字默甫。其先邵武人。父慎仪，仕南唐礼部郎中，拜歙州刺史。及南唐灭，为卢绛所害。识始徙居于吴，登宋端拱进士第。吴郡士登第，自识始。以荐擢监察御史，迁殿中侍御史兼左巡使。宋袭唐制，御史不专言职。至是，始择有学术操履者俾入台言事，识首被选。后以病目累表乞退，除检校司封郎中、平江军节度副使。

龚宗元

龚宗元，字会之，识子。乡贡首选。天圣中，擢进士，主仁和簿。以父疾乞便侍养，调吴县，改建安尉。有能声，以荐章保任者二十有二。召见，擢大理评事，知句容县，擿发如神。杨纮持使节行部，号深酷，至境，独曰："龚君已治，吾往，徒为扰耳！"遂不入。历通判衢、越二州，官至都官员外郎。谢事家居，于昆山黄姑里作中隐堂，与程适、陈之奇为文酒之乐，吴人谓之三老。宗元初官仁和，范仲淹深加礼重，称其人文温厚，皆有正气，谓曰："君既清立，他日必为令器，慎勿因人以进。"故登朝未尝游公卿门，卒以方洁号庆历人材。有《武丘居士遗稿》十卷。宗元初读书虎丘山寺，故以名集。

龚　程

龚程，字信民，宗元子。平居尊古仪法，家不设老佛像，祭祀不焚纸钱。读书南峰，攻苦食淡，遂博极群书，乡人号"有脚书橱"。熙宁六年进士，历西安丞，终祠庐县。子况，字濬之，擢进士第。文章学术与苏过齐名，号"龚苏"。因其先中隐堂，自称起隐子。终祠部员外郎。从子明之，见《孝友传》。

郏　亶

郏亶，字正夫。幼有识度，第嘉祐二年进士。初授睦州团练推官，知於潜县，未赴。熙宁初，诏天下陈理财省费、兴利除害之策，亶自广东安抚司机宜文字为书，陈苏州水利，详见《水利》。王安石善之。六年，授司农寺丞，提举两浙水利，民不为便，遂罢归。治所居之西水田曰“大泗瀼”者，如所陈之说，为圩坼、沟浍、场圃，仿井田制，岁入甚厚。因图状以献，且明前法可用。复为司农寺簿，迁丞，预修本寺制张寅《志》作“策”。式，号完密。除江东转运判官。元祐初，入为太府丞，出知温州。以比部郎中召，未至，卒，年六十六。赠司农卿，祀乡贤。有《吴门水利书》四卷行于世。子侨，字子高，负才挺特，亦为王安石所器许。后为将仕郎，翩辑其父《水利书》，有条绪，乡里推重，谓之郏长官。初，亶有功三吴水利，立专祠，已废。其裔孙鼎，仕明浙江右参议，为请于当事复之。世以子孙一人奉祠事。

胡百能

胡百能，字少明，峄子。绍兴进士。知衢州江山县，有惠爱。乾道初，授诸王宫大小学教授。方向用，力请老，授左奉议郎，赐绯衣银鱼，致仕归。筑堂曰“宜休”。

元

施文胜

施文胜，字文质。高资广学，有识量，时名士皆乐与交。至大都，谒太保马札儿台，亟荐之朝，拜集贤院学士。奏对警敏，命聘宗庙太祝王女。迁利用监经历，随复前职，进阶都水少监，卒赠中奉大夫、集贤院学士、轻车都尉、吴兴郡侯。

朱文德

朱文德，任太尉府长史。丁父艰，遂不仕。扁其西斋曰“可闲”。弟士英，任济宁府同知，即引退，人两高之。

顾　信

顾信，字善夫，德子。性好儒雅，工书。尝即北郭祖墓旁建养寿兰若，请于朝，赐额“淮云寺”。从赵孟頫游，得其书，必勒诸石，构亭以覆，颜之曰“墨妙”。历官杭州军器局提举。

明

秦　约

秦约，字文仲。至正间，官崇德州教授。洪武初，应召试慎独箴，授礼部侍郎，以母老辞归。再征，诣京师，疏陈书院、书堂、义学当依旧制修举，守令选不同常调，请别立一科。四十受职，百日举代，郡邑三年上计，与志书同进，备国史征采。上悦，以约年老，难剧任命，授五百里内儒官，得溧阳教谕。御史练则成、待制吴沈荐约宿学遗老，合在馆阁，不报。任溧阳八年，请老归。卒祀乡贤。

卢　熊

卢熊，字公武。父观，见《隐逸传》。熊少从杨维祯游，有学行，精六书。元季，吴县教授。明洪武八年，以秀才举。或曰以故官迫遣至京，除工部照磨。用能书，授中书舍人，出知兖州。时太师李善长营鲁王府，又浚兖州河，熊经度就役。会簿录刑人家属事，坐死。籍其家，箧中惟余麻枲，帝深悔之。熊尝疏州印篆"兖"讹类"衮"，忤旨，至是竟得罪。子彭祖，字长婴，洪武末荐授武康丞。永乐初，为礼部主事，坐事谪阜城为民。寻征诣行在冠带听用，以疾卒。彭祖学不事文饰，务适用，有父风。

陈潜夫

陈潜夫，字振祖。初名潜，以字行。本钱塘人，移居太仓。性端雅，善汗引后进。洪武六年，为邑训导，升国子监学正，卒祀乡贤。

张　洪

张洪，字宗海，居沙溪。本姓侯，生五日母亡，父客死，鞠于张氏。十岁能书诗。既壮，以邻家事连，坐戍云南，黔宁王一见器重。会木邦刀[1]干孟逐其主思伦法，诏三司议抚剿。洪言伦法拥三十六甸之众，有轻中国心，今上下乱，宜讨木邦示威，分建其国，使势杀。朝廷以为然，遂捕斩刀干孟，立其子为宣慰，仍纳伦法于麓川。亡何，以明经被征，授靖江王府教授，称病免。永乐初，授行人。寻出使日本。还，再使吐蕃，修茶马旧政。时缅甸宣慰那罗塔杀孟养宣慰刀木旦，据其地。洪奉诏责还孟养地，那罗塔倨不服。洪责其大不敬，并擅杀宣慰罪。那罗塔气慑，谋置毒，洪觉之，趣具牲牢迟数日烹，从行七十人得俱免。凡六往返，遂与其使陶孟洛霞复命。会交阯未定，事旋寝。以荐入文渊阁，修《永乐大典》，充副总裁官。升行人司右司副。洪熙元年，进翰林院修撰，赠其养父如其官。宣德初，预修太宗、仁宗两朝《实录》。五年，乞致仕，赐白金、彩段，诏改儒籍。既归，杜门著书，卒年八十四。张采按：常熟邓《志》载：洪，沙溪人。管《志》载：洪父赘沙溪郁氏，父母亡，抚于邻张炯。则为娄人明甚。

吴　凯

吴凯，字相虞。父公式早亡，遗腹生凯。幼时，里胥召之役，乃诣县陈有母难远离，愿毕学，知县芮翀许之。既以诸生善书，预修《永乐大典》，书成，赐金币归。膺贡入太

1　刀：原作"刁"，据《明史》卷一百二十六改。下同。

学。永乐十八年，中顺天乡试。宣德中，授刑部主事。狱上盗二：一毙；一且病，所连六人，凯恐并死，无从质，乃谨疗病盗。后得真，释所连者。改礼部主客司，以母老乞归。家居四十年，非公不至官府。屡荐不起，以老寿卒，里人私谥“贞孝先生”。叶文庄盛重之，常曰：“乡里作官，前辈当法吴丈，后辈当法蕴章。”蕴章[1]，谓昆山孙琼也。子愈，有传。

陈　济

陈济，字伯载；弟洽，字叔远。其先有可山者，由浙江乐清避乱平江，乐双凤土风，遂家焉。济入籍武进，读书过目成诵。尝以父命如钱塘，家人赍货以从。比还，以其资之半市书，口诵手钞十余年，尽通经史百家之言。永乐初，诏修《大典》，用荐以布衣召，充总裁。翻秘库书数百万卷，发凡起例，区分钩考，人有所疑问，应口辨析。书成，授右赞善。性谨慎，皇太子礼重之。五皇孙皆从授经济，惧盛满，弥自谦抑。所居蓬户苇壁，蔽风雨而已。为文根据经史，不事葩藻。居职十五年而卒，年六十二。

洽好古力学，与兄并有名。洪武中，以善书荐授兵科给事中。尝奉命阅军，一过辄识之。有再至充冒者，辄叱去。父戍五开殁，洽奔丧。会蛮叛道梗，冒险间行，负父骨以归。建文中，以荐起文选郎中。永乐初，擢吏部右侍郎，改大理卿。安南兵起，命洽赴广西，遂赞军务，主馈饷。安南平，转吏部左侍郎。还朝，兼署礼部、工部事。七年，复参张辅军讨简定，平之。还，从帝北征，练兵塞外。九年，复与辅往讨陈季扩。居五年，进兵部尚书，留赞李彬军事。仁宗召黄福还，以洽掌布、按二司。中官马骐贪暴，反者四起，而荣昌伯陈智、都督方政不相能，寇势日张，洽上疏言之。宣宗降敕切责智等，命成山侯王通往讨，洽仍赞其军。进师应平，次宁桥。洽言地险恶，恐有伏，宜驻师觇贼。通不听，麾兵径渡，陷泥淖中。伏发，官兵大败。洽跃马入贼阵，创甚坠马。左右欲扶还，洽张目叱曰：“吾为国大臣，食禄四十年，报国在今日，义不苟生。”遂自刭死。事闻，赠少保，谥“节愍”。官其子枢刑科给事中。

夏　杲

夏杲，字仲昭。父亮，少孤，鞠于母党朱氏，遂冒其姓。本庐陵陈循所撰《夏亮墓表》。杲少为诸生，御史范敬先行学，口占诗句试之，应声而答。县令芮翀待以宾礼。尝受《春秋》于训导卢从龙，从龙因太守姚善事坐死，诸生皆遁，杲独不去。永乐十三年成进士，改翰林院庶吉士，始更姓夏。以善书召见，令备顾问。又直东宫赞机密，授中书舍人，直文渊阁。初名昶，太宗易为杲。命书诸宫殿榜，赐第宅，免朝参。进考功主事，仍典文翰。正统中，出知瑞州。景泰三年，入为太常少卿。英宗复辟，进正卿。年七十致仕。又十三年，卒于家，赐祭葬。杲为人笃伦谊，风流文雅，有高人致。为政不事名誉，人安其平。

1　蕴章：原本无，据方鹏《昆山人物志》卷四补。

诗辞清丽，写墨竹，擅绝一时，朝鲜、日本诸国争购为重。兄炳，字孟旸，亦善书，为永宁县丞，坐事戍隆庆。昶既被遇，太宗一日问书所传，以兄炳对。即命驰驿入见，试书称旨，授中书舍人。昶居翰林三十余年，次子文振复在中书，世以为荣，而吴中称孝友必曰夏太卿家。

徐　牧

徐牧，字养正。其先台州人，曾祖伯兴，为昆山州学正，因家焉。父寿，字大同，读书善医，长于针灸，有孝称。牧繇宣德十年举人任青田训导，转嘉善教谕，分典省试。凡三升岷府纪善，进长史，致仕。行止有法，为时所重。

张汝昌

张汝昌，字仲光。正统六年举人，为大名府同知，考满待选，卒于京。汝昌能诗，书法仿宋克。为人慎密，有尤之者，常自责，因号求己生，作歌见志。居官廉，子孙衣食不给。

陆　昶

陆昶，字孟昭。常熟籍诸生，景泰二年进士，历官刑部郎中。决狱明恕，能以文学饬法。尝虑囚畿内，活拟死者九人。复被命，按事河南、山西，还奏称旨。寻出为福建参政，巡视海道。先是，有通夷商船掠杀人，昶至，迹所在得之，并及其党。漳、泉二郡，水啮城，筑堤免海患。未几，被谗归。平居不谋生产，所至必饰斋居，莳花竹。客过觞咏，张灯合乐，皆咄嗟具。为郎时，即京邸筑清风馆；罢归，作赐闲堂，其得公卿间声誉及受谤，皆以此。然昶性实长厚，见一丐者，为童时友，执手延坐，留数日，为买居、计生殖。在刑部录囚，见重囚囊三木为鼠所啮，悯之，买数猫置狱中，遂为例。卒葬丹霞坞，祀乡贤。从孙瑚，嘉靖元年举人，由玉山知县升南京御史，力持风节，忤严嵩意，出为思南知府。

高宗本

高宗本，字茂卿。景泰五年进士。为监察御史，巡按河南，豪右敛迹。清军四川，擿发奸慝，洗白冤者。及按湖广城步县，剧贼为乱，宗本为监军剿捕，民得不扰。后又奉敕整饬宁夏等处军务，劾征虏前将军李杲行师不律，杲竟坐免。出为河南副使，讼狱多平反。以病解职，卜居扬之江都，自号江淮逸叟。

顾以山

顾以山，字安道，沙溪唐桥人。初为吏员，负志读书，因入京给事，举顺天乡试。天顺元年成进士，除监察御史。九江盗起，都御史高明用以山谋，不旬月，擒其渠。历官河南副使。钧州盗起，劫官帑，同官所谳失实，狱成。以山察非辜，姑缓之，卒获真盗，平反二十八家。终陕西参政，所至称廉能。及归隐于乡，贫不给，志行弥厉。

张 泰

张泰，字亨甫。本姓姚，曾祖瑞，代晋陵张某戍太仓卫，遂冒其姓。泰生而秀颖，天顺七年会试中式，明年廷试，改翰林院庶吉士，授检讨，进修撰。为人坦易，有风度，衣缕萧散，怡静寡言，然嫉恶甚，酒酣岸帻，辄愤烈。刘文安定之深服其文。诗学李杜，雄健俊逸。唐元荐云："成弘间，艺苑则以李怀麓、张沧洲为赤帜。"沧洲，泰诗集名也。少与陆钱、陆容号"娄东三凤"。卒祀乡贤。

陆 钱

陆钱，字鼎仪。父晟，育于吴，随其姓，后复今姓。天顺七年会试第一，明年廷试第二，授翰林编修，预修《英宗实录》。书成，迁修撰。孝宗在东宫，钱侍讲读，敷纳详恳，礼度庄饬，宪宗每瞩目称善。进太常少卿，兼翰林侍读，充经筵日讲官。孝宗即位，赐白金文绮。因病乞归，卒于家。诏赐葬祭，官其子。钱清洁有志操，寡交与，学问淹雅，每国家有故，忧形于色。病亟，以东宫旧人犹具遗草言事，不及上，中外惜之。祀乡贤。子爰，字子引，弘治十二年以恤荫授中书。书法端劲。尝奉诏使江南，册封襄王府，馈赠一无所受。正德三年，以忤刘瑾归。瑾诛，李东阳荐复旧职，擢礼部仪制主事，逾年病卒。爰负才喜声，诗与毛澄、陆伸等齐名，号"七友"。

陆 容

陆容，字文量，先冒徐姓。诸生时为叶文庄盛器识，每以范文正行业期之。成化二年举进士，除兵部职方主事。尝奉使籍畿内、河南、山东诸郡县官马。还，条马政切于民患者四事。累升郎中。时边报急，封事日或三四上，所下部议，多出容手。安南与占城哄，议发兵讨之；西番进狮子，奏请大臣往逆，容俱力论得寝。指挥昌佐传升金齿、腾冲参将，力争不与。锦衣百户韦瑛掩捕平民告变，容请诏法司鞫之，瑛坐诛。先是，捕妖言者受世爵，民多诬死，容疏除其例。母丧，服阕，赴京言太仓兵卫八事，采其尤切者，通行天下。仍除武选郎中。太监李良举都指挥王钦、梁宏为都督佥事，命已下，容谓："都督位重，不宜任无功，况于非人？李良市恩专擅，当正刑典。"疏再上，卒夺所授。既复，极论天下事曰："储养台辅，教导勋戚，爱惜人才，久任巡抚，经理京卫，选练禁兵，均平钞法，慎重会议。"有人所不敢言者。出为浙江布政司右参政，益练核庶事，遍历郡县，问民所苦，斥淫祀，陈浙中急务十事。又疏论漕渠利病，积与寮长忤，会大计，诬以失察吏赇罢归。逾年卒，祀乡贤。容性至孝，母卒，当严寒，容且老，犹徒跣擗踊，勺饮不入口者三日。其居丧三年，不入内，未尝见齿。一弟早死，抚孤过己生。容没，诸孤持三年服。治家严肃，燕居，冠服维谨；每食，子弟立侍，命乃坐。平生嗜书籍，多著述。子伸，有传。

丁锐

丁锐，字用行。天顺三年举人，授武定州学正。时武定学者多弗循矩，锐率以身教，成就甚众。九年，升南京国子监助教，为祭酒王屿所重，转监丞。时祭酒升代，或以故去，锐权国子事，六馆诸生多爱敬之。卒于官。

姜昂

姜昂，字恒頫。成化八年进士，知枣强县。为治清简，门不立呵卒，狱无滞囚，盗贼亦解散。三年，以报最赴召。路遇盗，盗魁见县封，叱其侦事者曰："我知枣强清官，岂有长物？奈何犯之！"环拜去。至都，授监察御史。时方士李孜省贵幸，昂露章列其奸，杖午门外。寻以亲老请改南京，出知河南府。岁旱，昂至，雨亦至，人称"姜公雨"。又劾县之不饬者，诸属懔懔奉职，河南大治。藩府人犯法，立决遣，王有言，谢无及而已。公暇，闭户读书。复以母老乞近郡，凡三请，得调宁波。核吏治如河南，削鄞县供亿费，岁省万金。日本使臣道出四明，横甚，及境，皆敛手。市舶中贵怙势，昂裁以礼，亦愧服。在任逾年，作无事亭以见志。进福建布政司左参政，不赴，请终养母。服阕，以疾卒于家，祀乡贤。昂在官日，市肉供母，而自食菜茹。子弟学书，不听用官纸笔。家居，室不蔽风雨，非岁朝未尝燕客。饔飧时乏，则磨麦作糜充食，乡人呼为"姜麦粥"焉。

吴愈

吴愈，字惟谦，凯子。成化十一年进士，授南京刑部主事，历员外郎中，出知叙州府庆符。盗劫县治，令诬执二十七人抵死。愈疑之，诣县辨审，惟二人真盗，乃纵释二十五人，后果获余盗。土官安鳌以马湖叛，与叙比壤，台司征大兵会叙，鳌弃城走。众虑其纠诸夷为乱，愈曰："彼负嵎抗拒，胜负未可知；既离巢穴，一穷虏耳！诸夷皆其仇，又何能为？"因遣人袭执之。自是，马湖改置流官。后其党复劫府印为乱，愈亲抵其巢谕之，遂解散。擢河南右参政，致仕归。生平喜宾客，得后进心。居林下二十五年卒，年八十四。

王倬

王倬，字用检，梦声七世孙。成化十四年进士，授山阴知县，以忧去。补余干，屡决疑狱。会赣州贼杀永丰令，檄倬往剿。贼据山险，擂石雨下，莫敢进。倬夜纵羊千头行山下，从鼓噪。贼乱，投木石，比晓殆尽，亟进兵，遂平其地。改兰溪。因积逋系者盈狱，倬至，释所系。凡赦前者，与蠲除，余为期，以次输足，胥吏皆敛迹。擢南京山西道监察御史，劾选郎贡钦贪污及太监杨某恣纵，罢之。时边警，诏以平江伯陈锐充总兵官，倬言锐非统御才，必偾事，已果无功。出为贵州兵备副使，旋改广东琼州兵备。时生黎为梗，崖州千家村尤横。倬声言发兵，屡移师期，乘贼怠，袭破之，散其巢，三大村势遂弱。奏建守御千户所。进云南按察使，又进广西右布政使。会破临贺寨，余贼匿山谷，众欲乘势歼之，倬不可，谕其长悉降。改四川左布政使。时大盗蓝鄢逼成都，众议焚四郭民居，倬曰："是张之也！"开城门，严兵以待之，贼不敢近。总督彭令具马二万，缓且从军法，州县猝不可当。倬匿总督檄，令各乡马俱入城避贼，不数日，马足。彭又需熟粮四千石，期以明日日中。倬督市户分道抵军，遂无误。寻拜右副都御史，整饬蓟州边备，兼巡抚顺天等处。属邑大饥，请通州仓米十万赈之。又恐转输迟，许在边官军预支两月粮俸，益以僦直，移官军所在粮俸散饥民，全活万计。总兵太监合兵屯马兰峪以御边，倬策曰："敌知我屯西，必东入捣我虚。"令指挥叶凤覆兵山下。敌果毁东墙入，伏发，斩获无算。进南京兵部右侍郎。旋以七十请老，三上疏，给驿还里，仍饬有司存问。归，创家庙，又割田千亩，仿范氏义庄以赡族人。卒年七十五，祀乡贤。子忬，有传。

陈　恺

陈恺，字企元。成化二十年进士，授兵部武选主事，历郎中。前后十四年，不离武选，一意奉公，断绝私谒。时议武臣世袭，徒坐耗廪禄，凡旁支及犯奸盗，不得袭。恺谓："法太过！"白于尚书马文升：凡同宗出，自立功者授职，作奸褫职者，本支则坐。有武官子，未及袭，犯强盗死，其弟幼。于例，犯强盗者，子孙不得袭，恺以为兄为盗，且未授官，弟固非为盗者子孙，宜视父职降一级。文升韪其议，奏为令。会诏大臣各举其属，文升遂荐恺材可备方岳之任，会暴疾卒。

郁　容

郁容，字宏德，居沙溪。成化二十年进士，除刑部广东司主事。精于法律，都御史秦纮与安远侯柳溥讼，久不决，容谳之直。纮后容至南都，纮已为户部尚书，避不往见。升员外郎，忤内侍，调通判抚州，迁知澧州，升云南按察司佥事，分巡安普道。所部产金，金户销矿，率有例入，容禁绝之。剧盗阿则为乱，容以计散其党，遂成擒，民夷詟服[1]。奔母丧归，卒。子勋，字元绩。弘治九年进士，授湖广华容知县，居官持正。时刘大夏居东山，善勋，有《东山倡和集》。卒于官。

颜　箎

颜箎，字克和。成化元年举人，授梁山教谕，历升国子监助教、南京翰林院检讨，仍管南监助教事，致仕。箎事亲孝，待叔季友爱，教学不专于文，造次皆有法度。在国子时，祭酒邱濬称为敦笃为己之士。初从学于陆容，箎长五岁，执弟子礼。容殁，箎为撰年谱焉。

1　詟服：畏惧服从。

张　敬

张敬，字直夫。幼端重，从张泰游。成化十年举人，授蠡县教谕。蠡俗陋，无乡举，敬教其子弟，遂多发解者。历重庆教授、国子博士，与修宪、孝两朝《实录》。迁赵王府长史，辅导醇谨，王遇之厚。居数岁，以疾卒官。

冯　琨

冯琨，字君美，钛子。成化二十二年举人，授永康教谕，迁知蓟州。蓟州民以牧马为业，每户承马若干匹，给草场若干亩，而勋戚贵珰有尽攘其地为奸利者。琨至，按籍核之，尽还本户，马用蕃息。被谮逮诏狱，琨列主名几何，影占几何，分别以上。孝宗是之，诏复职。武宗即位，前憾者附刘瑾，再起诏狱，被杖械街弹所，蓟州之民皆赉盎挈壶饷琨。有僧故昵于瑾，私语曰："冯公第饮蓟州一杯水，非民见饷，即圜土死耳！"瑾愕然。复还蓟州，寻迁杭州同知，再迁两浙运副，擢登州知府。清操弥励。属有高第者，簠簋不饬，劾免之，东土肃清。后罢归，林居二十年，足迹不入公门。

胡　承

胡承，字安节。父母早殁，育于兄丞。成化二十三年成进士。明年，弘治改元，简进士，分傅诸亲王，除翰林检讨，充益王府讲官，寻升左长史。承负文学，持正不阿，在府随事规谏，事无大小，听承参决。时护卫军多倚势横，惩其尤，众遂辑。又民苦远汲，捐私钱甃城中数井。北境山路困行旅，为平治崎岖亘二十里。民咸德之。以疾请老，王勉留，竟卒于官。

王　秩

王秩，字循伯。元昆山知州。安贞后，家于昆山。成化二十三年进士，授永康知县。永康赋税多不平，秩履亩计实，民大悦服。入为南京兵部主事，历刑部员外郎。迁广东按察司佥事，怀戢广西蛮寇。大珰刘瑾责贿，不应。巡按御史某，瑾党也，侵秩，秩卒不屈。升江西兵备副使，迁按察使，擢右布政。桃源[1]大盗起，秩冒矢石，斩馘无算，亦多所降抚。宁王宸濠器重秩，欲媾姻，秩逊谢之，谓其子曰："是人满而好兵，必为乱，不出十年矣。"后果如其言。擢云南布政，乞养归，卒。

朱　稷

朱稷，字相之，居涂菘。有才干，子弟多从学举子业。弘治三年成进士，为工部主事。榷芜湖税，中途婴疾，之官劳心剔蠹，疾剧，卒。有司经纪成殓，人传其清德。

1　桃源：原作"姚源"，据张大复《皇明昆山人物传》卷五改。

毛　澄

毛澄，字宪清。弘治六年进士，廷试第一，授修撰，预修《会典》。成，进右谕德、直讲东宫，敷奏明畅。孝宗闻之，甚喜，彻御前中秋宴以赐。进左庶子兼翰林侍读。武宗朝，进侍讲学士，再进学士，历吏部右侍郎。十二年五月，进礼部尚书。其后，帝常微行，又出居庸，幸宣府，久留不返。澄频疏谏，悉不报。明年，帝自称威武大将军朱寿，统六师巡边，澄复偕廷臣上疏谏。十四年二月，帝将南巡，澄等复偕廷臣上言，因历陈五不可，亦不报。时幸臣钱宁恣胁六卿，澄无所屈，宁衔之，使人伺澄门，累月不得间，宁反重之。宸濠请得抚按以下朝服见，又居母丧，挟镇巡官表孝行乞旌，澄皆执不行。濠既反就擒，帝驻跸通州，将即赐濠死。澄据汉庶人故事，请还京，告郊庙，献俘行戮，不从。武宗崩，迎世宗于安陆邸。既至，将谒，或议用见天子礼。澄曰："今如此，后何以加？岂劝进辞让之礼当遂废乎？"世宗践阼，议兴献王主祀及尊称。澄据宋儒程颐议前后录上谓："宜改称兴献王为皇叔父，兴献大王妃为皇叔母，兴献王妃以益王第二子崇仁王厚炫继兴王后，主祀事。"疏凡五上，皆留中。而张璁复希旨进大礼，或问帝，益向之。至九月末，下澄等前疏，更令博采舆论以闻，乃卒加称兴献王为兴献帝，妃为兴国太后。十二月，复传谕加称皇帝。内阁杨廷和等封还御批，澄抗疏力争，又偕九卿乔宇等合谏。嘉靖元年正月，会宁清宫灾，事获止。然帝意益坚，尝遣中官谕意，出囊金畀澄，且曰："必祈公易议也！"澄骇愕，急止之，奋然曰："老臣悖耄，不能隳典礼，独有一去，不与议已耳！"抗疏引疾至三四上，帝辄慰留不允。二年二月，复力请，乃许。行至兴济，卒。先是，吏部尚书阙，廷推属澄，澄固辞。又论定策功，加澄太子太傅，荫子锦衣卫、世袭指挥同知，五辞不允，卒不受。其卒也，帝深悼惜之，赠少傅，谥"文简"，祀乡贤。

马　庆

马庆，字善徵。弘治六年进士，除行人。三使宗藩，馈遗皆不受。宁藩阴蓄不臣，传令东翼门入，庆正色斥之，入从中道。授南京山东道御史，率同官劾辽东镇守定西侯蒋骥、巡抚都御史陈瑶不饬边备。擢江西佥事，山洞贼剽，庆身督士卒克之。会事中格，不得志。乞归，治园结社，托于酒以老。

周　广

周广，字充之。少英迈，方御史行学，奇之，下令诸生从广游，有司月致饩。弘治十八年成进士，历知莆田、吉水二县。赣州流贼焚永丰，剽至吉，广率众力御，城以完。正德中，擢浙江道御史，疏陈四事：一、喇嘛僧蛊上为淫奢，宜投四裔以御魑魅；一、上毋得狎伶工如臧贤辈，至引同光故事为戒；一、钱宁故宦官奴，乃冒国姓，称皇子，使天下惴惴，有国本虑；一、统兵大臣如陈金、陆完辈，优游玩寇，请定期责令成功，以赎前罪。疏入，宁怒，幸帝不深罪，谪广东怀远驿丞。宁遣逻卒遮刺，广变姓名，被道人服，潜行四百余里，乃免。广帅武定侯郭勋遗金不受，衔之，摄致军门，箠几死。九年，迁建昌知县，有惠政。越二年，吏部除广贵州按察司佥事，名上，宁识之，假以他事，矫旨再谪竹寨驿丞。世宗即位，复御史，迁江西副使，改提学。时玺书褒宠殊等天下十三人，广与焉。四年，擢福建按察使。寻以右佥都御史巡抚江西，墨吏望风去。将限豪右田，不果。以例裁革巡抚，改南京刑部右侍郎。条列部中利弊五事，施行之。卒于官。嘉靖末，赠右都御史。广性严冷，居官公强，弗受请托，人多敬惮之。

周　在

周在，字承德。父勉，见《义行传》。在早孤力学，遵父遗言，置田八百亩，给族之贫无养、孤无教者。又立义塾，建绥成祠，祀始迁祖，而以族人无后者祔焉。由弘治五年举人授广西养利知州，未赴。后迁昆山，卒。在言貌有古人风，尤善楷书，整刻类其为人。子复俊，嘉靖十一年进士，官至太仆寺卿。

陆　伸

陆伸，字安甫，容子。弘治五年领乡荐。父丧服阕，学正以礼贺，伸为书辞之曰："人子免丧从吉，束于礼与制尔！至于终天之痛，虽没身，讵能忘也？若从吉而贺，则礼无其文。人情莫苦于早孤，吾哀而矜之可也，以为善而贺之，乌见其可乎？"又尝作《冠礼答问二子更名记》，其动依古法类此。知州枣阳李端请修州志，伸谢曰："志者，一方文献。史称虞世南预修书，虞荔、虞寄得佳传，至今訾之。先子州人，予何以执笔？"因固辞。伸纵览群籍，日以修学著书为事。自先世积书数万卷，每书必疏其略于下方，间有考证，亦随笔之。正德三年登进士，寻有匿名奏草，指斥刘瑾。瑾传旨穷治，伸竟卒于狱，士类哀之。嘉靖初，追赠评事。

姜　龙

姜龙，字梦宾，昂子。正德三年进士，历官礼部仪制司郎中。时宁王宸濠蓄不轨，以三事请：一曰益护卫兵，二曰抚按等官不得行出使礼，三曰乞于浙江遴选宫嫔。龙白尚书，寝其议。正德十四年，武宗将南巡，率同官谏止，罚跪五日，杖几死。黜为建宁府同知，多惠政。寻迁云南按察司副使，备兵澜沧、姚安等处。滇土司故盗薮，龙让其酋曰："尔为世官而纵盗，受赇乎？"酋惧，请自效。又单骑至夷箐抚谕之，群盗泣听命。有巨盗方定既降而贫，妻妾交谇之，定不忍负龙，遂饮药死。南安州盗聚千人，御史巨征兵。龙以一檄先之三日，盗散略尽。四川盐井剌马仁、云南丽江和哥仲二酋，仇杀数十年，龙设法抚谕，皆愿罢兵。大候州土官猛国，恃险肆暴，龙擒之。邓川州旧多水患，屯田皆废，龙指示方略，筑堤捍御，水不能灾。凡山川袭南诏时岳渎号，悉革正。在滇四年，番汉大和。邓川立三正人祠，祀袁州郭绅、莆田林俊，其一则龙也。嘉靖五年春，罢归，滇民闻之，哭声载道。家居二十年，从容诗酒而没。龙博览书史及星历、医卜、天文、地理，下至稗官小说，莫不通晓。祀乡贤。

吴 鸾

吴鸾，字应祥。正德六年会试中式，九年廷试，授礼部精膳司主事，以疾乞改南，升主客司郎中。鸾早慧，从王倬受《易》，倬独爱重鸾。鸾既精于《易》义，从受业成进士者甚众。性恬退，当试辄逡巡，或中道反。兄凤强偕往，即取上第，辄又归。久之入都，则同年桂萼已为礼部尚书，下阶握手曰："安所得吴公？公虽倦，勉为我縻一官。"然竟移告。留省时，同年邹守益为南京翰林掌院，为阳明学，鸾与上下，惕然起曰："武公九十而箴，予曷云老？"因疾乞归。卒年六十四，祀乡贤。鸾事继母孝，田产悉让兄弟。茅屋数椽，单居屡空，而终日欣欣，若有所得。部使者有司往请，辄不应。徒步从一童子，或时手袍带行。遇贱竖维谨。州例给傔驺，顾见，却谢。其为长者类如此。

唐 符

唐符，字信伯，韶子。正德九年进士，授行人。继为御史，出按湖湘，不务烦扰，上下安之。嘉靖六年，复按湖湘，吏民称真御史。补四川按察司副使，勤慎敏达。调河南，督水利。十四年，迁山西布政司右参政，督理粮饷，以勤卒于官。

王 经

王经，字伦叙，本姓吴。正德九年进士，除河南道御史。年少列风纪，志在树立。居三月，以忤逆珰刘瑾，死杖下。

周 在

周在，字善卿，坤从弟。正德九年进士，授宝坻知县。忤中贵逮捕，慷慨置对，吏不能难。还职，县人薛凤鸣以御史附刘瑾犯罪，在绳以法。因诬在人命，复逮入诏狱，杖濒殆，法司直其诬。十四年，召为监察御史，诏核湖广、贵州各省钱粮。时中官郭用势侵守臣，锦衣千户聂能迁幸进，在并劾罢之。又奏清平伯吴杰充湖广总兵官，贪懦乖人望；兵部侍郎冯清贪秽；大学士杨一清在边未久，不宜辄易。礼部尚书席书谓在与费宏交结，在劾书排斥台谏，肆欺罔。最后言："王琼险狠，不可用；礼部侍郎桂萼荐举失实。"复下狱杖，寻还旧职。会廷臣会荐致仕都御史姚镆等十人，牵连忤旨，萼又修旧隙，谪吉安府推官。稍迁泉州府同知，改真定。升刑部员外郎中，出为湖广佥事。擢副使，备兵衡州。寻迁浙江右参政，罢归。在平生执法无少徇，既罢，屏迹双凤故居，不入城市。即故交，悉杜绝。居二年，卒，祀乡贤。弟土，字厚卿。嘉靖二十年进士，授工部主事，分司济宁闸。苦安居、马常、南旺五百里诸河泛溢，身先徒役，冒风雨，沉土塞口，不日奏绩。终以忤权贵落职归，卒。

顾　济

顾济，字舟卿。正德十二年进士，授行人，擢刑科给事中。武宗自南都还，卧病豹房，惟江彬等侍。济言："陛下孤寄于外，两宫隔绝，骨肉日疏，所恃以为安者，果何人哉？愿陛下慎择廷臣，更番入直，起居动息，咸使与闻。一切淫巧戏剧、伤生败德之事，悉行屏绝，则保养有道，圣躬自安。"不报。再逾月而帝崩，世宗即位。济上八疏，其略言："立法非难，守法为难；听谏非难，乐谏为难。今新政所厘，多不便于奸豪、权幸，持法不固，则此辈将丛聚而坏之。此守法之难也。陛下首辟言路，臣工靡不因事纳忠，高远似迂阔，切直或犯颜。若怒其犯颜，则言必忤；置为迂阔，则计必沮。此乐谏之难也。陛下剪除群凶，天下称明，然奸党尚存，阴谋变幻。未败思固宠，既败幸复全，治乱安危，不可不畏。"寻复言："内臣张雄、张锐等罔误，先帝业已逮治，又获宽假。愿断以大义，俾无所售奸。"帝颇嘉纳。后乞养归，徙居昆山之千墩。济与族兄溱，并任南北，势显重。济尤笃士行，有长者风。卒仅四十余。子章志，有传。

张　寅

张寅，字仲明。少读书，与兄辰互为师友。正德十五年，会试中式。武宗南巡，明年始廷试，授江西高安知县。忧归，起补宜春。属大水，上台司请捐岁租，虑期会缓，乃自具疏得请，民不见灾。调太和，邑苦徭役，寅广询得平，著为令。罗文庄钦顺作《平政叙》，勒石。召为南京河南道御史。时议分祀南北郊社，寅上言："周正建子，以十一月为岁首，故冬至之郊，先于夏至之社。今建寅，势必社先于郊，是尊地卑天。从旧便不见省。"侍郎黄绾以议礼骤贵，寅疏列其十罪。时张璁暂失帝指，勒归隐，示且复用。璁昼夜南驰，十七日抵钱塘，役夫颠踣。寅劾璁悻悻无人臣礼，并及都御史汪鋐，谪高唐州判官。州守别筑室居寅，引弟子讲学。期年，移知安州。安多水患，寅浚牙家港，筑堤御漫溢。比壤祁州知州孔天允，亦以材见重台司。时人语曰："有所疑，问安祁；莫忧悚，有张孔。"寅浮沉四五载，会张璁、汪鋐死，入为南京文选司郎中。与尚书湛文简若水、他曹郎[1]邹文庄守益、周简肃延相议论，学益精。册立皇太子，博选宫僚，夏言等所登进多私人，帝属吏部更选。许文简赞为尚书，知寅，举十二人，寅预焉。遂改右春坊右司直兼翰林检讨，仍以五品服俸共职。言滋不怿。而翰林故事，六品下次科第序坐，寅成进士十九年，同列多后进，执授官岁凌寅，寅不屈，上书执政，台省有所右，摭他事劾罢归。自是，中外荐寅，皆不报。又十九年卒，年六十四。

王 积

王积，字子崇。少纯笃嗜古，冬拥被读书，夏纳足木罂中，不少辍。正德十五年，会试中式。明年廷试，得兵部，以便养乞南任武库。时上供马快船，累及卫，较士供役辄破家。积一切厘革，官出公羡办，累顿息。迁广东参议，治粮储，考利弊十二事。佐当事殄恩平寇，虏获千计。功上，赐金绮。旋以忧归，及补官，耻谒要人，候岁余不得调，乃上书乞休。吏部愧，除陕西参议。陕多宗属，恣横，不如意，立诟呼，感积威惠，遂相戒毋嚣。迁湖广参政。时苦苗叛，积计苗屯糯糖山最坚，令轻兵缀屯，别从间道倾余巢，屯孤自破。巡抚如其计，平苗。以监试贵州。时累谪两浙盐运司副使，亦用前功赐金。历迁福建参政，佐巡抚破倭，复赐金。积虽外吏，受世宗知，题御屏云"惯打远差，不要钱王积"。晋副都御史，巡抚山东，持大体，吏民怀畏。迁南京兵部右侍郎。未几，以目眚乞休归。居家十七载，日拥书，命侍人朗诵，稍讹辄正之。三佐藩而三以战功赏，然绝口不言兵事。常从魏恭简校、邹文庄守益、吕文简柟讲学甚析。年七十八卒，祀乡贤。

瞿 祥

瞿祥，字治徵，居荡茜泾里。正德十五年，会试中式。明年廷试，授南京广西道御史。言应天府尹宜久任，数易则吏得为奸，诏许之。世宗即位，大蠲天下田租，凡已征者准除明岁所应输，不果，民失望。值江淮间连被水旱，祥疏乞施实惠以弭灾变，乃赐行。凡奏必切大体，世宗称真御史。未几，疾卒。

王世芳

王世芳，字济美。正德十五年，会试中式。明年廷试，授刑部江西司主事。时妇翁毛澄官礼部尚书，世芳避嫌，乞改南，得礼部仪制司。未几，迁兵部职方员外，历武选验封郎中。嘉靖七年，擢赣州知府，以清简称。詹事南海霍韬贵用事，道经赣，世芳无加礼。韬心善之，语太宰，迁其省按察副使、提督学政。世芳公廉，不发私书，多所汰黜。

---

1 古代分科办事的官署或部门称部曹，是中国明、清两代各部司曹的通称，源于汉代曹史的简称，相当于郡守的总务长。曹干：官署中的干事人员；曹掾：泛指一般官员；曹务：古代官署中分类所管理的事务；法曹：唐、宋地方司法机关；曹主：机关负责人；曹郎：部曹，部属各司的官吏；曹官：属官。

会改先师像，杀祀礼，世芳迟不下，被论调江西，遂归。后复官，竟不起。卒年六十一。

蔡子举

蔡子举，字直夫。嘉靖五年进士，授刑部主事，累官南京太常寺卿。擢通政使，报至三日，暴卒舟中，年四十有一。子举在官二十年，博通传记，明习法令，性宽易，好称人能。父芝，以进士仕至按察副使，性刚介，遇子举严甚。子举尽孝养，待其弟子齐亦友爱。自其曾祖寓京师，遂留籍顺天府，子举独思还太仓，故遇乡人尤笃。寻求得先垄，将营宫室、置田宅，迎芝奉侍，不遂，卒。

曹逵

曹逵，字履中。父早亡，母朱守节，有传。逵中嘉靖八年进士，累迁御史。纠汪铉不法，杖五十，谪外，亦绌铉以解。逵受杖已，两缇骑囊过铉第，忽挺起戟手，詈曰："若尚能胁肩入长安门否？"徐步归邸待命，得随州判官。州属暴水，逵立赏格捍御，全活无算。摄蕲水县事，中人从章圣梓宫过，急责供帐。逵饬吏民手板水次，已公服前引舟，常廪外不庀一钱。中人问知，曰："是故'强项曹'耶？"引去。先是，锦衣卫有林甲者，游权贵间，赇败，逵按之，其党翟乙营救，并置于法，京师目慑，号"强项曹"。故中人云。既迁南城令，多政绩，进南京工部主事。三年，迁广州知府。顺德丞赵某夜行金，叱退之。觐归，丞在吏议，逵治如法。御史杨某，故与丞有连，欲有所纵舍，逵持益力。御史恚，且以色加逵。逵曰："赵丞善行金，固宜舍。"拂衣而出。御史因诬以他罪，诏就讯。逵上疏自白，遂调云南知府，而御史及丞相继罢谪，公论快之。逵守云南，如治广时，以最闻擢按察副使，备兵临安。夷酋普宪阻兵，逵以所部深入缚之。巡抚害其功，格不上。又当调，遂归。少贫，为诸生，日一粥；及贵而老，非客至不三簋。年七十卒，祀乡贤。

陈如纶

陈如纶，字德宣，本姓许。嘉靖十一年进士，授侯官知县。为政先教化，持大体，擿奸发伏，一县称神。以卓异擢刑部主事。有关民上变告昭圣太后支属，事连宫闱。世宗意不测，如纶独以大义开陈，卒得俞旨。边帅以失亡多逮问，武定侯郭勋庇之，如纶召鞫，立具狱，论如法。按察江西，始至，即论释戍边者三十人。锦衣使者奉诏醮龙虎山，所过横索，如纶裁以礼法，毕事肃然。父丧归，再补江西，擢福建参议。会有兵事，以劳瘁致疾，乞归，卒于家。如纶性孝友，工诗文，读书至忠义事，辄慷慨思效。尝被疾，宿三忠寺。困甚，不能执笔，犹口占长歌见志，曰《三怀诗》。文徵明书之，刻石以传。

顾存仁

顾存仁，字伯刚。父启明，性淳笃好施，以孝弟称。存仁中嘉靖十一年进士，除余姚知县，征为礼科给事中。时灾异，求直言。存仁见在廷吏，务深文取容，上疏请推旷荡恩，赦议礼成窜诸臣，兼指斥朝贵，辞连道士叶凝秀。时帝方修玄法[1]，以为刺己，廷杖六十，谪佃保安州。往来塞上，凡三十三年。穆宗即位，召为南京通政参议，历太仆卿。因请重太仆丞选及论马政弊，报可。聘归有光修寺志，书成，乞归。存仁困厄久，方见用，遽勇退，世尤高之。万历初卒，予祭葬。

王　忬

王忬，字民应，倬子。嘉靖二十年进士，授行人，迁御史。皇太子出阁，疏以武宗居青宫为戒。又劾罢东厂太监宋兴。出视河东盐政，以疾归。起按湖广，复按顺天。二十九年，俺答犯古北口。忬奏言潮河川有径道，一日夜可达通州。因疾驰至通，为守御计，尽徙舟楫之在东岸者。夜半，寇果大至，不得渡，遂壁于河东。帝廉知状，大喜，擢右佥都御史，驻通治军饷。及寇退，忬请赈难民，筑京师外郭，修通州城，筑张家湾大、小二堡，置沿河敌台。皆报可。寻召还。三十一年，出抚山东。甫三月，以倭寇，亟命忬巡视浙闽。贼首汪直纠岛倭及漳泉盗，连巨舰百余，蔽海至。忬严令将士毁其船五十余艘。寻改巡抚。忬方视师闽中，贼复大至，犯浙江。御史赵炳然劾之，帝特宥忬。时大同师覆，巡抚坐失律下狱，帝特进忬右副都御史，巡抚大同。防秋[2]事竣，加兵部右侍郎、蓟辽总督，进右都御史。忬言："骑兵利平地，步兵利险阻。今蓟镇画地守，请去他郡防秋马兵八千，易之以步，岁省银五万六千余两。"从之。会所部兵屡失事，降忬兵部侍郎。时严嵩与兵部计防守之宜，俱称旨。与忬议不合，帝乃下诏责忬，实主兵，减客兵。于是练兵之议起。寻用沈阳却寇功，复忬官，荫一子。已而寇复入辽阳，副总兵王重禄败绩，帝置忬不问，治他将吏如律。初，帝从杨博言，命蓟镇入卫兵听宣大调遣。忬言："古北诸口无险可守，独恃入卫卒护陵京，奈何听调发？"帝怒，降忬俸二级。因问嵩："边兵入卫，旧制乎？"嵩曰："祖宗时无之，自忬始。"因以言激帝，帝由是恶忬。三十八年，把都儿、辛爱数部屯会州，挟朵颜为乡导，声言东入。忬遽引兵东，寇乃由潘家口入，渡滦河西而大掠遵化、迁安、蓟州、玉田，驻内地五日。御史王渐、方辂遂劾忬，张采《志》：方辂受鄢懋卿嘱，言忬逗挠负上恩，遂逮诏狱。下诏狱论斩。方逮时，忬遣将击寇，获级八百余，嵩故不报。明年冬，竟死西市。忬才本通敏，其骤拜都御史及为督抚，皆帝特简。嵩积不能平。而忬子世贞、世懋负盛名，力持风纪，尤撄嵩忌。滦河变闻，遂致忬死。穆宗即位，世贞与弟世懋伏阙讼冤，复故官，予恤，祀乡贤。

1　《明史·顾存仁传》作"帝方崇道家言"。

2　古代西北各游牧部落往往趁秋高马肥时南侵。届时边军特加警卫，调兵防守，称为"防秋"。

凌汝志

凌汝志，字云鹄。与弟云翼同中嘉靖二十二年乡试。二十三年成进士，授宜春知县。三年，入为刑科给事中。疏论要地贪墨入觐官不当以贿贽，当事惮之。二十九年，以直谏受廷杖。转工科给事中，奉旨核顺天钱谷，劾府尹不职，罢之。转兵科左给事中，巡视京营。时蒋应奎窜子兵籍，唐国相以子为仇鸾家丁，冒功滥袭，汝志皆论罢编遣。升户科都给事中，复以建言受杖。居谏垣八年，以亲老乞官南都，擢应天府丞，卒。汝志为诸生时，闻王守仁“良知”之说于钱德洪，复卒业欧阳杲之门，时谓其学业有本。

凌云翼

凌云翼，名汝成，以字行。嘉靖二十六年进士，授南京工部主事。隆庆中，累官右佥都御史，抚郧阳。疏论卫所兵消耗六弊，多议行。万历元年，进右副都御史，巡抚江西。迁兵部左侍郎兼佥都御史，提督两广军务。时广东盗林凤遁入福建，复入潮州，云翼檄吕宋番兵讨平之。寻进征罗旁。罗旁在德庆州上下江界，东西两山间，延袤七百里，阻箐剽掠，有司岁发卒戍守。云翼乃大集兵，分十哨，令总兵张元勋、李锡将之。四阅月，克巢五百六十，俘斩、招降甚众。岑溪等诸猺獞皆惧，贼首潘积善求抚。云翼奏设官戍之，改泷水县为罗定州，设巡道参将，积患顿息。六年夏，讨平河池、咘咳、北三诸猺，捕斩广东大庙诸山贼，岭表悉定。召为南京工部尚书，改兵部，兼右副都御史总督漕运，巡抚淮、扬，兼督河道，加太子少保。以病归，卒。孙必正，有传。

徐　敦

徐敦，字汝厚。世居杨林寨，故农家子。试有司不利，从贾。年三十，复谢贾事儒，昼夜攻苦，补诸生。嘉靖二十六年成进士，历知诸暨、阳信二县，廉洁有威望。以治行征为南京监察御史。抗疏论鄢懋卿，忤严嵩，出为山西佥事，转参议。所至持法，中蜚语归。又荐起刑部郎中，升苑马卿。终以介性，与时寡合，遂致仕。官二十余年，萧然如寒士。

王世贞

王世贞，字元美，忬子。年十九，登嘉靖二十六年进士，授刑部主事，屡迁员外郎中。奸人阎姓者犯法，匿锦衣都督陆炳家，世贞搜得之。炳介执政以请，卒不许。吏部两推提学，皆不用，用为青州兵备副使。父忬系狱，世贞解官奔赴，与弟世懋日蒲伏嵩门，涕泣求贷。嵩阴持忬狱，而时为谩语以宽之，忬竟死。兄弟持丧归，蔬食三年，不入内寝。既除服，犹却冠带，苴履葛巾，不赴宴会几十年。隆庆初，兄弟既伏阙讼父冤，言官荐起之。世贞坚不出，以八事应诏，不允。起大名副使，迁浙江右参政、山西按察使。

母忧归，服除，补湖广，旋改广西右布政，入为太仆卿。万历二年九月，以右副都御史抚治郧阳，数条奏屯田、戍守、兵食事宜。有奸僧伪称乐平王次子，奉高皇帝御容、金牒，行游天下。世贞曰："宗藩不得出城，而诪张如此，必伪也。"捕讯之，服辜。张居正枋国，以世贞同年生，有意引之，世贞不甚亲附。所部荆州地震，引京房占，谓臣道太盛，坤维不宁。居正妇弟辱江陵令，世贞论奏不少贷。居正积不能堪，会迁南京大理卿，为给事中杨节所劾，即取旨罢之。后起应天府尹，复被劾罢。居正殁，起南京刑部右侍郎，辞疾不赴。万历十三年，起南京兵部右侍郎，以积俸得考满荫子。擢南京刑部尚书，移疾归，卒于家。世贞好为诗古文辞，始与谢榛、李攀龙、宗臣、梁有誉、吴国伦、徐中行辈结诗坛，绍述李、何"复古"之学，其持论文必西汉，诗必盛唐，大历以后书勿读。名出数子上，顾盛推攀龙，攀龙殁，独操文柄者二十年，海内宗之。祀乡贤。

世贞三子：长士骐，字冏伯，万历十年乡试第一，十七年成进士，授兵部主事，改礼部。时储位久虚，有以冠婚及期请者，上允行。士骐争以先册立而后婚冠，祖制不可违，乃止。历文选稽勋司郎中。沈一贯当国，士骐故一贯门下士，迫清议，稍去就其间。一贯衔之，会得匿名书言倾储事，事连士骐，取中旨削籍。后光宗录国本功，追赠太仆寺少卿。士骕，字房仲，工制义及古文辞，世贞特奇爱之。为诸生，荫入太学。会邑有海警，士骐以兵曹在假，鸠众习射，为捍卫计。士骕亦招聚材勇，角艺于家。或以招纳亡命诬士骕，当路下檄捕治。既得释，士骕自负累坎壈不平之气，悉寓诸诗歌，识者谓有隐痛焉。士骏，字逸季，诸生，有才名，早卒。

周　锡

周锡，字子纯，参政在从子。嘉靖七年，以岁贡至京。时世宗好道，锡常为学士陆深代作青词，深嘉之，欲荐留馆阁，锡赋《扫雪烹茶》诗以寓意，深曰："何至不可夺如是！"得潮州通判。锡廉洁抗直，为都御史所厄，弃归。生平笃于伦纪，五十以后，诸父燕集侍坐，犹执壶终日，不以委之仆隶。年八十，预刻死日，作歌而逝。祀乡贤。子渤，见《宦绩》传。

徐　炌

徐炌，字文华。嘉靖三十二年进士，授长沙府推官。丁嗣父忧，服阕，补武昌，以治最征为四川道监察御史。改山西道，巡视两淮盐课。都御史希柄臣指岁增盐课数万，炌抗疏争，卒如故额。旋为北畿提学道。有大学士某属其甥者，炌曰："视文何如耳！"竟置下等。某衔之，嗾科臣摭事劾炌，首辅徐阶谓曰："吾故识炌，是减两淮盐税御史也。"寻弗问。升按察副使，督江西学政。值严嵩败，籍图书充栋，悉置之学宫，以惠士子。迁山西行太仆寺卿，致仕。炌性孝，为御史时，闻本生父讣，哭曰："吾即为人后，奈何抱痛所生而绶若若[1]耶?"亟引疾归。晚好神仙。卒年七十一。

顾章志

顾章志,字行之,济子。幼孤,长通经术。嘉靖三十二年进士,授行人。时严嵩父子鬻权,人争趋,章志独弗往。改司副,寻迁司正,转刑部郎中。章志精律例,多平反,声名为西曹最。礼部尚书吴山器之,请调仪曹,以不当嵩意,弗果,移病归。嵩败,补旧曹,出为饶州知府。饶俗好讼,吏窟穴其中,棼不可理。章志至,即召吏庭列,抶其尤贪黠者,余以次声罪。众重足立下,邑讼片语决遣,不赍宿日粮。浮梁县景德镇奸人与安仁豪[2]以竞陶器哄,啸呼至千人,司冶吏噤莫措。章志适至,从舆中谕以祸福,悉散去。以治行第一进湖广按察副使,乞养归。母丧服除,补广西。靖江王汰所遣使驰驿,章志叱曰:"未奉朝廷赐,何得称驰驿?"止之。民田有与王府屯地错者,王图并得,章志持不可。进贵州右参政,又进广西按察使,以参政致仕。寻用荐起山东按察使,谳决益精。召拜南京光禄寺卿,迁应天府尹、南京兵部右侍郎。故事,选卫士富实者领都贡舫,比上供,苦中人朘克[3],多破家。黠者避役,至虚伍不成军。章志仿雇役法,募诸篙师,官为驭之,稍丰其值,岁费约二万五千两、米三万石。按卫士每丁输银可万五千两,国家第益其半已。除卫士累,中贵无所侵,行伍如故。疏上,报可。未几,卒于官,年六十四。南都人肖像祀之。章志奉母孝,事兄如父师,分其孤财如长子,嫁二女先己女,舅若姑姊贫病,悉养而葬,字其子及孙。为人廉洁温直,不显贵加人,亦不见贤智色。子绍芳,中万历五年进士,由翰林庶吉士至春坊赞善,有清望。早卒。

张振之

张振之,字仲起。少聪颖。州同知周凤岐试诸生,得振之文,惊喜,问其父兄,曰:"父老而贫,兄名抚之,适坐他事逮狱。"凤岐立出之。父士镗,感异疾,躁不能席,振之以身承,得小安,逾七昼夜而愈。嘉靖三十八年,成进士,授处州推官。时守入觐,行守事,首举条鞭法,诘暴横,贵要敛手。秩满当征,会严嵩秉国,诸征者多嵩客,风振之以贿通,不应。嵩败,始就征,擢监察御史,按通州。粮储卫官利掌卫印以避漕运,振之疏请漕运

---

1 若若:长而下垂的样子。

2 《〔康熙〕昆山县志》云:"浮梁故有景德镇,陶利被天下。其奸人与安仁豪哄啸聚千人,几叵测。章志适以行部至,舆中口占一檄,谕以祸福,哄者即时解散。乃徐捕其首事者惩之。章志尝自言,一生治行不及治饶快人意也!"

3 中人:指宦官或有权势的朝臣。朘克:剥削、克扣。《〔康熙〕昆山县志》云:"故有马快船,为中贵上供所需用,皆卫士富实者领之,猝有差遣,每为中贵所摧剥,遂有弃伍走者,甚至有自尽者,伍伍日虚。章志用郎中倪涞策,仿雇役法,募诸篙师官为驭之,稍丰其直,卫士每丁输银以充之。疏上,报可。"

必用掌印官，庶利害均，用是官军称便，著为令。定国公徐延德纵恣，振之露章劾，夺其任。又得户部尚书高耀奸利状，论之。尝过锦衣卫视囚，振之欲仍弘治间故事，繇中门入，指挥使不听，与诘难，缘是多恨者。借事构之，谪临清州判。旋移广信，迁抚州同知。抚多盗，振之籍捕卒，令日一人直[1]，盗发，罪直者。亡何，获其魁，毙之，狱盗衰止。署崇仁县事，清徭税。入为南京兵部职方员外郎，迁南吏部文选司郎中，出知吉安府。府与广信、抚州邻壤，振之久历土风，治行益精敏。吉水知县暴戾，欲去之，县有所恃，不能胜，愤恚乞休，未报归。事闻，夺官。居久之，起知杭州。寻晋按察副使，备兵温处。病归，卒年五十七，祀乡贤。振之服官二十年，食不能具肉。罢吉安归，橐中不满二金。见盥具为署中物，投之水。学宗考亭，不甚喜姚江，然身践不欲能言。性好行义，吉安丞张大猷卒，妇妒妾生子，流落民家，为置保姆，以归于张。长宁令沈某尽室死，为治丧具，以孤孙托有司。天台令死于官，女孙入伎家，亦赎以还之。其外家有仇，尝侵振之，后道见桎一妇，则仇者之妻，以逋赋故囚于官，为代偿得释。居常念受知周倅，岁时寓书币[2]亡绝。孙崃，字九服，有文学，以乡举终。

王世懋

王世懋，字敬美，忬次子。十岁病瘵，父怜之，不强以学，乃私习为文章。弱冠，入太学。嘉靖三十八年，成进士。未几，遭父难，与兄世贞伏草土者几十年，为诗歌相劳苦，海内慕之，呼“小美”。隆庆初，从兄白父冤。二年，以荐授南京礼部主事。岁余，擢员外郎。内艰服除，补郎中。逾年，迁尚宝司丞。时台臣傅应桢、刘台论张居正得罪，世懋数左右之。居正怒，出参议江西。又明年，进副使，理驿传。改陕西提学副使，请急归。后居正卒，起浙江提学，辞。再起福建，晋布政司参政，擢南京太常寺少卿。万历十五年，病归，卒年五十三。世懋负文名，立身严正。在南京礼部时，魏国公有两庶子：长邦瑞，弗爱；爱邦宁，欲立之。时邦宁母郑氏已冒封，而邦瑞循例袭封，当先入国学。或说祭酒返其牒，尚书林某无以难也。世懋奋笔为移文，言“郑氏未受封生邦宁，则均庶；庶均宜长，有国法在”，遂卒嗣邦瑞。署江西按察使。南昌令用苛察当上官意，后益骄横，世懋尽发其奸，闻者快之。尝阅讯牒，一字异前谳，呼取较之，果舞文，穷治抵罪，省属皆慑之。临殁，遗兄书云：“愿庙堂勿固宠，勿近小人，勿听谗搜人过；诸君勿偏见，勿立党，勿私报复，即死无憾矣！”语不及私。卒祀乡贤。子士騄，字闲仲，中万历二十二年乡试，亦有文名。

1　直：值班。

2　书币：书写礼单，泛指修好通聘问的书札礼单和礼品。

王锡爵

王锡爵，字元驭。嘉靖四十一年，会试第一，殿试第二，授编修，累迁至祭酒。万历五年，晋詹事。张居正夺情，吴中行、赵用贤等疏诋之，居正怒。锡爵邀同馆十余人诣居正求解，居正不纳。锡爵独造丧次，切言之，居正径入不顾[1]。中行等既受杖，锡爵持之大恸，复祖郊外。明年，进礼部右侍郎。居正甫归治丧，九卿急请召还，锡爵独不署名。旋乞省亲去。十二年冬，即家拜礼部尚书兼文渊阁大学士，参机务。还朝，请禁谄谀、抑奔竞、戒虚浮、节侈靡、辟横议、简工作，帝咸褒纳。时群臣请建储者众，帝皆不听。锡爵疏请勤御朝讲、日亲大臣，时披阅章疏而早定根本之计，升储出阁，温旨报闻。十八年元日，帝御毓德宫，召辅臣入，手握皇长子，令就视。辅臣趋拜已，命皇三子出，辅臣拟拜如前，帝力止曰："不可！"旋出雒于仁疏，欲置罪，目属锡爵。锡爵因言："于仁诚有罪，第当以重典，恐天下不知于仁讪上，直谓陛下拒谏！"帝意解。因以册立豫教请，复屡疏上，帝手谕："伦序已定，朕何敢私？特以长子羸弱，待十岁后，大典并行！"锡爵因语人曰："圣意无他，第不欲发自臣下，吾属当静听。"十九年夏，请归省母，乃赐道里费，遣官护行。二十一年，趣召还朝。先是，有旨是年春举册立大典。锡爵密请帝决大计，帝遣内侍手诏示锡爵，欲待嫡子，令元子与两弟且并封为王。锡爵惧失帝指，立奉诏拟谕旨，而又言："汉明帝马后、唐明皇王后、宋真宗刘后，皆养诸妃子为子，请令皇后抚育元子，则元子即嫡子。"亦拟谕以进。帝竟以前谕下礼官，令即具仪。于是举朝大哗，群诣锡爵第力争，章日数上。锡爵力请追还前诏，帝不从。请下廷议，不许。请面对，不报。乃自劾三误，乞罢斥。帝亦迫公议，追寝前命。七月，彗星见。锡爵疏言："彗星渐近紫微，惟建储一事可以禳之。"有旨报闻，仍持首春待期之说。十一月，皇太后生辰，帝御门受贺毕，独召见暖阁。锡爵因力请早定国本，帝曰："中宫有出，奈何？"对曰："此说在十年前犹可，今元子已十三，尚何待？况自古至今，岂有子弟十三岁犹不读书者？"帝颇感动，遂有出阁之命。明年二月，出阁礼成，辅臣、侍班、词臣六人侍讲读，如东宫仪，中外为慰。锡爵在阁时，尝力止矿议，罢江南织造、江西陶器，减云南贡金，出内帑赈河南饥，帝皆无忤，眷礼逾前后诸辅臣。其救李沂，力争不宜用廷杖，尤为世所称。特以阿并封指，又郎中赵南星被斥，侍郎赵用贤放归，论救者咸遭谴谪，众指锡爵为之。虽连章自明，且申救，人卒莫能谅也。锡爵遂引疾乞休，疏八上，乃以吏部尚书进建极殿，赐道里费，乘传，行人护归。比行，以惩忿怒、躬庙飨等十三事进规。归七年，东宫建，遣官赐敕存问，赉银币、羊、酒。三十五年，廷推阁臣。帝既用于慎行、叶向高、李廷机，还念锡爵，特加少保，

1 《明史》卷二百十八云："张居正夺情，将廷杖吴中行、赵用贤等。锡爵要同馆十余人诣居正求解，居正不纳。锡爵独造丧次，切言之。居正径入不顾。中行等既受杖，锡爵持之大恸。"

遣官召之。三辞，不允。时言官方厉锋气，锡爵进密揭条数事，而南省诇得之，摭为罪，又追论前并封事，攻者益哗，上眷愈厚。锡爵竟不出。又三年，卒于家，年七十七。赠太保，谥文肃，祀乡贤。

周士淹

周士淹，字孺亨，广子。性纯厚，有儒素风。事继母尽孝，无间言。中嘉靖十六年举人。博通群籍，究心理学，与兄士淳师事魏恭简校，俱以学行称。

龚起凤

龚起凤，字瑞周。始冒周姓，名江，中嘉靖三十七年举人，改姓名，授定州学正。起凤性洁清，自待严重。时定州知州由中朝左迁，讽起凤拜，持不可，曰："无两失也。"应聘典中州试，与御史数争事。寻擢大理寺司务。寺胥例纳免役钱，时正卿王篆属起凤征钱，不应。篆怒笞其役，起凤亦笞篆役。被劾，谪严州府学正，迁杞县知县。受事，县见囚三百人，多冤滥，起凤纵去，留十二人。邻府归德有豪李某杀人，贿令脱死，上官移起凤讯。未至二十里，令款迎惟谨，至则私致千金。起凤叱退，穷治伏罪。县故事，令得有马价、夫价金五百，起凤以归官，日食蔬菜一篹。仆二人，不胜困，皆逃归，则萧然襆被，阖户寝兴。日给小史银二分，具饮食。御史行县，供帐俭率。寒月，炉火不继，御史自出钱，以风起凤，起凤若不闻。监司谓曰："按君严重，奈何令坐折脚床?"起凤曰："琐事，安问此?"监司匿笑。亡何，以不及论罢，县为罢市。既行，泣送者万人。又醵三百金，请曰："使君即不念家，当顾行路。"起凤曰："劳苦父老，我单行，无可恐。"却去时，周王以百金赆，亦却不受，曰："罢吏谢王！愿留惠百姓。"起凤归，灌园，园惟种韭。里中持钱往，则开园刈韭，若不知为官人，时称"龚公韭"。如是积年，乃卒。卒时，婿为具棺。先是，婿尝冒受金，为起凤所恨，至是，张目云："即亲蝼蚁，毋污我！"友人张振之合钱治后事，始得殡。昔州人以姜公廉，素称"姜麦粥"，因亦称起凤。祀乡贤。

王鼎爵

王鼎爵，字家驭，锡爵弟。少依兄受经，坚苦自力，读书不五百过不易。隆庆二年成进士，授刑部主事，调礼部，移疾归。已，补主客司郎中。时锡爵为礼部侍郎，故事，引嫌改南京吏部验封司。会张居正以夺情事衔某属南考功，将黜之，鼎爵请解，弗得，贻书锡爵曰："时乎有变。"因有归志。寻升河南提学副使。不数月，移疾归。丁外艰，服阕，病卒，年五十。鼎爵气度和缓，与人交周笃，事兄极谨，然意所不可，卒弗傅会。历官精勤，居家好施与。凶岁，出辖车数百，他所全活者无算。卒祀乡贤。

管志道

管志道，字登之。居毛家市，后徙长洲。隆庆五年进士，除南京兵部主事。时卫卒苦贡舶，志道言于尚书，裁去三百，归江、济二卫中。江淮有悍卒仇一千户，声言本兵行，驱漕卒入，操练激众，伺隙起。都人恐。志道佯不动，徐治其渠，旋解。丁外艰，服除，改刑部。张居正秉政，志道上疏条九事，以讥切时政。所陈内有欲修高皇掌故，巡道与巡按抗礼。居正度御史势重，必不受，遂出志道广东佥事。志道之官，竟伸前议。疏入不报，而御史劾果上，得旨降调。志道正强盛[1]，会大计[2]，置老疾，然名益重。久之，以台疏还旧官，仍致仕。会荐起湖广，言者复尼之，乃决归。志道初受知于督学耿定向，与罗汝芳、王璧相师友，讲解理学，然晚年颇涉禅说。卒年七十三。曾孙正传，崇祯四年进士，历知永丰、赣县，著风节，为忌者所中，以冤夭死。

毛　在

毛在，字君明。万历二年进士，授建昌府推官，禁暴戢奸，豪猾屏迹。丁父艰，服阕，补金华。课最，擢云南道御史，出按贵州。平牙寨苗瓮赏等之乱。请广解额建县治，以怀远人。思南诸生萧重望为继母诬，系狱论死，在覆讯得实，出之。命赋《鹳巢古木》诗，奇其才，令赴乡试。时已届八月，以飞骑送诣试场。榜发，领首荐，明年登第。又按山东，岁大祲，请蠲赈，疏凡五上，竟得俞旨。宗圣公曾氏裔孙流寓远方，至是始归嘉祥，补博士。在特请改三氏学为四氏学。遇驾幸太学，并取以陪祀，与孔、颜、孟子孙埒。又按河南，升大理寺右丞，以疾卒于京邸。在生平不营家产，置义田二顷，以一顷赡族人，余以助贫者区役。

沈昌期

沈昌期，字廷际，其先山东滕县人。万历十一年成进士，授龙溪知县，申雪诬枉，一县称神。故事，以赎锾积谷多寡为令殿最，昌期奏记，言令不能兴讼致金粟，御史韪之。邑田负山枕海，被水冲啮，多失额，豪右率隐占。昌期下令清丈，许自实，不实有罚。人不敢隐，科其粮，以抵失额。又兴水利，垦旷土，岁得谷千石。于是葺学舍，新乡贤祠，文教翕然。茕独鳏寡，收恤备至。擢验封司主事，历迁至文选郎中。在部五年，抑绝奔竞。因推升建言矿税害，谪大埔典史，怡然就道。旋归里。及卒，家无余资。熹宗初年，录矿税诖误诸臣，赠昌期太常少卿，祀乡贤。子绵应，字麟系，诸生，以荐授辰溪知县，为政有惠爱。崇祯十五年卒于官。贫甚，鬻书以殓，远近闻之，为罢市。

1　强盛：谓青壮年。

2　大计：明清两代考核外官的制度叫大计，每三年举行一次。即官吏每三年一次的考绩。

张辅之

张辅之，字尔赞，本姓尤，后改今姓，为张振之所知。万历十四年进士，授行人。十九年，选工科给事中。历礼、兵两科，晋兵科都给事中。时哱刘反西夏，督臣顿兵不进，辅之疏纠之，复陈方略数事。倭酋破朝鲜，枢臣议主款贡，辅之论止之。播酋杨应龙介黔、蜀间，扰害尤甚，辅之请特设总督，责成荡平。在兵垣，前后四十余疏，凡历三大征，区画事宜，悉中机要。御史曹学程忤旨，拟辟。时值廷审，多署情实，辅之独会疏救，得末减[1]。历太仆、太常寺卿，晋工部右侍郎。务节省，足国用。察奸商，破冒物料及胥吏滥用稍食，弊窦一清。天启三年，晋南京工部尚书。四年，乞休归里。崇祯二年卒，年八十三。祀乡贤。

钱　桓

钱桓，字握之。万历十七年进士，授任丘知县。丁艰，补藁城。擢山东道御史，巡视京城，出按畿南，再按四川，入掌河南道，升太仆寺少卿，以佥都御史巡抚南赣。目眚，乞休归，又数年卒。桓长者中立，无所党，历有政实。任丘地冲，杂中人豪贵，治以清肃称。盗劫富民，未获，富民乘岁暮凌遽执其仇，抵之。桓疑非是，故缓其狱。富民请成谳，桓叱诘，语塞，竟获真盗，释所执者。按畿南时，邯郸、井陉间大侠恣横，桓置诸法，三辅震栗。四川前御史与安酋隙，议削地，巡抚持未决。桓至，谓："其地属僭据，削犹后。若安故壤削，且生牂牁余种心。"乃弗削，安酋以故不叛。蜀岁榷酤四万，中人征督为厉。桓同巡抚割赎锾代之，民以不扰。章贡水溢，漂民庐舍，桓急请赈，报可。苗蛮时豨突，桓戒将吏守要害，毋弛备，毋贪细功，诸蛮詟服。信丰令贪墨，抚按庇之，桓力劾去。两关税万计，旧隶幕府，桓檄关吏薄其榷，籍贮府藏，备兵兴、旱潦费。念蜀宗禄不给，置公田以时发。桓性俭，日鲑菜一盂。居乡清谨，约束子姓，至今颂其醇德。子炳，以明经授富阳令；次子烨，天启元年副榜，历任英德、仁化知县，经济俱有父风。桓、炳，俱祀乡贤。

王在晋

王在晋，字明初。早失父，家贫，受书于兄在恒。母病痿，身自抱持者累年。万历二十年成进士，授中书舍人。转工部主事，升兴泉道，平海寇有功。丁母忧，服阕，补荆南道，改副使湖广学道，转杭严道。以卓异迁江西左布政，擢都察院副都御史，巡抚山东。升工部侍郎，即授添设兵部左侍郎，总理户、兵、工三部。辽民渡海聚登莱，请金十万，并发山东所积谷赈之。水西蔺酋反，举朱燮元等征剿，蜀遂平。天启二年，特授兵部尚书，赐蟒玉、尚方剑，代熊廷弼经略蓟辽等处。已，召还，为南兵部尚书，转吏部，历刑、兵两

1　末减：谓从轻论罪或减刑。

部尚书。崇祯初致仕，卒年八十，祀乡贤。子会华，字元升，诸生，荫锦衣卫中所正千户。丁忧家居。顺治二年，大兵下苏州，会华七日不食死。

王衡

王衡，字辰玉，锡爵子。读书五行俱下。锡爵忤张居正时，衡年十三，倚膝诵《归去来辞》，锡爵叹曰："不去，乃为孺子笑。"即日归。锡爵后柄用，万历十六年，衡举顺天乡试第一，郎官高贵、饶伸疏论有私。诏会午门外复校，衡通敏，人皆叹服。伸犹疏不已，上怒，谴伸。衡请锡爵疏救，人更以此多之。二十九年，会试成进士，廷对第二人，如其父，授编修。是岁，奉使江南，因请终养。久之，病瘍卒，年四十九，祀乡贤。衡诗文俱名家，尤长经世略，注意边务，侍父京邸，颇有所左右，论者多惜其未用于世。

王遇宾

王遇宾，字叔元。父文涧，有兄年老，为人所讼，吏捕之急，文涧负兄代辩。知州呵责甚厉，文涧伏地请曰："兄年老，受刑必死，某壮，愿代。"守义而释之。遇宾幼攻苦读书，受《易》于归有光。万历三十二年成进士，知直隶青县。邑大饥，设糜施赈，部署井然。调河间。邑有马户，出资养马，毙则买偿，当之者困。遇宾请以公帑市，而尽除其籍。地多中贵庄宅，一切裁以法治。五载，巡按荐牍二十四上，行取至京，补大理寺正。四迁至刑部郎中，出知四川渝州府。白莲妖众屯结境内，缚渠魁投之江，支党解散。秩满，升按察副使，备兵川南。四十六年，蔺州安酋与黔地奢酋共作乱，台檄遇宾单车往谕，安酋受命引退。复受檄勘讯黔、蜀。将吏受安酋赂，多所隐匿，遇宾据实以闻，勘案遂定。寻乞归，卒年七十有六，祀乡贤。当遇宾勘事毕，适辽左军兴，奢崇明子寅请率一旅自效，遇宾力止之，曰："此酋包藏祸心，令借勤王名奋袒疾呼，全蜀危矣！"后调兵檄至，奢酋卷甲趋渝，遂叛。人服其先见云。

陆献明

陆献明，字君谟。万历三十五年进士，除嘉兴知县。以廉能入为御史，巡按贵州。时水西酋安邦彦叛，甫入境，而抚臣王三善之师覆没。献明驰援，征调川湖兵防隘，转饷无乏。开屯五百余里，列栅二十余岁，得米二十余万石，黔中借以无恐。改按湖广，僚属请建魏奄生祠，献明裂其牍。杨涟瘐死诏狱，捏赃三万，行抚按严追，献明捐俸及赎锾代完之。适黔事坏，巡按傅宗龙丁艰，内批复命献明按黔，加太仆少卿，监军务。献明闻命就道，疏言："欲破水西，当用重兵，三方并进。"后用其言，复所失地七百里，安酋平。转正卿。思宗登极，上疏谓："新政必以勤学用人为先。"因荐文震孟、陈子壮、顾锡畴、李继贞等，皆先后擢用。使竣还京，又上疏请裁节驿站诸事，皆切要。致仕归，林居十年，杜门不出。年八十一卒，祀乡贤。子日升，崇祯十五年举人，终父丧，悒郁死。

王志坚

王志坚，字淑士，临亨子。万历三十八年进士，选南兵部主事。南曹故闲暇，志坚要同舍郎为读史社，商略前代行事。又假焦竑藏书，缮阅无少懈。秩满，升佥事，提学贵州，以养亲辞。来往山间，至真珠坞，乐其风土，筑山房，读书其中。荐起浙江水利佥事，念迎养便就官。时议毁德胜诸坝，令估艖直达会城。志坚谓："坝毁则湖涸，蓄泄亡恃，将水旱均病。"事乃止。会饷急，温州推官创票盐法，商大困。志坚又力陈非是，乃已。丁母忧去，起湖广驿传道。清黄州九驿马价，驿得亡累。随迁其省提学道，拔寒畯[1]，名试文录曰"昭质"[2]，未终任而卒，年五十八。志坚恂恂蕴藉，负狷性，门无杂宾，坐起一小楼。读书最有法，经先笺疏后辨论，史先证据后发明，为世所宗。尝戒子弟曰："愿汝曹为学，究弊不过迂。文人所流，恐破方为圆，犹弗止也。"

李继贞

李继贞，字散尹。万历四十一年进士，除大名推官，历迁兵部职方主事。天启四年，典试山东，坐试录刺魏忠贤削籍。崇祯元年，起补武选司，进职方郎中。时军书旁午，职方特增设是职焉。继贞干用精敏，尚书熊明遇深倚之。四年，孔有德反山东，明遇主抚，继贞疏陈不可，请调关外兵入剿。明遇不能从，后讫用其言灭贼。初，延绥盗起，继贞请如神庙故事，遣御史赍米三十万石以往，安辑饥民，以孤贼势。帝遣御史吴甡以十万金往，继贞少之，帝不听，贼果日炽。继贞在兵部久，边事益练习。为人清执，请谒不得行。大学士周延儒，继贞同年生，属总兵官于继贞，继贞瞠目谢曰："我不奉命，必获罪。刑部狱甚宽，可容继贞也。"延儒衔之。田贵妃父宏遇，以坐门功求优叙，不获。中官曹化淳欲用私人为把总，言于尚书张凤翼，以命继贞，继贞亦不可。化淳怒，与宏遇日伺隙，谗之帝，贬三秩。会继贞请起用巡抚梅之焕，帝遂发怒，削继贞籍。已，论四川桃红坝功，复官，致仕。十一年，用荐起，历两京尚宝卿。寻迁顺天府丞。超拜兵部右侍郎兼佥都御史，巡抚天津，督蓟、辽军饷。乃大开屯田五万一千顷，岁收谷数万斛。城中地潟卤，相地凿渠井，汲饮无乏。旧制，辽饷米豆每岁召卖于各州县，饷司叶廷桂多侵牟，继贞绳以法。廷桂结厂卫，阴中之。会刘应国兵失利，诡言津登兵后期，论罢。已，帝念继贞不置，即家拜兵部右侍郎、操江巡抚。命下，继贞卒。赠右都御史，官一子，祀乡贤。继贞学有根柢，工文章，负经济。居官实心，任事孤立，获主知，未竟其用，天下惜之。

徐宪卿

徐宪卿，字九亮。万历四十一年进士，授行人。泰昌元年，擢南京工科给事中，掌计

1　寒畯：出身寒微而才能杰出的人。

2　昭质：明洁的品质。

典，寻管京营军务。时阉党用事，三案议起，宪卿疏论李可灼侍疾不谨，宜按祖宗法死无赦。天启四年，疏言驾帖之佥、北司之拷，非所以示天下公，宜以罪犯付法司，内外章奏还内阁职掌，无使辅臣失职。其言皆侵权珰。已，又疏纠忠贤、客氏及其所用要人，奸党侧目。时缇骑四出，迭起诏狱，或说以委蛇解祸，宪卿不为动。忠贤死，进添注南京光禄寺少卿，升太仆寺少卿，驻滁州，视江南北马政。土寇大至，宪卿率民兵登陴，寇不能攻。又五年，以病致政归。甲申，闻国变，时时恸哭而卒，年八十有二。祀乡贤。

黄元会

黄元会，字经甫。幼孤，感奋为学，与同郡姚希孟齐名。万历四十一年进士，授工部都水司主事，管窑器厂。光宗在储位，宫监传谕索器皿折价，元会抗言曰："非所以光潜德也。"不与。摄大木厂，因殿工立注销积高法，中人不能私。督夏阳闸工，省帑数千。事竣，擢南昌知府。廉佐令之，贪横者黜之。宗室骄横，一裁以法，削其冒封二人，省厨传之扰。庇死难武臣之子，卓异入觐，赐宴礼部，如一品大臣仪，称异数。升按察司副使，主驿传，视卒丽罪[1]重轻，定为三等供役法。寻转提学副使。益藩以清道挞[2]士，士哗。王疏闻，元会调护，得薄罚。会乡试迫，以百余日毕十三郡试，劳勚成疾。转山东布政司参政。抚按请留，仍改江西按察使。疾作，乞归，卒年五十一，祀乡贤。元会喜黄老家言，神识清远，不屑诡随，亦不皎皎异，故终身不受牵于门户焉。

许国荣

许国荣，字允尊。二岁丧父，家绝贫，母朱氏育之。天启五年成进士，授太常博士。三年，选工科给事中。时太监掌厂事，布逻卒诇刺[3]，中外目慑。又张彝宪总督户、工两部，陵部曹，国荣上疏极论，触彝宪恨。未几，外解铅至，国荣监收固中额，中人报阙，少激帝怒，褫职。后七年，事白，起补应天府照磨，量移光禄寺署丞。病卒，祀乡贤。国荣在谏垣，章数十上，论复大宁、救罪谪诸臣尤中事要。事母至孝。母性严，少不如指，即诟谇。国荣长跪请母，色霁方起，以为常。与人交，有本末。周恤亲党，多待以举火者。

吴震元

吴震元，字长卿。总角补诸生，万历四十年领乡荐。天启二年，授滦州知州，旋补德安通判。时方追熊廷弼、杨涟资产，震元力庇之，且分俸周其家。七年，升衡州府同知，改漳州。黄道周少所许可，独喜与震元说《易》。崇祯五年，海贼刘香入犯，檄震元守石美，以计擒之。六年春，红贼乱，震元守铜山，督将士力战，大破之。丁父艰归，不复出。

1　丽罪：被定罪。"丽"通"罹"。

2　挞：用鞭子或棍子打。

3　诇刺：侦察刺探。

震元博通经史，尤精谶纬，推知崇祯十年以后，数当阳九，叹曰："只今便高卧，已负半生闲。"因作负半庵，杜门著述。周延儒强之出，不应。十五年，病卒。

顾燕诒

顾燕诒，字安彦。其先滁人。崇祯元年成进士，授刑部主事。出守济南，蠲除苛政。历五载，擢福建驿传道，以平贼功调嘉湖兵备。时浙西为盗薮，燕诒至，则完城郭，搜卒伍，储刍茭，有《保民四事书》。值嘉善漕卒变，燕诒轻骑往谕，指顾慑服。又兴筑海塘，保障二郡。晋按察使，升右布政使。先是，吴昌时官文选司郎中，倚势张甚，燕诒拒弗与通。昌时衔之，诬劾燕诒，夺职闲住岁余。昌时死东市，燕诒得雪复官。入国朝，有欲荐燕诒者，以疾辞。知州白登明礼"娄东七老"，燕诒居首。平生性刚直，于社局独无所附。康熙六年卒，年八十五。子景锡，进士；光复，副贡生。

张　采

张采，字受先。崇祯元年进士。父早卒，事母至孝。弱冠，益折节读书。时海内学者喜诵诸子书，为文多诡异。同里张溥与采相砥砺，期以六经、史汉倡天下。已先后成进士，世遂翕然服从。采谒选归，病里中显者多纵恣，乃集荐绅于城隍庙而誓曰："吾侪读古人书，幸通籍，毋以势凌人，毋纵奴仆横，毋使宗党子弟肆里门，毋听私属隶官府，有逾约者共斥之！"众曰："诺。"风俗始少戢。及授临川知县，敦俭约，奉母间进肉，妻子以下率烹葵食之。恤民绳暴，善政毕举。寻移疾归。先是，张溥举复社，采归，与其事，为陆文声、周之夔所讦。及溥卒，采独具疏直之，事详溥传。十四年，旱蝗，采请于州四门设粥厂，活万人。又作常平仓，立乡约及保甲法。知州钱肃乐尤重采，民有不便，采白之，无不从。豪猾衔之刺骨，江西艾南英移书规谏，不听。福王时，起为礼部仪制司主事，升员外郎。已奉使归。乙酉，里中巨猾数十辈，绐采出，捶之几死。一僧伺间负之走，得脱。自后东西窜伏，辄南向痛哭。三载卒，年五十三。采好善嫉恶，出于天性。修辑州志，皆直笔。尝过绍兴，与刘宗周讲学，宗周极推之。濒行，封黄柑四枚，驰数十里为赠。尤留心经济，尝与程峋定海乱。卒祀乡贤。

张　溥

张溥，字天如，翼之子。溥幼嗜学。所读书必手钞，钞已，朗诵一过，即焚之，又钞，如是者六七始已。右手握管处，指掌成茧。冬日手皲，日沃汤数次。后名读书之斋曰"七录"，以此也。与同里张采共学，号"娄东二张"。崇祯元年，以选贡入都。采方成进士，两人名彻都下。已而采官临川。溥归，集郡中名士，相与复古学，名曰"复社"，以继东林。四年，成进士，改庶吉士。以葬亲乞假归，读书若经生，日有常程。每侍史缮录，口占手注，六七辈不给，四方人士翕然归之，以不及其门为耻。所品题甲乙，颇能为荣辱。温体仁恶之。里人陆文声者，输资为监生，求入社不许。因诣阙言："风俗之弊，皆原于士子。溥、采为主盟，倡复社，乱天下。"下所司问状，皆言复社无可罪。闽人周之夔尝为苏州推官，坐事罢去，疑溥为之。闻文声讦溥，遂言溥等把持计典，己罢职实其所为，因及复社恣横状。章下巡抚张国维等，国维言之夔去官，无预溥事。提学倪元珙、兵备冯元扬力言："诸生诵服圣贤，引徒讲学，实非党。"有旨降谪。至十四年，溥已卒，而事犹未竟。刑部侍郎蔡奕琛坐党薛国观系狱，未知溥卒也，讦溥遥握朝柄，己罪由溥，因言采结党乱政。诏责回奏。采上言："复社非臣事，然臣与溥生相淬砺，死避网罗，负义图全，谊不出此。念溥日夜解经论文，矢心报称，曾未一日服官，怀忠入地。即今严旨之下，并不得泣血自明，良足哀悼。"当是时，体仁已前罢，而周延儒当国，溥座主也，故采疏上，事即解。明年，御史刘熙祚、给事中姜埰交章言溥砥行博闻，所纂述经史，有功圣学，宜取备乙夜观。因荐采学行。帝御讲筵，问及二人，延儒曰："读书好秀才。"帝曰："溥已卒，采小臣，言官何为荐之？"延儒对曰："二人好读书，能文章，言官为举子时读其文，又以其用未竟，故惜之耳！"帝颔之，遂有诏征溥遗书。有司先后录上三千余卷，帝悉留览。溥性忠孝，事母极婉顺。谈朝廷事，辄欲有所澄清。与朋友周笃，闻正人患难，如身受。卒时，年止四十。祀乡贤，门人私谥曰"仁学先生"。

凌必正

凌必正，字圣功，云翼孙。崇祯四年进士，授户部主事。出为建昌知府，有异政。忤上官意，左迁真定同知，旋署府事。升广西兵备按察副使，洁己惠下，士民戴之。十七年，归里，屏迹荒野，与华乾龙、陈瑚讲学论古终其身。国朝顺治间，知州白登明举乡饮宾。必正性耿介，善属文，兼工楷法，精绘事。卒年六十三。

钱　增

钱增，字裒卿，桓孙。崇祯四年进士，授行人。奉敕封藩，风骨严峻。擢兵科给事中，转刑科都给事。年四十二，乞终养归。国朝顺治九年，抚按交章荐，以母老辞。增居谏垣时，谠直敢言，尝劾杨嗣昌误国状。疏请开浚刘河，条列八事，已议行，值国变，未果。后知州白登明大开刘河，悉宗其说。卒祀乡贤。

吴克孝

吴克孝，字人抚。弱冠为诸生。家贫，有富人馈粟十钟，却不受。李继贞器之。崇祯三年乡试，吴江令熊开元拔冠其房。十年，成进士。丁母忧，服阕，除刑部主事，进员外郎，备兵保定，以目眚去职。十七年，用荐补嘉湖道佥事。官刑部时，恤刑粤东，平反滞狱至千二百余人。比报政，会开元下锦衣狱，奉密旨即讯取死状以闻。克孝夜半诣金吾，请宽旦夕，卒以营护得遣戍去。在保定境内，残破盗贼昼抄掠郡县，日选丁壮乘城。克孝至，尽撤之，而密擒渠魁秦凤吾等，斩以徇。抗疏言："闯贼披猖，方今所忧，不独关陕、洛阳，宜宿重兵韩、赵，以壮神京右臂。"当国恶其直，报罢。克孝乃日为补苴计，峙糗粮，缮城隍，复险隘，垦荒土万余顷。易州矿使横，克孝笞其卒，而直陈矿使诸不法。当国欲罪以擅责禁校，尚书郑三俊救之得免。在嘉、湖，募健勇，练水师，擒盗黄文魁、姚二等，毙之。桀盗叶六集党千余，劫官鞘，郡县莫敢谁何。又斗张三者，骁勇过于叶，俱捕以正法。监军太监高某，拥溃师抄暴，克孝严兵待之，珰引遁。克孝撍梧弥瘁，目眚益剧，遂告归。嘉、湖人遮道泣送，至有赴水挽舟而没者三人。国朝初，华亭程子龙亡命，吏疑克孝素与善，匿之，被逮，未至而事解。性好义，急桑梓利害，罄资弗惜也。卒之日，贷钱买棺以殓，年八十一。祀乡贤。

胡周鼒

胡周鼒，字其章。崇祯十三年进士，授刑科给事中。立朝数月，封章十余上，婴权忌，罢职。明年，复起，以亲老辞。鼎革后，会海警，知州李作楫用其策守城，邑中安堵。有诏直省大吏起在籍搢绅，周鼒辞不赴。

顾梦麐

顾梦麐，字麟士。其母梦神人授以石麒麟而生，故名。崇祯六年，以副贡入太学。梦麐寝馈六经，纵横百氏，嫉当时文风溃决，畔违传注，乃独阐正义，著《四书说约》，海内翕然宗之，称织帘先生。时荐辟令下，巡抚张国维欲保奏之，梦麐固辞。或冒其名走谒当路贵人，遂被款接，委职至府通判。梦麐闻之，曰："我自为我，彼焉能浼我哉！"竟不发其事，人推为长者。卒祀乡贤。子湄，有传。

陈　瑚

陈瑚，字言夏，朝典子。少通五经，凡天官、河渠、兵农、礼乐，以及壬奇诸书，无不贯串。与陆世仪、江士韶、盛敬相劘切，世所称"四先生"者也。崇祯十五年，领乡荐。明年，江南大饥，上当事《救荒四政》《支吾三策》；搤腕时政，著《私议十条》，又著《续议五条》，皆切要。或劝上之，曰："此非借箸[1]时也！"遭乱，奉父避地昆山之蔚村，躬耕以养。村田沮洳，瑚导乡人筑岸御水，岁获丰穰。又与陈说孝弟之义及为善三约，远近向风，游其门者多俊伟之士。冬月，常衣单夹，客有重裘者，欲解以赠，竟席不敢言，退而语人曰："吾乃知当世有陈无己也！"国朝诏举隐逸，知州白登明将以其名上督抚，瑚力辞，乃已。卒年六十三，门人私谥曰"安道先生"。蔚村人立祠祀之。巡抚汤文正斌即其故居为立

1　借箸：原意是借你前面的筷子来指画当前的形势。后比喻从旁为人出主意，计划事情。

安道书院。祀乡贤。

陆世仪

陆世仪，字道威，诸生。天姿英迈，弱冠，志圣贤之学，谓："孔子之后有真儒，周公以下无善治。"其学以"居敬穷理"为本，而推极于体国经野，凡天官、地理、礼乐、河渠，以至用兵行阵之法，口区手画，灿若列眉。穷居授徒，隐然负开济之重。鼎革后，绝意科举，体验益精，著述益富。顺治间，督学张能鳞具礼聘辑《儒宗理要》。后常讲学于锡山东林书院，说《易》于毗陵大儒祠，设教于云阳黄塘，闻风亲炙者，皆感动奋发。卒年六十一，门人私谥"尊道先生"，亦曰"文潜先生"。祀乡贤。

江士韶

江士韶，字虞九，御史有源曾孙。弱冠为诸生，与陆世仪、陈瑚讲程朱之学。家素裕，后中落，游郡县幕，借脩脯以养。律己四戒：不徇情面，不通竿牍，不职苞苴，不通外内舞文。所至敬信，然往往与怀私者忤即别归，坐是贫益甚。父年高，士韶愉色婉容，即仅陈菽水，其父未尝不乐也。及卒，哀毁骨立。其遭母丧也，士韶适从楚归，号恸四十余日，无辍声。以游橐葬两亲，不问弟侄。族叔某贷百金于友，漫以士韶证，后不能偿，士韶以己田偿之。同时理学诸儒多著述，士韶以为三代圣贤之旨尽于昔儒之论说，惟在躬行而已。晚年取平生所作，聚而焚之，故不传于后云。

盛　敬

盛敬，字圣传。诸生。家贫，处之泊如，名其所居曰"寒溪书屋"。矢志存诚主敬之学。鼎革后，教授寒溪上，以成就后学为事。平生笃于孝友。居丧尽哀，三年不饮酒食肉。有弟遇之无礼，敬终始怡怡。年七十六卒，遗训凡浮屠妄诞之说，概勿用。门人私谥曰"贞介先生"。祀乡贤。

郁　法

郁法，字仪臣。诸生。笃志好学，通怀乐善。闻陆世仪与同志讲程朱之学，慨然慕之。家有楼曰"静观"，宏敞爽垲，迎州学正云南文祖尧讲学其中，邑中会者至数十人，曹炜、曹钤、钱墀、夏有光之属咸与焉。炜，字晖吉。从文祖尧、熊开元论学有得。性孝友，与人交无町畦，诱善规过，人乐近之。钤，字尊素。幼失父母，事庶母惟谨，乡党称孝。与陈瑚、陆世仪、江士韶、盛敬诸人游谊甚笃。尝风雪中念士韶贫病，呼舟携钱往赠。顺治九年，岁大饥，民困征输，钤赴淮上陈分年带征之议，台使者如议奏准，困得苏。刘河塞，与顾士琏条浚之。墀，字人衷，桓孙。与江士韶相劘切，所学亦精诣。有光，字玉汝。以武举为阁部史可法标将。扬州破，退隐巴湖，与陈瑚、陆世仪等讲学。见《淮云问答》。

华乾龙

华乾龙，字天御。崇祯十二年举于乡。事父母孝，居丧不入内，绝荤酒三年。事兄，老益恭。甲申后，遁居荒野，谢绝人事。巡抚汤斌昌明理学，延乾龙主讲席，以疾辞。乾龙于学无不窥，而未尝以文章名。举足言笑必以礼，而未尝聚徒讲学。穷居隐约，短褐不完。年垂八十，怡然安之，曰："我道然也！"与吴门徐枋称两隐君子。卒后，门人私谥安止先生。

王 育

王育，字子春。家贫好学，于书靡所不览。尝元旦筮《易》，得复之初九。次年元旦，复筮得之，育曰："天教我学颜氏之学也！"遂与陆世仪、陈瑚、盛敬诸人讲学，积力深思，几进于道。性强毅，人敬爱之。居家摈绝异端，丧葬悉从古礼。鼎革后，角巾方袍，与世泊如。康熙间，举乡饮宾，又诏举山林隐逸，皆辞不应。卒年八十八。易箦前一日，犹与友人讲《易》如平时。育于五经皆有著述，又尝以六书之学失其传，乃推古圣贤造字之本根于六义，证以五经，积十余年，成三十万余言。旁通岐黄之术，其剖析多奇秘云。

顾士琏

顾士琏，字殷重。诸生。练达时务。刘河淤，三吴连困于水，当事议浚，以费繁而阻。知州白登明用销圩法，先疏朱泾，继疏刘河，用士琏议也。后吴中潦，抚藩复议疏刘河淤段，延士琏问策，士琏请仿海瑞折漕例，约以四万两浚淤段五千丈，建闸天妃镇，以利蓄泄。从之。先是，崇祯甲申秋，大旱，米价腾贵，民无以完漕。士琏与陆世仪、江士韶、曹钤、王发祥、何宁国等走南都请折，州民醵千金为费。既得请，费悉散还之。平生讲求实学，尤以泽物为念。拯难济急，有国士风。年八十有四卒。

国朝

王时敏

王时敏，字逊之，衡子。幼孤。以祖荫授尚宝丞，屡奉使藩封。天启四年，升正卿。丁内艰，服阕，迁太常寺少卿，仍管尚宝事。又五年，谢病归。家居，饬内行，著家训，勖诸子读书砥行，维持善类，奖掖英髦，以其身系乡党重者四十年。时敏性通达，工笔札，尤善书画。画师黄公望，分隶学魏《受禅碑》，参用《夏承碑》法，寸缣丈幅，海内珍之。卒年八十九，祀乡贤。子挺、揆、撰、持、抃、扶、摅、掞、抑。持，字平宰；扶，字匡令，贡生；余自有传。

吴伟业

吴伟业，字骏公，愈玄孙。父琨，以经行称乡里。伟业幼有异质，笃好史汉。张溥见而奇之，因留受业于门。崇祯四年，会试第一，思宗批其卷曰："正大博雅，足式诡靡。"殿试第二，授翰林院编修，给假归娶。时有奸民首告复社事，当轴阴主之，欲尽倾东南名士。伟业疏论无少避。九年，充湖广乡试主考官。因召对，言："冢臣职司九品，若所举不当，何以责之台省？辅臣任寄权衡，若所用不贤，何以责之卿寺？"帝深韪之。册封延津、孟津两藩，升南京国子监司业。会黄道周论杨嗣昌夺情事受廷杖，伟业具橐饘，遣太学生涂仲吉入都讼冤。有旨严诘主使，几不免。十三年，晋中允谕德，转庶子，擢少詹事。甫两月，谢归。国朝顺治间，总督马国柱荐授秘书院侍讲，奉敕修《孝经衍义》。升国子祭酒。丁母忧，不出，筑梅村于城南新庄，日与四方士友觞咏其间，岿然为风雅宗主。十余年卒，年六十三。遗命葬邓尉之石壁，题曰"诗人吴梅村之墓"。为文瑰伟宏富，诗并包众有。尤长乐府，取明季遗事，以五七言写之，淋漓顿挫，悱恻动人，世称"诗史"。祀乡贤。

王　御

王御，字圣乘。力崇正学。愤流寇披猖，深慕王守仁为人，思廓清世难，与陆世仪、王发祥诸人讲求兵法、天文、地舆、厄塞，无不精究。由选贡中崇祯九年举人，十二年会试副榜。国朝顺治十二年，就选得宿松教谕，移六安学正。所至整葺学宫，诲迪士子。迁房山知县，以简静慈爱为政，革除规例，不名一钱。邑有盗杀人，亲率兵获其魁。告归，年已耄矣。好学不衰，世仪谓"其超悟似陈白沙"。年九十三卒，学者私谥敬一先生。祀乡贤。

张王治

张王治，字无近。幼从兄溥学，弱冠贡入太学。顺治四年成进士，授桐庐知县。县故无城郭，编户凋残，王治悉心招徕，渐归故业。地当闽冲，更调绎骚[1]，舟师过县，索挽夫不足，兵将哗。王治公服曳舟以从，督师者动色，戒无犯。于是，襁负者日益至，户口得充实。上官交荐，擢工科给事中。遂疏论东南漕兑之害，请设官收官兑法，兼以五米五银，刊为定例。又请开浚三江及江南分置藩臬，并见施行。其他论列，皆切时要。一二年中，疏七十余上。江南通贼案起，多所株连，王治引例陈乞，保全甚众。卒以峭直为众所忌，落职家居十八年卒。

1　绎骚：骚动，扰动。

王发祥

王发祥，字登喜。父日新，见《隐逸传》。发祥弱冠有文名。明崇祯九年举人，与陆世仪、陈瑚诸人讲明理学。国朝顺治十二年成进士，除刑部广西司主事，转员外。时上慎选学臣，临轩亲试，取发祥第一。奉命视学湖北，详列规条，董率士子，尤以表扬忠孝贞节为急。各邑志乘多经论定，又刊全楚诗文，一时人文兴起。巡按李廷松首列荐剡[1]。十七年，兼摄湖南学政，甄拔得人。以事牵连解任，寻还原职，赴都候补。卒年五十三。妻吴氏、继妻陆氏，子曾武、吉武，女慧、莹、芳，俱有传。

黄与坚

黄与坚，字庭表。幼从吕云孚学。以拔贡入成均，廷试第一。顺治十六年成进士，授推官。旋以奏销罣误。康熙十七年，举博学鸿词试，授翰林编修，擢赞善，典贵州乡试。时睢州汤斌以礼部尚书掌詹事，有辅导皇太子之命。上难其副，大臣群推与坚，遂以原衔充讲官。既有忌斌者嗾廷臣交章会劾，与坚独不署名。以葬亲乞归。与坚学本经史，诗文俱克名家，海内称之。尝辑《太仓州志》，未及梓行。年八十三卒。

王　掞

王掞，字藻儒，锡爵曾孙，时敏第八子。康熙九年进士，改庶吉士，授编修。迁赞善。提学浙江，校刊刘宗周全集，立六贤讲院，修三江口黄尊素祠。期满，历讲读，累升内阁学士，转户部侍郎，充经筵讲官，调吏部。四十三年，升刑部尚书，寻调工部，转兵部、礼部。在刑部时，往例录囚止录清书口供，汉司官不能通晓。掞请兼录汉稿，著为令。又疏争香山知县张令宪死事之宜，荫绌御史陈惟孜散遣太学诸生之非体，皆总持纲纪，务存大体。及为大学士，益恪谨。五十六年冬，会有御史八人以建储请，上下其疏，并出掞五月间折，外廷始知掞已先之矣。六十年春，复具疏力申前请。同时请者又有御史十二人，上疑出掞意，乃严旨切责。命掞子奕清代往西陲效力。时掞未解阁务，以待罪不视事。明年春，仍命入阁，任遇如故。世宗即位，掞以衰病请告，温旨留京备顾问。越六年卒，年八十四。乾隆初年，奕清还京，为父请恤。奉旨：王掞身居政府，为国本起见，亦属分所当言，予祭葬。子奕清、奕鸿。奕清，字幼芬。康熙三十年进士，授庶吉士，历官詹事府詹事。屡主文衡，凡朝廷编纂校雠之役，多与焉。六十年春，命代父赴乌里雅苏台军效力。雍正四年，再命在阿尔泰坐台。例应出资赡蒙古人，尽出家产以给。乾隆元年，召还都，仍以詹事管少詹事。二年，请父恤典，给假营葬，不及就，道卒，年七十三。奕鸿，字树先。康熙四十八年进士，授户部主事，历升员外郎中，典四川乡试，出为湖南驿盐粮储道。兄奕清有代父前往北路之命，奕鸿斥其产，捐军需银五万两请送军

1　荐剡：指推荐人的文书，引申作推荐。

前。奉旨着往乌里雅苏台效力。乾隆元年，恩命还朝，发四川，以道用补川东巡道。寻归，家居十五年卒，年八十二。

王原祁

王原祁，字茂京，揆子。康熙九年进士，观政吏部，充顺天乡试同考官，改授任县知县。任故大陆，为九河下流，时大潦。部使者按视，原祁力请弛赋，奏减岁赋三千余两。在任四年，尚书魏象枢巡察畿南，凡大案必委鞫焉。寻行取擢刑科给事中，转礼科，特旨改中允，入直南书房。历侍讲、侍读学士，充日讲官，累升詹事府詹事、掌院学士，升户部左侍郎。会豫省灾，折征漕米，原祁力请分年买补。又上谕直省钱粮，三年轮蠲一周，旧欠并与豁除。江南以奏销稍后，不入蠲数，原祁独请如诏旨，不以桑梓引嫌。五十四年，以疾卒于官，予祭葬，祀乡贤。原祁遇物坦易，上尝称其存心莫及。素工诗文，尤精画法。官学士时，常召入便殿，从容濡染，悉称旨。画苑中奉为神品。

钱晋锡

钱晋锡，字方来。以选贡入太学，考教习第一，谒选得富阳知县。时闽逆初平，满汉兵道富阳者，船夫供顿，调治得宜，民不知扰。复请蠲正赋，兴水利，除硗瘠，省差恤民，善政悉举。以荐擢礼科给事中。疏两广鼓铸之弊及浙省造船之累，论止盐策增引，悉见施行。升通政使参议，转督捕理事官，痛抑投旗陷主之仆。历右通政，迁太仆寺卿。寻为顺天府尹，裁抑豪蠹，畿甸肃清。立金鱼池义学，圣祖为亲书“广育群才”匾额。复疏请广顺天解额。会山左饥，流民走集京师，晋锡煮糜，日食数千人，医药殓埋无算。又设舟车津遣之费。自冬徂春，日与饥民接，感疾，卒于官，祀乡贤。

钱三锡

钱三锡，字宸安。康熙十五年进士，授罗池知县。邑多奸民，潜结洞獠为害。三锡以计擒巨魁戮之，遂詟服。终其任，无哗钔者。缮学舍，集士子，亲为讲授，人始知学。二十三年，充同考官，以治行擢江西道监察御史，巡视东西城，掌江南、浙江道事，皆称职。累升太常寺少卿，主广东乡试，历大理寺左右卿，明法不阿，多所平反。升光禄及太常卿、宗人府丞，晋都察院左副都御史，旋升户部右侍郎，转左。严核积弊，奸吏患之，构衅连染，未即白。会将对簿，三锡慨然引大臣不辱之义，遂自缢。事亦寻解。

沈受宏

沈受宏，字台臣。岁贡生。年十二能制举义，十四能诗。已而受业于盛敬，研极性命，学乃大进。吴伟业奇其才，引为弟子，授以诗法，名日起。同里王掞及长洲缪彤俱以诗文相师友。家贫，父母俱失明，受宏奉养，以孝闻。抚弟妹及孤侄，恩义备至。又为宗会礼合食,收族丧葬,不用浮屠。年七十八卒,祀乡贤。子起元,有传。

王謩

王謩,字孝徵,原祁子。康熙三十五年,与弟谔同领乡荐。后十年,成进士,改清书庶吉士,授编修,典河南乡试。丁艰,服阕,五十九年,视学陕西。雍正五年,由洗马洊升少詹事,出为广东布政使,旋调直隶。时州县新旧交代,于仓谷多所轇轕。謩稔其弊,使碾米交代,以新易陈,有司便焉。兵饷旧例于次月领前月粮,謩令按期支发。十三年,调任山西。乾隆二年,擢任广东巡抚。时琼州一郡,编征税银多缺额,地方拘于考成,在地丁、槟榔税、排门、烟户等项均摊赔派,謩彻底查清,奏免四千余两,以苏民困。又以郡悬海外,官兹土者遇有死亡,家口至不能归。謩请酌动存公银两,给发路费。五年,缘事被劾落职,命赴军台效力。寻奉旨释归。十六年南巡,加三品职衔。又三岁,卒。子述濬,字隽骧。雍正四年举人,和州州同,有惠政。会岁饥,奉檄查赈,劳勩致疾,卒于赈所。从子述献,幼抚于謩,以州同效用北河,升祁州知州,以勤敏称。

顾陈垿

顾陈垿,字玉停,宏沛子。康熙四十四年举人,以荐入湛凝斋纂修,书成,议叙授行人。出使山东、浙江,监督通州仓,所至得大体。雍正三年,以目疾乞归。陈垿有绝学三:字学、算学、乐律,俱精诣。敦内行,居丧不饮酒食肉,不处内。学宗陆九渊,锋棱谔谔。纂修时,总裁以文属点定,一日尽驳其稿。总裁怒掷地,陈垿徐起拾之。明日,总裁悟,卒从陈垿说。监仓洗手从事,官吏经纪不得恣侵牟,里居非公不至官府。留心著述,质疑问难者恒满座。乾隆元年,诏起原官,以亲老不出。时诏举博学鸿词,詹事王奕清荐之,辞不赴。年七十卒。子文龙,字元在,乾隆十五年举人,诗古文辞并有家法。

沈起元

沈起元,字子大,受宏子。年十二,能诗古文辞。康熙六十年成进士,改庶吉士。雍正初,澄汰部属,选庶吉士补之,遂授吏部验封司员外郎兼考功司事,出为福建知府。初试福州,随授兴化,署台湾。所至,除积弊,革陋规,捕宿盗,惩讼师,设立正音书院。在闽三载,政声日上。以平反定案忤按察使意,被劾镌级。乾隆元年,起授江西盐驿道,旋擢河南按察使,晋直隶布政使,内迁光禄寺卿。十三年,因公降级。明年,乞假归。起元性端悫,遇事一本至诚,而才识足以行之。莆田县有陈、王二姓,讦讼累年,树党互殴,巡抚、按察使将各置重典。起元廉其实,独坐首事者。台湾山猪毛社生番扰境,众议立界。起元谓:“彼非夺地,特如猛兽出山则噬人耳。界何益?”请于山口设寨,禁其出,境遂宁。中州潦,岁饥,起元议于本省不成灾处招集授粮,民以得生。八年,直隶旱,总督议十一月开赈，起元力争得速赈。所属有妄禀赈户不赈口者，严斥之，灾民俱得实惠。自少覃心理学，谓："学问须知行合一，从五伦上做起。"时张伯行主朱子而斥陆、王，李绂主陆、王而诋朱子，起元不肯稍有附会。又谓："孔门弟子，自颜、曾外，入门各异，归于闻道。今但守定经书，实实做人，不必高言作圣。"晚益穷《易》理，得其微奥，撰《周易孔义集说》，以十翼为宗。历主钟山、泺源、安定、娄东四书院。归里后，借馆资自给。诗宗盛唐，文学欧、曾，书法颜鲁公，晚益苍劲。及病，谓医曰："吾自念平生学力，惟检点身心，使明净纯洁，以还天地、父母耳！"言讫而逝，卒年七十九。祀乡贤。子祖堃，字聪彝，历官江都县丞，以练达称。

王　珁

王珁，字天游。幼工诗文，兼精勾股，以太学生充算法馆修书。与父旦复同中康熙五十三年顺天举人。馆书成，议叙授刑部主事，巡视船厂。由员外擢御史，巡视西城。旋掌京畿道，晋工科给事中，转刑科，巡按山西，以失察墩台废址被谪。再补工部员外，充《律吕正义》纂修官。转郎中，提督窑厂，管理街道事。授临江知府，未任卒。珁通达治体，多建白。在厂一年，工作以时，匠役不能舞弊。尝条对十事，为军民永久利，多如请行。巡西城时，钱价昂甚，请发户、工二部钱以平市价。在刑科，论直省刑具率逾部式，奏请画一，得旨允行。巡晋省，入境知驿丞喂养马匹累民，奏请悉归州县。所至问民疾苦，体恤吏隐，有声台垣中。子学璧，字绎古，监生，考取吏目，练习吏事，终河间府通判。

徐元润

徐元润，字云伯。天资亮特，自幼即以诗鸣。嘉庆十五年举人，授宜川知县。宜川与山西接壤，适赵城县奸民滋事，元润严饬守备，俱井井。事既，民得不扰。旋丁母忧，服阕，补城固，最后补白水。其地五门堰以渠水灌田四万余亩，岁久弊滋，连年讼不解。至则悉清厘其弊，费省而利益溥。陕督林文忠则徐亟称其贤，欲论荐，以病不果。历数县，每以文教兴治。公余，日与士相讲论。每行县，车前执诗文请质者甚众，有片长，奖借无余力，士以此德之。居数载，卒于官，年六十二，祀白水、城固、洋县、宜川、紫阳名宦。元润综核今古，能厉风节。诗初学元、刘，晚年才识闳达，不名一家；文超迈拔俗，为时推重。

卷三　人物

太仓州忠节

元

顾　观

顾观，字孟颙。元市舶司正。捐家资之半，招徕侠士王子才，赞成海运。自刘家河至南薰关，筑长堤三十余里，名楼列布，番贾如归，武陵桥由此得名。至正十二年，遭方国珍乱，临难不屈，伏剑死。

杭和卿

杭和卿，钱塘人。元开海运，徙居太仓，充漕户，家高资。方国珍入寇，和卿散财谷募死士。僧谬忏首应，奋力格贼，旬日杀贼数百，枭首半泾上。贼少沮，民得闫窜。既冒雨大战，忏失足死，和卿一家无少长皆遇害。

尤鼎臣

尤鼎臣，太仓人。州吏。至正末，张氏入吴，州倅奉印降，鼎臣阻之不得，为其将所絷。啖以美官，不屈，抶百余，终身锢之。

明

龚　诩

龚诩，字大章。父给事中詧，以直谏戍五开。母王氏，见《列女传》。诩方三岁，随母依外家。詧殁，勾补伍，族人保持之，行金得缓。年十四，补辽阳卫。惠宗悯诩直谏子，调守金川门。年二十一，靖难兵至，谷王橞以门降，守者奔，诩奋戈不中，走郊外，冀一当。顾宫中火起，乃大恸，变姓名王大章，遁归里。时大索，亡至任阳，投马、陈二氏，匿诩大囷中。诩即囷中读书，间夜渡娄省母。索益急，族人瑀复阴为计。历二十余年，禁稍解，卖药授徒。人尽知王大章即龚詧子诩也，伤其志，无告者。宣德七年，例移附近，得镇海卫，义不就。周忱籍田江南，闻之，具礼访诩。诩条便宜二十事，民以为便。母卒，诩已班白，号辄绝。久之，忱连荐署松江、太仓、镇海卫学教授，不应。忱躬请之，泫然曰："诩老兵，仕无害，但负往日城门一恸耳！"忱叹息去。无子。筑逸老庵虞浦上，独与一老婢居破庐中。有田三十亩，种豆植麻，歌咏自得。每及先朝事，悲不胜。年八十有八卒。卒时，整衣冠端坐，诵《大学》首章而绝，有白气起屋上。门人谥曰"安节先生"，祀乡贤。隆庆间，恤录壬午诸臣，抚臣张佳允疏请得特祠。王昶按：《胜朝殉节诸臣录》，入祠士民有金川门卒龚翊，籍贯未详。燕兵入金川门，恸哭，遂隐而死。盖即诩也。

武尚文

武尚文，镇海卫指挥。嘉靖三十二年，倭乱，奉檄统所部驻上海。五月，倭逼，尚文率众出东门，遇贼辄败之。乘胜进，贼伏西蔓笠桥下，伺尚文过，利刀断马足，尚文死。同时死者，县丞宋鳌、镇抚吴贤。督抚以下临哭甚哀，曰："三人得死所矣！"

徐树声

徐树声，字文岳。万历四十四年，辽事告急，树声以布衣谒将军李如松，留幕五年。如松死，孙承宗驻广宁，树声复谒军门献策。承宗悦之，使隶监军袁崇焕。天启七年，宁远之战，遣树声奏捷京师，赐银杯等物，使归寿其父。崇焕进辽抚，授树声游击。及崇焕被戮，孙元化为巡抚，擢旅顺岛参将。元化遣孔有德等援辽，道新城，作乱，据登州。树声闻报驰救，半渡，飓风大作，军艘覆溺者半。转募赴敌，战于登州之西关，力屈被执，不食死。

王　焘

王焘，字濬仲，秩玄孙。少孤贫，九岁出后从叔。族有谋其产者，产且巨万，焘悉以让，独迎养所后祖母及母惟谨。万历四十六年，举于乡，授海门教谕，谢革贽仪。后补仪真，邑令墨，绝弗与通。尝会试，路资绝，商人江慕焘清节，进百金，婉辞弗受。荐升解州知州，未任，丁祖母忧，服除，补随州。随固贼冲，城庳坏，户不满千。焘至，增垣，练军实。贼易随，纵骑过，焘督民兵击斩三百余人。贼愤，悉众围城，守二十日，引去。崇祯十年，贼纵火焚随南城，守将王大用遁，关厢失守，焘犹昼夜乘城，手杀贼侦。会天大风雪，西城火裂。焘知事败，驰入署，整冠带，自缢。贼焚州治，所缢室独存，尸植立不仆。贼望见，骇走。既，所司察状，觅州印，印出焘所立尺土下。逾年，子锡中疏请赠恤，未报。福王时谥烈愍，国朝谥节愍。

沈云祚

沈云祚，字予凌。弱冠，随其父谒高攀龙于东林，得主敬之学。崇祯十三年成进士，授华阳知县。狱囚秦缵勋者，为猺黄贼耳目，杀狱卒逸。云祚潜告其族人石砫土司秦良玉，俄械之至，吏惊为神。十七年正月，张献忠破夔州，成都大震。云祚见蜀王，陈守御策，不纳。闻内江王至渌贤，以言激之。至渌心动，告王，王终以祖制辞。五月，贼陷重庆，烧劫数百里，旋薄城下，云祚偕僚属慷慨誓死守。巡抚龙文光决郫江大堰，注锦江，以益濠水。甫至，城已破。贼执云祚，幽大慈寺，馈以食。云祚跃起大骂，指其口曰："我有口，食贼肉耳，岂食贼粟哉！"遂遇害。国朝赐谥忠烈，祀乡贤。幼子荀蔚，方五岁，友人预匿之山中，得脱。越二十年始归，作《蜀难叙略》，上之史馆。

吴继善

吴继善，字志衍。崇祯十年进士。为人博学辨智，书一览辄记。文体古丽，取法汉魏，名稍亚于张溥。谒选得四川成都知县。时寇陷荆襄，或尼其行，继善不可，遂间道之官。见蜀事棘，启请蜀藩发帑金备寇，不应。张献忠破成都，一门三十六口俱遇害。时甲申十一月二十五日也。其弟事衍得脱归。仆五郎者已免，奋然曰："主死，吾安得独生？"慷慨骂贼，亦死之。王昶按：《吴伟业传》云，张献忠破成都，被执，骂不绝口，贼脔而割之，一门四十余口皆遇害。彭遵泗《蜀碧》所载亦同。但《四库全书》馆总裁等《议覆左都御史张若淮条奏》内称继善降贼，被杀。未知所本，姑纪于此。

季曾贯

季曾贯，字恕先。诸生。吴继善延赴成都幕。献贼陷成都，继善阖门遇害，贼解曾贯缚，令作郊天文。不屈，贼燔之，骸骨为灰烬。时又有黄锡侯，同在继善幕，亦被害。

王　祈

王祈，鲁王时为建宁守将，封郧国公。建宁城破，巷战不胜，遂自焚死。国朝追谥烈愍。

赵自新

赵自新，字我完。四岁，失足堕井，家人引绠出之，无怖色。年十一，从父观射，飞矢中股，医者出镞治之，色不变。家贫，身执厮养役而勤学弗辍。崇祯十二年举于乡，循选节推，需次京邸，忽心痛，遂归，父病果剧。乙酉，诣州守，请给僧牒，微服出行，祝发于松江之会龙庵，旋隐嘉定之封家村。有谢姓者，告以应舟山之招，自新谢之。及事泄，逮者至门，自新与弟方弈[1]，徐敛子就缚，曰："吾久办此矣！"械至松江，绝食数日不死。复械至江宁，时主谳者为洪承畴，自新昂身前对曰："公为新朝佐命，身为故国遗民，岂尝须臾忘死哉！顾有其志无其事，徒负虚名，窃用为愧！"复鞫谢姓者，卒无实，得释归。旬日卒，年五十三。临殁，谓其子曰："吾生无益于世，殁后题墓石曰'明乡进士愤道僧赵某'，愿

1　弈：原作"奕"，据文义改。

足矣！”自新面目严冷，人望而畏之。著作甚多。陈瑚、陆世仪辈，皆其弟子。

苏应昌

苏应昌，字际之。卫百户，中武举，授颍州守备，拒却流贼，告假归，居南城。大兵至，走别墅密室中自经，两子解之。会乡兵攻城，应昌欲内应。张帅获之，面鞫不屈，曰："杀则杀耳！特不受叛逆名。"遂受刃。长子愿代死，张义而释之。

王 湛

王湛，字德严。诸生。大兵定苏州，留将张天福、孟全胜以重兵驻太仓。乡兵起，湛与兄淳部署其众，率双凤镇千人至北门。大兵出击之，兄弟皆死。淳，字美升，里居教授，素有士行。

张阳豫

张阳豫，字孟和。岁贡生，授金坛训导，后迁居昆山。大兵围城，阳豫登陴拒守，与其子执黄旗麾军。城破，死之。

郎星纬

郎星纬，字元翊。诸生。少颖异，美丰仪。为文工俪体，试辄冠军。素以忠义自矢。闯贼陷燕都，星纬愤朝士有从贼者，草檄致讨。文出，四方竞传之。顺治二年夏，大兵至，闭户恸哭。会新令下，弗从。走沙溪，卒就死，年三十余。

尚子升

尚子升，州人，就婚昆山沈氏，家马鞍山下。倜傥有志节。大兵下昆山，子升谓其妻曰："我必死矣！汝亦不可辱！"妻曰："诺。"乃先缢，其子次缢。其妻怀练以出，自缢于山巅佛阁。

顾徵甫 汤四

顾徵甫、汤四，并乡民。大兵驻州城，二人率直塘镇民由北关入城与战，被执，皆磔死。金鸿按：《直水志》[1]：顾兆行，字贞孚，明末武举。此作"徵甫"，字音相近，未知孰是。

王国璠

王国璠，字露玉。诸生。大兵驻州城，国璠率沙溪民由北关与战，众溃，死之。

---

1 《［宣统］太仓州志》卷二十五《艺文》著录"范本仁《直水志》"。时宝臣《直塘里志》云："顾兆行，字贞孚，一字征甫。子望孙，武举人。乙酉六月，大兵驻州城，兆行与同里汤四约共死。薙发令下，二人率里中有力者，由北关入城与战，被执，皆磔死。"

国朝

黄元灏

黄元灏，字学海。嘉庆二十四年举人，任江都教谕。咸丰三年二月，粤匪陷扬州。或劝之去，元灏曰："死，吾分也，将何往乎？"纳印之明伦堂，遂自经。有仆陆元者，与俱死。友王夔为敛骨，即其地藁葬。扬州收复，其从孙受益往扶棺归葬焉。

卷四　人物

太仓州孝友

宋

龚明之

龚明之，字熙仲，宗元曾孙。祖母李，少梦神与年七十有七，及期，果病革。明之夜祷天，请以己五龄益祖母，灼香顶上，香七炷，爆有声，不为动。明旦，祖母愈。又五年，乃卒。以诸生贡至汴京，迎父母。母并弟相继殁，明之取其家自一钱直皆折卖，护二丧归。先世墓在苏州西山，族人分斩其木，明之不能制，伏墓号恸，震林谷。绍兴二十年乡贡，年已六十。或劝匿其年为仕宦地，不应，书其实。后以特奏名进士廷试，授高州文学。年逾八十，法不应官，吴士列奏行义，敕监潭州南岳庙。淳熙五年，乞致仕。乡人林振等举明之议论操履，众所师法。先是，庆寿赦文有“节孝著实，许长吏保明表录”。时参政钱良臣谓：“明之无吏考，难之。”吴仁杰曰：“龚君至行动上帝，岂不能动人主？”因具言其事，果得旨超授宣教郎致仕，仍赐绯衣、银鱼。明之生平不摘人短，不作貌言，每自谓受用一“诚”字。尝取黄山谷语附益之，号五休居士。子昱，见《文学》。

元

秦　玉

秦玉，字德卿。八岁丧父，即刻志好学。既长，博通诸经，尤邃于诗。授徒讲学二十余年，不求仕进。天性孝友，事母与兄无违礼。母病，累旬不解带。母卒，哀痛泣血，终其丧不沐浴、不食盐醋。邻失火，屋比及，玉伏棺而号，火遽灭。至正四年卒，年五十三，门人私谥孝友。子约，见《列传》。

明

殷　奎

殷奎，字孝伯，一字孝章。其先华亭人。为人端厚静谧。受《易》于盛德瑞，受《春秋》于杨维祯，刻意古学，造次循礼义。浙东佥宪字术鲁昱重其名，举教官，以养母辞。至正十六年，州治复昆山，有司请训导儒学，奎以养母便始应命。比谒庙正曾子配享位，凡建白系名教，所进子弟皆有师法。洪武四年，荐试吏部高等，司选者拟授郡县，又以母老辞。忤意，调咸阳。咸阳方罹兵，学久废。奎至，尚廉隅，立条训，士相率知学。在咸阳四年，日夜念母，道远不克养，以忧卒，年四十六。卢熊谓其"处家为孝子，饬身为名士，典教为良师"，陈潜夫谓其"学行出处死生，皆莹然无瑕"。门人私谥文懿，祀乡贤。弟璧，字孝连；箕，字孝扬，俱明经，性孝友。奎卒于官，璧谓箕曰："母老，弟宜在膝下，我往迎兄柩。"于是，越数千里，护其兄柩归。后箕举秀才试，广西佥事，终太平推官，以廉谨称。

瞿兴嗣

瞿兴嗣，字华卿，居沙溪。母患痈，夏月溃，兴嗣躬洗涤，执扇驱蚊蚋，昼继以夜。既罹气疾，百方不治，兴嗣刲股肉作羹进，母不食已五日，啖之疾愈。母又思芰，时芰始花，兴嗣寻求，凡种芰处，辄解衣入，得三芰。人谓诚感。邻有王氏贫，卧疾，鸡初鸣，兴嗣投钱门隙去。一粜者，衣鹑结，兴嗣受直，佯忘数，倍与之。岁大歉，相依者数十人，兴嗣择旁舍与居。会疠作，病者相枕藉，兴嗣每晨躬携粥药抚视，多赖以全。尝朝出，道拾遗囊，俟主者还之。一势家奴失主物，惧，欲自尽，兴嗣代之偿，谢曰："微命公所赐也。"

陈　贞

陈贞，字子固，居双凤。因张氏据吴，尝寓武进，闭门不出。母患心痛，刲股杂羹以进，母食而愈。越日，痛复作，又刲以进。母觉，止之。是夜，梦神授以紫苏，饮服之而愈。子济、洽，有传。

瞿　庄

瞿庄，字敬孚，兴嗣子。性至孝。洪武初，以荐仕至福建参政。尝念亲思归，每语及之，辄流涕被面。其在翰林时，宋濂亟称其学行，帝亦甚见敬礼。

陆　安

陆安，天资纯笃。父德甫，好客，客坐事被系，德甫保释之。客逸去，有司坐抵德甫罪，弃市。安与兄诀，抵京，大书"代父典刑"字于布袍，伏阙哀请，许之。临刑，从容就刃，观者泣下。时年二十一，洪武二十六年九月也。妻钟氏，见《列女传》。

陈元吉

陈元吉，名河，以字行，《耆旧传》作"河"，字元吉。居双凤。洪武间，父罪当辟，元吉同父之京，伏阙请代，得请，赋诗就刑。

俞　敬

俞敬，字用礼。幼孤，为张氏养子，视敬颇虐。张母孙待之有恩，后孙遘危疾，敬刺左胁，割肝和药进，遂愈。既而复作，又割左膊肉食之，又愈。永乐中，事闻，旌门。擢南京尚宝司丞。洪熙改元，升少卿。正统六年，升卿，卒。

徐　任

徐任，字惟用。父彦辉，宣德中殁于京师，任扶榇还，昼夜号泣，继以血。母杨氏疾，每夜稽颡北辰求代。疾加，割左股三次作糜进，母遂瘳。

瞿通甫

瞿通甫，兄弟同居，相友爱，凡五世。知州李端奏旌其门。

季　昶

季昶，字炳之。少与李钍、毛澄、马庆、谈文、陆爰、陆伸为诸生，相善，号七友，形于图画。都御史彭礼纪其事。兄弟同居，昶受徒，嫂苦供具烦，颇为嫌。昶引咎，无忤色，与其兄益亲。

周　济

周济，字以舟。长者，事亲孝，与弟涣友爱，为后生表率。

刘　岎

刘岎，字隐之。父竑，以缙云知县丁艰，遘疾，岎躬进汤药，衣不解带，尝粪以验疾。既没，哀毁，每旦必拜祠下。处兄弟友恭。从子瑁，受诬当刑，援救得免。

吕润明

吕润明，字文奕。幼孤，母年老，每日亲奉饮食，夜视卧具，候熟睡始出。冬则同宿，母起溺，必手抱，不假手女婢。母丧，哀毁几灭性。

龚　俊

龚俊，字仲俊。天性孝友，家贫，日伺屠刲肉至腴美处，则市归奉父母。兄信，暴甚，慢骂终日夜，俊无一言忤。信殁，抚其孤成立。

陆　钦

陆钦，本梓人子，淳笃有孝行。未冠遭父丧，屏绝酒肉，负土筑坟，指爪尽落。母病，刲股者三，病寻愈。母死，家益窘，为人客贩。有幼妹，寄育姻党，姻党无赖，卖之娼家。钦归，知妹所，抚膺恸，讼于御史，请赎。已判允矣，而钦暴死于狱，众莫不怜之。

王　瑄

王瑄，事母孝。母早嫠，瑄述母苦节，得旌。母丧，既葬，结庐墓侧，大风雨不移。昼有故出，夕还，跪墓前曰："瑄来矣！"

金　祺

金祺，字宗德。履孙。父早世，奉母孝谨。弟祐甫冠，游太学，祺随京师，任资斧，祐得专业为才士。同居六十余年，庭无口语。吴宽、毛澄咸称之。卒年八十一。

刘文玉

刘文玉，字振之，居直塘。亲没，庐墓终身。中嘉靖十六年举人，官长垣知县，居官廉介。复宗藩地，忤豪右，中蜚语，挂冠归。子必达、孙元奎，俱庠生，亦以孝称。

张　俸

张俸，字朝恩。幼贫，不能具脩脯，遇经生辄挟策问，人怜之。年十六，为童子师，授书夜分不倦，以名师称。得尺布斗粟，必奉父母。自以不能具甘旨，每宴会，遇广筵，呜咽不下箸。父母病革，侍汤药，衣不解带。及殁，俸已耄，哭泣如婴儿。岁时祭祀，辄泫泣。抚二弟，营衣食，推予遗产，徭役悉自任。数日不见，即如失。俸殁，有司上其行，提学御史耿定向旌其门，兵备道蔡国熙题墓曰"孝友先生"。

王在复

王在复，年二十一，从父读书城外。倭寇入犯，父子走入城。父体肥，不能速行，中道相失。在复走二里许，展转寻父。闻父被执，急趋贼所，叩头求免。贼不听，拔刃拟其父，在复抱父以身蔽。贼麾刃，父子首并堕，而手犹抱父不释。时嘉靖三十三年五月。后请于朝，得旌勒石。

李凤毛

李凤毛，字起元，本姓毛。岁贡生，仕至通判。父殁时，同两弟已析产，父有婢三月妊，凤毛请母持护。既生弟遇，躬教诲，为诸生。已并两弟产四析，为营宅成婚。遇每述，感泣。

沈志仁

沈志仁，字景范。州诸生。父尚文，充松潘总兵官。播酋反，诸军会援，督府坐尚文逗遛，逮部论斩。志仁跣足随父狱，号泣长安街，遇冠盖辄叩头诉。会秋尽论报，志仁诣廷尉，乞上父冤状。廷尉辞，乃退自拜疏。时神宗在御，上书多不报，志仁疏上之二日，忽有旨下刑部释尚文。志仁卒奉其父以归。

顾敏功

顾敏功，字起凡。以例仕广西贵县丞。弟敏志，卒于武隆，柩滞荆州。敏功年老，欲往迎，家人止之，敏功泣曰："吾兄弟五人，总先人一块肉耳，忍令其骸弃千里外乎？"立戒涂，抵荆而卒。荆州守义之，拨舟护两柩归。敏志官武隆典史，杨应龙乱，改任游击，尝平贼有功。

顾敏学

顾敏学，字宇凡。以例仕宁州判官。有弟敏义远出，敏学劝之归，曰："尔无业耶？吾有薄田可分尔。无居耶？吾为筑室。"敏义赖以成家。王昶按：《敏功传》旧有"兄弟五人"之语，是敏学、敏义必皆其兄弟，然次序无考，姑附于此。

金　瓒

金瓒，西城人。乡校老师。有兄贫，邻家失火，瓒升屋吁天，愿焚吾庐，无及兄。须臾风转，火灭。行田间，见一妇人来岸仄，瓒亟趋泥淖中，袜尽污。举乡饮宾。年九十余而终。

陈于陶

陈于陶，字味淡，居沙溪。诸生。居亲丧，三年不离苫次。从孙义，年十二，亲疾，割股捐躯死于孝，侍御苏鄚纪其事。

曹大宪

曹大宪，字章甫，与弟阳和同为诸生。阳和卒，值同学生缘事当议罪，思委阳和以自脱。大宪奋然曰："岂可以吾弟死，令蒙不韪名！"出争之，事得白。

姚廷法

姚廷法，字省吾，居双凤。性孝友。父晚生幼子，欲不举。廷法力请再三，令妻王乳之，教养成立，为婚配焉。

朱应聘

朱应聘，字敬逸。年二十，母毛病心痛，应聘侍疾五十余日。思刲肝以疗，乃密持刀刲右胁，肠出，绝于地。兄惊，急召医纳肠缝固，药敷之。观者如堵。有青衣妪言曰：“曷不取拭血布煎汤饮母乎？”如其言，病愈。又八年，母卒，庐居三载。崇祯七年旌。王昶按：金鸿《县志》：永乐时，张宗敬割股救母；万历时，童道泰割股愈父，事皆可传。

顾振

顾振，字子厚。崇祯十一年，嗣父铧病急，振年十五，医祷不效，念古有割肝救亲者，吁天引刀，自吭以下划至腹，卒不得肝，乃刲臂肉治糜进，病愈。创处俱瘢痕坟起。知州钱肃乐给额以旌。

唐懋勋

唐懋勋，字昭甫，居双凤。父疾笃，断指煮羹进，疾愈。崇祯十五年，州守旌其闾。父终，家无余资兼失妇，训蒙奉母，养两寡妹及弟。妇翁周文起无子，割脩脯所积，置田十亩为立后，里党称之。

王国瑜

王国瑜，字子握。父殁，邻火延及殡舍，国瑜跃入，伏柩恸哭，欲与俱烬，火忽灭。平生绳幅[1]自持，燕居无惰容。卒年五十七。

吕缙

吕缙，字子方。父源明，官原武知县，有御寇功，殁于任。崇祯十五年，缙闻讣，时岁荒寇乱，偕仆李长，徒步行二千六百余里，沿途冒险，数濒于死，卒扶榇归葬。缙有日记详其事。

吕云孚

吕云孚，字石香。乙酉闰六月，从吴江吴昜举义，兵败遁归。及大兵至，里人多走匿，云孚奉母居，守舍不去，死之，年三十二。云孚年幼时，好读奇书，专务窔僻，疏解六书，自谓能得古训，甚为张溥称许。尝试吴江，嘉鱼熊开元时为令，课以文，云孚穴奇抉奥，如古碑剥蚀不能句读。开元大奇之，拔以冠其军，遂补吴江诸生云。

吕云奇

吕云奇，字石英。少具至性，读书至忠孝节义事，辄反覆不置。尝第古今人物高下，

1　绳幅：犹绳检，约束。

最上者为师，次者为友。少丧母，父嬖妾虐使云奇，益起孝敬。父感悟，谓云奇曰："汝若此，夫复何言？"顺治二年，大兵至，与父匿丛棘中。父受缚，云奇跃出，乞父命，不听，皆杀之。家人求得其尸，犹见两手抱父甚固。妻龚，见《列女传》。

王时重

王时重，字威若。大兵至，时重年十八，随父瑛避兵于乡。瑛就擒，将加刃，时重亟前求代，竟与父俱死。

江德璜

江德璜，字献之。诸生。母年八十，目盲，德璜日舐之，冀复明。母病痢，衣必手涤。贫无以供，恒鬻妇簪珥以养。得佳味辄喜，不问价也。子士毅，于顺治二年遇兵，随德璜匿后园，德璜见执，士毅出求免，遂父子俱死。

周绵存

周绵存，字嘏常。父维翰，见《文学传》。绵存，诸生，早丧母，事父孝，父亟称之，绵存辄走避，意恐兄弟负惭也。顺治二年遇兵，绵存谋他徙，父不从，遂及难。

顾　泳

顾泳，字尔俦。工书业医。母亡，父年老，泳先意承志。妻金氏，事其翁如泳，人称双孝。

王之璧

王之璧，字拱先。诸生。父晚年有妾生子，谋寄养，之璧谏止，给之衣食，后得成立。

吕一鸣

吕一鸣，字梅庵。诸生。弟一鹗，亦诸生，夫妇俱夭，遗孤振元，未期岁，一鸣抚如己子，教养成立。婚娶后，返其田宅。

国朝

钱兆登

钱兆登，字伯昇。性孝，家事非父命不行。父年八十，病笃，兆登泣祷于周神庙，刲臂肉以进，病遂起。州守白登明旌其闾。有瞿大者，佣于兆登家，亦刲臂起母病，人谓兆登之感。

周之楷

周之楷，字端成。顺治八年副贡。兄早世，遗孤十二龄，抚如己子。幼弟世梓，教之力学，成名士。

凌兆蟾

凌兆蟾，字升白，居直塘。年幼异孝，士大夫赠诗成帙，墨迹藏其从兄士钜家。

郁圣揆

郁圣揆，字绍虞。父目眚，圣揆日以舌舐而愈。后病笃，尝恶验瘥否。父没，号恸欲绝，水浆不入口者三日。母病，医药罔效，圣揆吁天请代，母立愈。迨母卒，庐墓三年。巡抚汤斌奏旌其闾。

王庭槐

王庭槐，字兆三。诸生。父授徒于外，庭槐曰："有子不能养亲，何以人为?"因恳侍养于家。庭槐病，父祷于周神庙，恍惚神语之曰："汝儿为孝子，病无患也。"疾果起。

陈廷柱

陈廷柱，字能睿，涞子。尝随父至松江，盗持刃向父，廷柱冒刃救脱，自伤肩背，卧病年余。母发背疽，以口吮之而安。岁饥，施棺设粥，完族之无力婚娶者。年七十四，无疾卒。子炤，字辉宇。有义行，周给三党，葬九族浮棺，有告乏者，不惜典贷以应。卒年五十。

顾逢源

顾逢源，字瀛初。诸生。敏功孙。幼孤力学，同妻奉母以孝闻。精求理学，从游最众。尝让财于弟，又诲季弟为诸生，已又迎养其孀姑于家，并抚嫁其女。卒年八十五。

曹　治

曹治，字宇平，以资候选州同。九岁，割肉以疗母疾。父钤殁于广西，时年十四，孑身扶丧旋里。兄路，南游幕云南，家于姚州，母念不置。治请于母，往寻兄。将行，托母于友，友阻之，治曰："明年当偕以来谢!"果得兄、嫂及兄子以归。

毛张鼎

毛张鼎，字梅丞，天麒长子。诸生。性醇谨，笃于孝友。弟舒，字云展，监生，为叔父天骏后。所后母李早寡，舒奉事维谨，年八十卒。长子铉，字既方，勇于为善。有沙土一丘，毛氏纳粮为义冢，族人卖沙射利，抛弃骸骨无算。铉雇寺僧检拾遗骼，复瘗之，请官勒石，永垂为禁。次子钺，有传。

黄信中

黄信中，字孚一。值兵燹破家，力耕养亲，里人称黄孝子。父病溺闭，医不能治。信中斋沐吁天，夜恍惚闻神语曰：“吮之利。”信中吮之，果效。父母殁，庐墓三年。父疾革时，以百金付信中曰：“汝弟受田多，今以此益汝。”父殁，仍以分弟。尝暮夜道拾遗金，知其人曾负父金者，请于父，还之。有负者将鬻女以偿，力却之，更周其乏。其厚德多类此。雍正八年，建坊旌表。

郁元明

郁元明，字台符。诸生。少负才名，性至孝。父病，刺血和药，默祷于天，愿减算以益亲寿，疾遂瘳。里中有以急难鬻女者，元明知之，捐资代赎。

王　瞻

王瞻，字屺望。康熙五十年举人，由中书历官成都知府。会父原博缘事戍肃州，瞻弃官，与弟调、讷，更迭随侍。凡七年，集资纳赎，得释归里。瞻子述曾与兄述宏，同赴省试，兄病殁，持丧归，竟不就试。

高士凤

高士凤，字羽皇。性纯孝，四岁而孤，嫡母已先卒，所生母钱氏抚之四十余年，奉母教，得成立。士凤啮指出血，陈情请旌，屡被驳诘。雍正元年，求得太湖、当涂二例，援据上之，乃得请。

吕　洵

吕洵，字淳初。少以痘失明。父年老，移床就寝，服勤至死。弟尝伤臂，倍加体恤。乾隆二年，巡抚邵基具题　诏赐八品顶带。

王应麒

王应麒，字汉超，遇宾曾孙。母葛病，药弗效，焚香祷天，割左臂肉煎汤进，病顿愈。越数年，母病复发，又割右臂肉以进。人称其诚孝。

顾清振

顾清振，字选一。入资授通政司经历，随父宦汉中，不赴选。父卒，护丧归。尝罄资为其叔鸣周完官欠千余两，无吝色。建宗祠，锓家谱，悉力不倦。卒年七十四。

陆　碧

陆碧，字汉雯。监生。年十二，母病危，欲刲肱和药以进。方举刃，仓卒闻履声，误披其唇，母见涕泣，亟止之。及母没，毁瘠如成人。生平重然诺，好施予，乡里推之。卒年七十五。

金　鲤

金鲤，字乘上。幼丧母，哀恸如礼。事父及继母尤孝谨，继母病，延医进药，逾年不懈。遭丧，以毁致疾。乃力疾经营窀穸，比葳事而殁。

黄　机

黄机，字圣猷。少时以户役事身代父劳。居父丧，祭葬尽礼，不以诿昆弟。母得哽噎疾甚笃，刺臂血作祷词，愿减已算，母果寿至七十六而终。棺殡堂中，比邻不戒于火，风急将爇，机绕棺长号，风即返。见者惊叹。

张文华

张文华，字晋侯，有至性。岁饥，与妻子食糠籺，而以甘脆奉亲及亲所爱女弟。父疾，割臂肉和药以进。母卧病，中衣厕牏之属，手自洁除。居丧，哀毁几灭性，长斋缟素终其身。卒年七十。子叙，有传。

李　崧

李崧，字丰千。事亲以孝闻。友爱昆弟，遇亲族故旧，恩意周挚，乡党推之。

沈　潢

沈潢，字天来。岁贡生。遇甚艰苦，笃于孝友。父圣喈，以事被收，诉于知州，得释。弟洪普，充州吏，因漕米红腐，将获罪，毁家丐贷，事得济。工书法，径尺大字，人争宝之。卒年七十七。

胡凤喈

胡凤喈，字于冈。娠十六月而生。性孝友，母堕河，入水抱母而出。让产两弟，独嫁四妹，葬母党四世九棺。入资授兰山令，整风俗，建书院，颇著劳绩。

盛大椿

盛大椿，字九如。诸生。父子缄疾且殆，大椿刲臂肉和药以进。母病如之，俱获瘳。知州王延熙旌其庐。同时顾椿，字大年，父文威病剧，椿割臂肉疗疾；胡起宗，字奕芬，父继虞病，割臂肉以进，病俱获痊；王庭兰，字芳流，母吴氏患血证甚笃，庭兰割臂肉以进，病亦愈。

赵　松

赵松，字万龄。监生。三岁失恃，鞠于继母，曲尽子道。父病笃，刲股煎汤进，得愈。母停柩未葬，遇海潮冲决，松以身抱柩，洪涛急溜，浮荡一日夜，卒以无恙。其族祖宧光，三世葬吴县寒山，并有祠，岁久为人占据，控于当道，复之。卒年七十八。

张德肇

张德肇，字仪仲。岁贡生。性孝，娶室日，帷帟皆母手自纫缉。德肇珍之，虽至补缀，弗敢易也。父所束布绦，亦终身藏之。笃友于，课其弟成立，为置产。有从弟失业，亦教养备至。从祖殁后，四柩在浅土，为归葬先茔。年八十余卒。子桂曾，诸生。

戴兴宗

戴兴宗，字尚宾。生三月，父亡，母刘守节，尝卧病久，兴宗率妻袁侍奉汤药惟谨，十余年如一日。每行义事，必称母命。岁祲，捐米施粥，知州王镐重其行，给额旌之。年七十一卒。

钱金堂

钱金堂，字会东。监生，屡应举不遇。父缘事戍边，与弟玉堂往返万余里，践更省侍，卒遇肆眚[1]，奉父归。

陈　某

陈某，圬人也。居州之北关。父疾笃，惶急刲肱以进，卒不救而死。或见其臂肉剜处，叩以故，坚不肯言，嚎然而哭。同业者道及其父平生事，辄呜咽不自胜。得佣工钱，必市甘脆以奉母焉。

1　肆眚：宽赦罪人。

卷五　人物

太仓州文学

宋

胡稷言

胡稷言，字正思，兵部侍郎则之从子。少学文于宋祁，得古法。长有志节，著时议，献范仲淹，仲淹称之。既从胡瑗学，遂精经术。以特奏补官，调晋陵尉。历主鄞县簿、山阴丞，以不能究所施乞致仕。于涂菘筑小圃，自比靖节，种五柳，名其堂。淡然寡欲，独喜延引后辈。年八十余卒。子峄，见《隐逸传》。

龚　昱

龚昱，字立道，明之子。少游御史李衡之门，贫能自乐，乡人称为龚山长。王昶按：《宋史·李衡传》：衡，江都人，孝宗时除侍御史。请老致仕后，徙居昆山，聚书逾万卷，号曰"乐庵"。年七十五卒。是昱之从游，当在此时，盖淳熙、绍熙年间人也。

元

王梦声

王梦声，字应甫。至元间任昆山州学正，因家湖川塘。时兵燹，学宫废，梦声出私财修治，号曰"古川先生"。王昶按：张采[1]云：古川即王倬始祖，湖川故州地，其子姓蕃衍，皆州人。即支分昆山，凡应科举，必籍州。屈指娄江旧族，未有先琅琊者。旧志不载，今从《昆山志》增入。

陆　仁

陆仁，字良贵。博学好古，以诗文名于时。所著如《佛郎进》《天马颂》《水仙庙迎神送神辞》《度黄河》《望神京》诸篇，为世传诵。复工字学，楷、草皆矜贵。扁其所居之室曰"乾乾斋"。祀乡贤。按：张寅[2]云：仁自称河南，乃陆姓郡名。又按：《玉山草堂集·至正十四年联句序》有云：漕

1　《〔崇祯〕太仓州志》作者。

2　《〔嘉靖〕太仓州志》作者。

台陆君良贵，亦有漕事之冗，则仁官漕司也。

马　麐

马麐，字公振。世居太仓，其祖历邱，始迁松江之南钟巷。所居园池亭榭极幽闲，日诵经史其中。性不事修饰，乐与贤士大夫交。客至觞咏，与世泊如，杨维祯重之，称为忘年友。

郭　翼

郭翼，字羲仲。少从卫培游，修学好古，工诗，尤嗜《易》。杨维祯称其文并西京，李孝光谓羲仲别有诗理，负志意。尝出策干时，度不能用，归耕娄上。老得官训导，以介特与时忤，号东郭生，又号野翁。杨维祯为之传。卢熊题其墓曰"迁善先生"。子畴。

张　嵩

张嵩，字维岳，居沙溪。博览群书，隐居著述，以文学诏主象山书院。归即闭门却埽，屡征不起，躬耕乐道终其身。卒，门人私谥"贞文先生"。子养吾，进士，博学养高如其父。

余日强

余日强，字伯庄。其先福之古田人，父与可，号蓝溪先生，为武夷书院山长，来居太仓。日强笃志于学，淹贯经史，奉母以孝闻。晚号渊默叟。

盛　彧

盛彧，字季文。元末以资著。明初为赋累，徙归吴冈，环堵萧然，日与杨维祯、郑东、郑明、李还、张逊、秦约、盛景年、文质、陈善、陆仁、陆琬、岳桂、周暹、余诠、张恕、仲天爵、虞模诸名士倡和，历艰阻不改。后坐累谪戍泊金山，遘疾，徐起赋诗，投笔而逝。按：桑悦[1]云：彧所与倡和之士，必太仓人为多，因记其姓名，俟识者增传之。

姚文奂

姚文奂，字子章，号娄东生。工诗，与顾仲瑛友善。至正末，辟浙东帅府掾。所著有《野航集》。

1　《〔弘治〕太仓州志》作者。

明

袁华

袁华，字子英。少颖悟不群，读书过目成诵。考察经史百氏，号该博。善诗章，尤长乐府。与顾仲瑛友善，其所藏书画，悉经品题。所著《可传集》，杨维祯序之曰："吾门称能诗者，南北凡百余人，求如张宪及袁华辈，不能十人。"洪武初，为郡学训导。卒祀乡贤。

史谨

史谨，字公敏。博学好古，工诗画。洪武初，从戍云南。后以翰林学士三景荐，授应天府推官，左迁湘阴丞，寻罢。侨居金陵，号吴门野樵。孙鉴，字元昭，诗画有祖风。弘治初，归太仓。

张恕

张恕，字以行。诗格近西昆。洪武初，以才德征入见，试"春山新水"诗，立就，称旨，赐彩衣一袭。除北平卢龙知县。三年，以老病归。

顾愚

顾愚，字原鲁。僻处海滨，学宗濂洛。四十余年不出门户，遍览经史百家。一几当臂处，凭迹宛然。父仲庸病痈垂绝，吮复苏。永乐时岁饥，出米三百石以赈。卒祀乡贤。

卢儒

卢儒，字为己。以荐授中书舍人。博学矜贵，文师韩、柳，书法宗欧、颜。在翰林，尝被命作《雪赋》，儒援笔立就，诸人惊伏。

王履

王履，字安道。笃学有志行，博极群书，隐居教授。诗文皆精诣，兼工画法。年五十余，携其甥沈某，西登华山，留观累日。归作图四十，图各有诗，冠以记，凡四。自谓穷华山名胜，古今一人。尤精医，尝从金华儒医朱彦修游，得其心传，著述甚富。为秦府良医正，卒于官，祀乡贤。子伯承，永乐中亦以医著。

偶桓

偶桓，字武孟。性度落拓，嗜酒，喜吟咏。少尝接识杨维祯、倪瓒，并见称许。洪武二十四年，应秀才举，为崇安从事，授广西桂林河泊大使，终荆门州吏目。致仕归，遇淮南故人蒋文用，即随至京，侨居建安坊下，放情觞咏，久之乃还。所居桃源泾，有江雨轩。卒年八十二。

傅　郰

傅郰，字次泉。父翼，娴吏事，郰去吏而为儒。性孝友，颖悟过人。从卢观游，闻性理之学。观爱其勤，妻以女。洪武四年举人，为会稽丞。

张师贤

张师贤，字希颜。好古博雅，善谈论。爱作乐府，凡文士至太仓，无不过访，推为诗文之长。颜所居室曰“芝兰”。

陈　伸

陈伸，字延龄。博古工文辞。洪武间举秀才，为茶运副使，改富阳丞。自号怡云老人。

沈　玙

沈玙，字孟温。洪武中，其家坐累谪戍云南金齿卫。宣德初，归省坟墓，乡人延以教子弟。年几六十，目眚，端坐辨说，早暮无间。时学宫西迁，设兵卫，儒术不能振，玙至，子弟受其法，始有源委。后还云南。卒祀太仓乡贤。今学宫即其五经授徒处。

陈　符

陈符，字原锡。父继善，字从道，居穿山，蓄高资，克尚诗礼，恐子孙黩货，刻《平轩文》示戒。符能洗豪习耽学。尝从吴文度读书吴山中，文度殁，葬祭如礼。巡抚周忱拟荐，以母老辞。

金　瑢

金瑢，字廷振。由卫学岁贡选授浙江分水训导。为人和坦，游心古学。善诲人，出其门者，多所成就。

查　庸

查庸，字若庸。自幼博览群书，独于六经、孔孟语，体察精到，至忘寤寐。有得辄书，积三十年，联大编数十卷。所为诗，皆有理致。由卫学岁贡选浙江仁和训导，改除萧山，后转河南孟津教谕。适姜昂守郡，雅重庸，命署县事，固辞不许。既而以疾致仕。按：桑悦《志》作初任江西永新训导。

胡　沯

胡沯，胡庸养子，字友兰。通经史，授徒里中。弟承，三岁失怙，沯抚教之成进士，见《列传》。沯行方寡合，盛暑未尝去衣冠。指授弟子，各有规法，如陆钎、张泰皆出其门。

桑　悦

桑悦，字民怿，琳子。悦家贫无书，从肆中鬻得，读过辄焚之。部使者按水利下邑，悦前谒，书刺"江南才子"。使者骇，已问，知悦，乃延校书。预刊落以试，悦校至不属，即索笔补之，无误者。年十九举成化元年乡试，再试礼部，得副榜。年籍误"二"为"六"，遂除泰和训导。丘濬奇其为人，属学使者善遇之。使者至，见悦不迎，顾问长吏："岂有恙乎？"长吏皆衔之，曰："故无恙。"乃使吏召悦，曰："连宵旦雨淫，传舍圮，守妻子亡暇。"使者久不能待，更两吏促，悦益怒曰："若真无耳！即使者能屈博士，奈何屈桑先生？为若期三日来。"使者欲遂收悦，缘濬故不果。三日来见，揖使者，使者怒曰："博士分不当得跪耶？"悦前曰："汉汲长孺长揖大将军，明公贵岂逾大将军耶？"因脱帽径出，使者乃下留之。御史闻悦名，数召问，谓："匡说诗，解人颐。子有是乎？"曰："悦所谈玄妙，何匡鼎敢望？即鼎在，亦解颐。惟赐清燕。"御史壮之。寻分典浙、楚、滇三省乡试，迁长沙府通判，调柳州。岁余，父丧归。服除，遂不起。居家益任诞，褐衣楚制，往来郡邑间。初，悦在京师，见高丽使臣市本朝《两都赋》，无有，以为耻，遂赋之，时颇称焉。按：桑氏五通判：瑾处州，瑜温州，饶泉州，大协杭州，悦柳州，惟悦居太仓，余不录。

胡　福

胡福，字祖裔，承子。年十三，读《纲目长编》，通记无遗。为文简古。正德年膺贡，授河间府训导，不得上官，罢。贫至饥饿，赖朋旧周恤卒自守，无滥取者。

龚持宪

龚持宪，字行素。州学生，通《诗》《春秋》。性耿介，不隐人过。尝为怨家所诬，且贫窭，持宪皆不为累，惟潜心古学，不计名利得失。晚应诏，赐章服。退隐南乡，著述以老。

马绍荣

马绍荣，字宗勉。初为穿山周氏养子，冒其姓。善书。天顺六年顺天举人。成化初，授中书舍人，直文渊阁。尝有急敕夜宣，同僚尽醉，绍荣独簪笔上殿书麻，称旨。升验封司员外郎，陈情复姓。弘治初，修《宪宗实录》，迁山东参议，升太常少卿。官三十年，以清谨称。居内阁最久，与永嘉姜立纲齐名。其升少卿也，立纲以出身布衣不得同升，绍荣请捐一阶与之，故绍荣得太常，立纲得太仆。朝论贤之。卒，赐祭葬，墓在吴县楞伽山。

叶梦滢

叶梦滢，字尚进，昆山礼部侍郎盛孙。徙娄江。好古博洽，敦孝友，尤刻厉艺文，持论严正，人多惮之。早卒。

朱来复

朱来复，字德初。诸生。尝僦舍，少女来奔，正色拒之。家故贫，假居一椽，能周给兄弟。精记问，凡授解后学经传，可暗诵。年五十三暴疾卒。

曹　泰

曹泰，字孟寅。性刚敏，少从太常少卿陆钛游。弘治二年举人，六年会试，中乙榜，就分水训导，改确山。尝署县事，擢建宁教授。未几，告归，卒。泰为儒官二十余年，洁苦自励，橐无长物，怡然不为意。

徐祯卿

徐祯卿，字昌国，一作穀。居双凤乡。父寓郡城，因补长洲县学生。少即与唐寅、文璧相唱和。弘治十八年成进士，为大理寺评事。会失囚，降五经博士。始与庆阳李梦阳、信阳何景明等友善，号“七才子”。既讽道书有得，闻王守仁讲学，蹶然起曰：“道果在是！恨疾且作，不足致远，奈何?”垂殁，谓子伯虬曰：“墓铭其属阳明!”卒年三十有三。初，祯卿为进士时，孝宗忽遣中使问祯卿与陆深名，顾陆得庶吉士，祯卿仅平进，又早死，用不竟。王世贞题像，甚称其文章。伯虬，字子久，嘉靖四年举人，亦能诗。

金　燫

金燫，字懋光，居茜泾。岁贡，授浙江象山训导。精史学，作《诸史会编》一百十二卷，《凡例》十有九编，纂四十年始成，梓行藏太学。

何　璧

何璧，字文徵。弘治十七年举人。主试大学士费宏录其文，以为士子程式。正德六年成进士，出知开州，未几，卒。

王　梁

王梁，字胜甫。资敏力学，少为州诸生。卫所辖以缺伍勾补，梁往京师疏奏，御史王宪奇其文，竟坐所辖罪。梁通达今古，言论侃直。嘉靖初，议撤州治，朝命下所司集众咨询，梁极言存州之利、去州之害，反覆千余言。议上，知州刘世龙辗转勘达，事得寝。晚岁，以贡谒选，卒于京。

朱　星

朱星，字兆文。诸生。邃于《易》，远近师其学，多宦显。振族党之急，不以己贫为解。子默，见《宦绩传》。

张　檟

张檟，字美材。正德五年举人，铅山教谕。练习时事，《与张寅论水利书》，实能逐事条析，务在根究利病。文亦委备有法。

陈　珣

陈珣，《耆旧传》作钧。号娄东，问子。诸生。留心理学，于性理及《诗经》皆著有讲义。禀性坦直，面折人过，不为依附。

张　辰

张辰，字伯逢。颖敏力学，与弟寅相师友，治《易》名家。正德八年举于乡，四上公车，不就职，赍志以殁。费寀铭其墓曰："猗国之华，胡屯于家？矫矫冥翮，坠于云涯。"

陆之箕　陆之裘

陆之箕，字肖孙；之裘，字象孙，俱伸子。之箕沉悫忠信，议论平正。之裘俶傥不羁，以经济自许，慨然慕张子厚，欲结客取洮西故事。大同之变，著论嘲柄国者，以为唾手可定，颇为里中儿所嗤，弗恤也。张寅辑州志，二人实赞成之。既累举不第，并以诸生充贡。之箕以需次卒，之裘终景宁教谕。

陈　桐

陈桐，字安道，洽六世孙。好读书，尝从吴与弼参讲理义。诚心质行，言笑不苟，并知医理。

陆　寰

陆寰，字允清。精经术，门人经指授，多显名。时有张元蒙者，字屏野，工《易》学，与寰齐名。又有邵弁，字伟元，于经学有师法，学者多从问疑义，兼精医术。俱以岁贡终。

曹子念

曹子念，名昌先，以字行，更字以新。应诸生试，不售，弃去。习古文辞，为其舅王世贞所重。海内人士登琅琊门，非子念介弗进也。世贞兄弟殁，子念意不自得，迁苏州，卒。无子。

吴　枞

吴枞，字龙桥。博学能文，后生多从受经义。性耿介，与相国王锡爵友善，然未尝造谒。锡爵尝就见之。卒年九十一。

周　镐

周镐，字子京，墨子；镐弟铣，字子明。俱工诗文，镐有《竹梧集》行世。子濂，亦工诗，苍然风骨，不为靡丽之辞。

陆端御

陆端御，字履威。攻苦力学。万历七年选贡，廷试第一。子文麟，字孟祥；文凤，字仲鸣，俱好学笃行。文麟少补诸生，应岁贡，让其友。文凤工诗文及隶书，万历四十四年岁贡，廷试亦第一。

赵宧光

赵宧光，字凡夫，居璜泾。祖汴，嘉靖十年乡试第一，十七年成进士。父枢生，隐士。宧光少入资为国子生，豪华自喜。中岁折节读书，庐居寒山亲墓旁，手辟荒秽，疏泉架壑，俨如图画，一时胜流争造焉。工篆隶书，为世珍重。所著书数十种，字学尤精，《说文长笺》其所独解。子均，字灵均，有志节。从父传六书之学，又从燕山僧见林授大梵字并诸字母。移日分夜，父子自相讲习。有《寒山金石林时地考》诸书。

沈　承

沈承，字君烈。诸生。少负隽才，工诗赋，有名于时。为古文，奇奥峭拔，森然有芒。性闲澹，不肯轻造人。然慕与游者，钦其耿介，而又乐其和易也。里人薰其德，率成善良。殁后立庙祀之。妻薄少君，见《列女传》。

徐鸣皋

徐鸣皋，字环中。幼为张振之所知，弱岁中万历二十二年乡试。励志求道，谒顾宪成，叩程门宗旨，宪成器之。后为青阳教谕，训诸生曰："恒言必祝人科第，我则愿诸生为圣贤。科第由天，圣贤由我。"诸生服其教。迁南京国子监博士，升江西临安同知。有治绩，台司重之，以疾去官。鸣皋内行淳至，笃于伦理。其学与东林诸君子称同志，然未尝援以标榜。尝谓："东林气节不减东汉，惜位置太高，非吾人之福。"家贫，至不能具朝晡。默坐一室，编摩论列。临殁，以所著书授门人郎星纬，星纬死于兵，书遂亡。

阚景阳

阚景阳，字伯子。攻苦有介性。万历十九年举于乡，萧然授徒，不预世事。出入踽踽徒步，清操终其身。

周维翰

周维翰，字申甫。诸生。湛深经术，里中争延为师。后学有疑问，罔不应，犹欿然若无。年七十三，以岁贡终。子绵存，见《孝友传》。

薄澹儒

薄澹儒，字味元。万历三十四年举人。赘婿常熟徐氏，遂侨居其地。所作诗文，偏宕有逸致。

王志长

王志长，字平仲。父临亨，见《宦绩传》。兄志坚，《列传》。志长中崇祯十三年会试副榜，奉特旨，与甲榜同授官。感梦而归，绝意仕进。志长笃于经学，以《易》起家，兼精《三礼》《毛诗》。尝删《周礼注疏》，采汉以后诸儒之说翼之，名曰《注疏删翼》。《诗》宗毛、郑，又集诸家《诗》说以成书。弟志庆，字与游，少从兄学，有家法。时临亨与两子负高名，志庆参起，人称“一凤三雏”。弱冠，好诗歌，作史论，上下古人，左氏、班、马书及《通鉴》，皆能上口。天启七年中乡试。志庆有书癖，明洁窗儿，用翰墨必良。晨夕手一编，有常课，兼玩花鸟，罢书辄自灌水调食。缉昆山东郊先业曰“丙园”，闲适其户，每连月不归。兄弟孝友，志坚后居吴郡，志庆与志长比屋，终身相师友无间。

吴升元

吴升元，字仲超。奇敏强记，通古今。兼精历学，每预刻交食，差度无误者。为人沉默少言，负一意，终岁隐儿读书，足不他及。家贫，取与极明，或绝粮，忍饥自如。以岁贡生选无锡训导，殁。

朱明镐

朱明镐，字昭芑。父廷璋，官至参将。明镐年十七补诸生，性强记，天资绝人。张溥及张采读其文，愿与之交。明镐每读一书，手自勘雠，朱黄钩贯，条分缕析，上下千百年，若指诸掌。所著《书史异同》《新旧唐书异同》二书先成，其余十有二种史纠，最为可传。明镐事亲孝，家贫，资束脯奉母，抚幼弟成立。与人交，推诚任素，遇义所不可，则正色谯让，无少避。卒年四十六。

赵学基

赵学基，字六息，居璜泾。诸生。兄弟六人，并知名，学基尤精史学。值明季兵乱，忧时怫郁，见之著述。许旭称为吴中高士。性不谐俗，尝挈家居寒山，寻归，卒。

张　泳

张泳，字幼涛，翼之子。幼有才名，无锡马世奇随父希尹任训导至州，重泳，与交。贡入国学，期满，授布政司理问，迁宗人府经历。值弟溥以复社被纠，乃归。崇祯九年，复举贤良方正，不就。泳为文，少喜恢博，后修经术，规模前哲，明于水利。尝独力浚盐铁塘，三举乡饮大宾。

张 深

张深，字彻侯，辅之子。以荫入国子监。崇祯年，两中副榜。甲申后，弃儒服，闭户读书，人罕见其面。兼精楷法，工写兰竹。卒年七十八。

费 参

费参，字省公。性孝友。家贫，老屋三五椽，日光穿漏，不蔽风雨。有田数亩，岁涝，饘粥不给。然耿介，一丝一粟不假于人。论者以为邴原、徐穉之流。陈瑚称其诗律老而益细。子来，字天来，亦工于诗。

王 鉴

王鉴，字圆照，世贞曾孙。由荫生历部曹。明季，出知廉州府。是时，粤中盛开采，鉴力请上台，得罢。居二岁归，构室于弇园故址，额曰"染香"，读书其中。年甫强仕，屏绝声色，不异老僧。画法巨然，入神品。世论画推"四王"，谓鉴与时敏、原祁、常熟王翚也。王曾武赠鉴诗曰："金谷此时忘宴集，珠崖昔日罢征求。画推北苑仍宗伯，家寄东陵是故侯。"鉴以为知己。年八十卒，遗命以黄冠道衣殓，其寄志如此。

黄翼圣

黄翼圣，字子羽，元勋子。少隽异，秀绝人表。崇祯十一年，以荐授四川新都知县。时贼躏楚、蜀，名城望风奔溃。新都素残破，闻贼至，争走匿。翼圣积薪县门，誓死守，城得全。升安吉知州，寻弃官归，名所居曰"莲蕊"。栖性萧闲，喜山水，工五言诗，人称"如么弦哀玉，自有天韵"。郡人徐波刻其遗集。孙侃，字孝直，州诸生。

陈申锡

陈申锡，字君渥，居张泾。性端严，言笑不苟。博极群书，尤精《易》理，著《周易钩玄》，自谓得邵尧夫真传。

龚 挺

龚挺，字无竞。诸生，居茜泾。敦朴有古人风，善古文辞。弟捥，工诗，饶魏晋风格；拱，笃学孝弟。皆与顾梦麐、陈瑚、陆世仪结为世外友。

王化中

王化中，字孟成，嘉定籍。诸生。博通经史，尤精性理。撰《五经笺注》，又《存斋稿》

二十卷，杨廷枢为之序。

曹　耀

曹耀，字德公。少从张溥、杨廷枢游，尝与陈瑚辈讲天人性命之学。笃志理窟，年耄不衰。

吴　殳

吴殳，字修龄，为赘婿于昆山。崇祯中诸生，寻被斥。尝取义山《无题》诸诗，详说其意，为《西昆发微》。著《正钱录》《围炉诗话》，颇有指斥。性喜谈佛，兼好神仙，闻江淮有异人，往从之学炉火术。晚年自悔。著有《他石录》。

国朝

王瑞国

王瑞国，字子彦，士騄子。弱岁中天启元年乡试。束脩砥行，苏州文震孟、姚希孟折辈行与交。周顺昌罹珰祸，裹金急其难、马世奇殉国，设位为诔以哭之。性高简，寡嗜欲，研精书史，无晷刻闲。为文章，出入欧、曾二家。国朝顺治十年，授广东增城知县，有治绩。三载告归，筑室曰"瘗研斋"，日坐其中，优游以老。

朱汝砺

朱汝砺，字商石。明诸生。少游张溥及吴伟业门，有志行。尝作书数千言，规当世事。为文瑰丽沉博。知州白登明闻其名，延修州志，未成，稿藏于家。

王家祥

王家祥，字止吉。诸生。博通典籍，尤精于天文、地理。知州白登明设书院于沙溪，曰"乐只堂"，延为山长。弟家祯，字予来，少孤，与吕云孚同砚席。张溥见其文，奇之，引为弟子。入国朝，吴中文社并起，争致之，不应。生平勤著述，于古今理要多所阐发。同时陈嘉，字静夫，文名与家祯埒。师事黄淳耀，淳耀殁，抚其遗孤，有古人风。

黄　炜

黄炜，字韫之。居乡以孝友称，广交博学。尝著《友史》以自励。子与圭，著《九经解》。

顾元真

顾元真，字九阳。明诸生，居双凤里。长于诗古文词，著有《玄览阁集》，其弟子周裳为之序。周裳，字云彦，顺治十一年举人，官宿迁教谕。程穆衡称其诗刻意长吉，神骨逼真。

周 肇

周肇，字子俶。五岁识奇字，至十岁为文，师嗟异之。张溥举复社，肇以总角为高弟。贡入太学。顺治十四年，顺天乡试举人。时科场事起，同考官论死，肇亲为治殓，兼以橐饘济其家。四经御试，久之，得青浦教谕。举卓异，升授新淦知县。时肇已病，力疾之官，以除弊恤民为政。亡何卒，年六十九。肇盛有诗名，吴伟业尝选同邑诸人诗，名“娄东十子”。十子者，肇及王揆、许旭、黄与坚、王撰、王昊、王抃、王曜升、顾湄、王摅也。

郁 植

郁植，字东堂，法子。幼隽异，书过目成诵。八岁试“五伦论”，吴伟业见而奇之。未冠，补诸生。豪于诗古文辞，与常熟钱陆灿称双璧。植秉父教，又尝从陆世仪游，兼求性命之学。国朝荐博学鸿词科，未试卒。从兄禾，字计登，邃于经学，著有《五经考辨》一百卷、《十三经订误》三十卷。

王 揆

王揆，字端士，时敏次子。顺治十二年进士，应以推官，用养亲不出，专攻诗。康熙十七年，诏举博学鸿词，巡抚慕天颜疏荐，力辞。揆通籍四十年，虽未出仕，而志切民生，如芦洲税课蠹弊，力请当事厘之。刘家河久淤，上书巡抚为之浚凿。丁外艰，年已杖乡，犹为孺子泣。年七十一卒，祀乡贤。弟撰，字异公；抃，字鹤尹；摅，字虹友，并工诗，享大年。撰尤善隶书及画。

许 旭

许旭，字九日，国荣孙。年十二应童子试，时学使尽黜幼童，得旭卷，奇之，补诸生。鼎革后，益肆力于诗。范忠贞承谟巡抚浙江，聘入幕，章奏皆出其手。及承谟总督八闽，旭知耿精忠将为变，屡折其谋。及难作，承谟殉节。精忠怒旭特甚，执诸在幕者遍鞫之，必欲得而甘心焉。旭以先归，不及于难。

王 昊

王昊，字维夏，世懋曾孙。弱岁补诸生，能诗，负才名，交游遍海内。后以奏销案被黜，闭户读书，丹黄甲乙，无虚晷。所撰《当恕轩偶笔》，时称博洽。康熙十八年，举博学鸿词，廷试，授内阁中书。命下而昊已先数日卒。弟曜升，字次谷。诸生。性豪迈，脱略公卿，跌宕文史。尤精音律，当筵顾曲，不失累黍。亦以奏销罣误，志不自得，浪游四方。卒于京师。

顾　湄

顾湄，字伊人。诸生。本程姓，父新，惠安知县，素与顾梦麐善，梦麐无子，因鞠之。早通经义，十二岁作《为上者与民争利论》，宿老异之。师事陈瑚，为高弟。慎交、同声两社兴，皆以得湄为重。值奏销罣误，绝意进取，益研覃经史。昆山徐乾学慕其名，延馆于家。时为纳兰成德刻《通志堂经解》，湄校雠之力居多。

吴　澣

吴澣，字九涤，博闻强识，笃于伦纪。手辑《洗心子集》百余卷。殁之日，门人请于王御，议立私谥曰"贞隐"。

钱　嘏

钱嘏，字子纯。陈瑚高弟，学有原本。游四方，必奉父母木主以往，所至焚香上食，事之如生。著《乡饮礼辨》《家礼汇参》《三吴水利议》。后迁虞山卒。

王尔铨

王尔铨，字范先。少从陈瑚游，明阴阳谶纬之学。甲申后，隐居市廛以老。诗宗钱，刘。所著有《帆仙集》。

曹　汉

曹汉，字倬云。资性兼人，刻厉甚苦。顺治十四年举人，以奏销被黜，屏迹读书。后得申释，旋病卒。

毛师柱

毛师柱，字亦史。诸生。工诗。客游四方，以奏销诖误，益务为诗。如皋冒襄辟水绘园，招致四方名士，师柱与焉。时王士祯为扬州推官，来修禊事，酬和甚相得。晚岁杜门息影，吟咏颇富。族弟师彬，字鲁封，诸生，诗亦有名，兼善绘事。

崔　华

崔华，字蕴玉，一字不雕。顺治十七年举人，新城王士祯分校所得士。博通经史，兼工词翰，士祯盛称其诗有"白蘋江冷人初去，黄叶声多酒不辞"之句，人因号为崔黄叶。康熙十八年举博学鸿词，征不起。年六十余卒。

唐　瑀

唐瑀，字仙佩。明常熟诸生，寓居直塘，后居沙溪东之葑涨。少学诗于黄翼圣，与崔华齐名。中年后，格调一变，沉著深秀，直入作者之室。长洲汪琬称其诗格在陆务观、范致能间，其推重如此。书法类《九成宫》，亦极雄秀。

黄祖颛

黄祖颛，初名迁，字顼传。长洲籍廪生。幼负隽才，诗词甚富。事亲孝，借束脩以供甘旨。夜有私奔者，力拒之。见道旁患疡弃儿，养之愈，使去。长洲有富人，借其名以避役，祖颛不知也。及岁试，以新例见斥，改今名，入太学。卒年四十。

周世樟

周世樟，字章成。诸生。醇谨好学，明天文、算术。平居教授，每以穷经训后进。著《五经类编》，为家塾课本。年七十余，无疾卒。

周致中

周致中，字与参，肇子。诸生。居南郊，躬耕以给。土室颓垣，啸歌不辍。

王曾武

王曾武，字宏导，发祥子。年十三，补诸生。奏销罣误，以资入太学。为诗文，博茂渊雅，性和而介，不事奔竞。每谓“学问人品，科名一毫假借不得”。御史裘充美以博学鸿词疏荐，不就，亦不造谒，时论高之。卒年五十四。

王吉武

王吉武，字宪尹，发祥次子。慧悟夙成，习闻其父论说，学有根柢。康熙十五年成进士，除中书舍人。分校北闱，为同事受过，左迁国子博士。迁工部主事，升员外。寻以户部郎中出守绍兴，为政简静。忤大吏意，甫二岁，中计典归。副都御史李涛以实学荐，不出。诗名与唐吏部孙华埒，四方称娄东诗者，必曰唐、王。卒年八十一。子安国，字集虚，州学生，亦工吟咏。

吴　暻

吴暻，字元朗，伟业子。康熙二十七年进士，由户部主事迁兵科给事中。四十四年，青浦王原、长洲王铨劾陈汝弼，汝弼言原等实挟仇，引暻为证，遂牵连落职。事白，入直武英殿，充书画谱纂修官。暻才藻擅一时，自家人至奴隶，咸通声律。卒年四十六。暻两弟：瞵，字中丽，早卒；暄，字少融，寿光知县。俱以能诗称。暻子霖，字献可。幼失怙，随生母居，刻苦自励。尝葺伟业故园，刻父《西斋集》行世。

吴 翊

吴翊，字振西，继善孙。颖悟过人，工举子业，为诸生，试辄冠其曹。其诗清妙，成一家言。徐乾学致仕归，奉命编辑《一统志》，开局于洞庭东山，集四方名士纂校，翊与焉。康熙五十一年成进士，需次内阁中书，以疾卒，年六十。

王 桓

王桓，字臣虎。诸生。博览群书，刻意为诗。与叶藩、吕楠相友善，唱和甚密。

叶 藩

叶藩，字桐初。祖云林，父中密，皆死于兵。母陈氏，抚之成立，终身不应试。工填词，黄冈杜濬深器之，妻以女。客游四方，名公卿争为延礼。晚客涿洲，卒于旅次，年六十。吕楠哭以诗云"一棺雨雪三千里，八口饥寒五六年"，盖悯其遇也。楠，字三霑，隐居授徒。陈瑚等举淮云诗社，楠为眉目。其诗文集，华乾龙序之。

朱顾庐

朱顾庐，字仪臣。诸生。潜心理学，陆清献陇其尝评其文为七郡之冠，自署其斋曰"颜乐"以见志。采辑薛瑄、高攀龙、顾宪成及陆世仪、钱埰所著书，以继宋儒语录。从子慎，字敬旃，诸生。幼岐嶷，稍长，闻顾庐绪论，以学行为乡里师。子体和，亦诸生，承家学，著《大易经传绎》。

张元荐

张元荐，字咸岳，辅之曾孙。选刻经义，评骘精当。以岁贡生任定远训导，迁仪征教谕。所至有声。

浦 泰

浦泰，本姓谢，字心传。诸生。为人笃厚，屏绝浮屠淫祀。与朱顾庐同讲理学。辑四子书讲义为《阐注》，仪封张伯行序之。又辑《毛诗阐注》。子安澜，字涌清。幼警悟，以副贡生考取教习，选祁门教谕。居未二载，引疾归。卒年八十有三。

周象明

周象明，字悬著。康熙十一年举人。工古文辞，尤精经术，论撰不苟。家贫，以教授自给，力讲根柢之学。有从弟，以逋粮自鬻，象明积资赎之。既而复然，卒归之，终身赡给焉。台司闻其名，饬知州延主讲席。象明登明伦堂，讲《尚书·洪范》及昔贤主敬之学，学者自远而至。殁祀乡贤。

倪 遇

倪遇，字元夫。诸生。性耿介嗜古。时“娄东十子”诗风行，遇独上宗韩、孟，旁及苏、黄。嘉定王梓见而异之，与结契倡和无虚日。然遇卒以穷困死，遗稿散佚，后梓子恪搜集得数百篇，序而藏之。

唐孙华

唐孙华，字实君。幼有神童之目，游京师，名公卿争礼之。康熙二十七年成进士，选陕西朝邑知县。会上问博古之士，阁臣举以对。召试诗赋，称旨，迁礼部主事，调吏部考功司。三十五年，充浙江主考官，嗣以考功诖误归。孙华体貌清癯，博闻强记，言论风采倾一时。尤熟于史事，人有叩，辄口竟原委数十行如注。为诗古文，引笔洒洒千言不竭。年既耄，穷经，日有课程。居乡遇事，辄昌言得失。尝谓：“苏、松民力宜恤，官司亏空宜宽，州县城隍宜修浚。”欲寓书于大学士朱文端轼，会疾作，不果，卒年九十。

陆建运

陆建运，字慎三。康熙二十九年举人。工经义，何焯亟称太仓吴、陆，吴谓诸生诩，陆即建运也。书法学怀素，人争购之，借以自给。为人廉淡寡谐，自号曰“常惺”，又号白业山人。卒年七十。

赵 贞

赵贞，字松一。性情澄澹，壮游所至，交无俗士。又善谈名理，有晋人风致。诗亦清新健举，著有《蔺怀堂集》。

王遵扆

王遵扆，字篋六，扶子。少孤力学。康熙五十一年成进士，改庶吉士。时叔父掞为大学士，遵扆寓相邸，不妄交游。明年，授检讨，引疾归。五十三年，诏纂《春秋经传汇说》，掞奉命总裁，荐遵扆分修。书成，力辞疏荐而归。家居贫困，至鬻书画自给。卒年六十有七。子俊，字叔彦。康熙五十九年举人，由阌乡知县仕至同州知府，所至以经术饰吏治。既谢病归，卒于家。

王旦复

王旦复，字赓旦，摅子。康熙五十三年举人，与子珏同榜。世业《春秋》，精于“三传”。弟昭被，字葆光。康熙四十五年进士，任福建龙岩知县。以卓异行取入都，移疾归，贫窭如诸生时。

王　策

王策，字汉舒。诸生。少年韶令，才辩不羁。时邑中多言诗，策独嗜倚声。检讨尤侗赏其秀异，邀主其家，共研声律。所著《香雪词》，一以张炎、王沂孙为宗。

王　恪

王恪，初名虑，字愚千，世居嘉定。祖泰际，字内三。父梓，字壆林。幼颖悟绝人，吴伟业赠泰际诗"正礼双龙方矫角，释奴千里又空群"者也。梓尝携恪至太仓，沈受宏见而器之，字以女，遂占籍焉。中年游京师，新城王士祯、长洲韩菼亟赏其诗文。康熙五十七年成进士，授唐县知县。廉慎自持，多善政。以继母年老乞归，应聘主豫章书院。恪沉静无嗜好，惟汲古勤学，终身无间。著作甚富，年七十卒。

胡瑞远

胡瑞远，字庆衍。父若叟，由歙迁双凤。从陈瑚学。敦行孝弟，静处一室，终其身以书史自娱。子荃，亦能文。

陈天根

陈天根，初名琦，字齐韩。博通群籍。游国学时，陈鹏年在史馆，见天根所著《史要》，采入国史。后以母老归，与里彦结为诗社，以吟咏自娱。

方政益

方政益，字惠孚。康熙五十六年举人。少从江同侯、周象明游。张伯行抚吴时，聘修《性理大全》。张晋司农主辛丑会试，政益引嫌，不试归家，力耕课徒。卒年七十余。

毛　炜

毛炜，字恪庵。工古今文，尤邃于诗。足迹半天下，所至吟咏，无绨章绘句之习。其真行、八分，出入汉唐，为时所重。

孙永锡

孙永锡，字孝章。少孤，奉母以孝闻。

朱　晸

朱晸，字正文。诸生。淹贯经史，负才不偶。师事黄景若、周象明，讲求性命之理，所学益进。

程　阶

程阶，字星六。诸生。性坦和，不立崖岸，里中后学咸师事之。尝以所著诗文是正何焯，有“孤月映水，野鹤唳天”之誉。

钱迪显

钱迪显，字苍霖，桓玄孙。少称神童，年十三补诸生。后入都，公卿奇其文，争延致之。脩脯所入，悉置祭产。卒年六十六。子本立，以孝闻。

周凤奕

周凤奕，字羽良。岁贡生。质愿厚，从唐孙华游，始得读书法，后潜心宋儒之言。选六安训导，未赴卒。

毛　序

毛序，字东球，天麒子。博涉经史，工诗，与兄子健互长诗社，王吉武目为“大小毛”。屡试不售，扃户读书，至老不辍。子之玉，有传。

毛　健

毛健，字今培，张鼎子。诸生，以贡入国学，三为学博最，后补祁门，不赴。吟坛酬唱，时推老宿。尝选唐诗，自谓得不传秘。晚好填词，格近南唐。

顾　衍

顾衍，字荪臣，光复子。英迈好学，遇诗酒益豪。游京师，荐入奇门馆修书。南归后，客游东粤、秦、闽，著作益富，兼画山水。其友徐玠玉，字汉光，词华淹雅，尝集衍等十二人，分花赋诗，王翃图为长卷以传之。衍子柟，字南季，工诗文，豪放有父风，从兄陈塼比之马氏白眉。

龚秉直

龚秉直，字敬立。选贡生。学诗于沈受宏，能得其传。著有《石帆集》，唐孙华序之。

王时宪

王时宪，字若千。康熙二十三年举人。至京师时，徐乾学方负天下望，名士争出其门，时宪独以后进礼见。久之，由中书改授宜兴教谕，寻聘校浙闱。四十八年成进士，及馆选，上曰：“汝为宜兴教官耶？”盖以丁亥南巡时献诗，上犹记忆也。遂改庶吉士，授检讨，主陕西乡试。年六十三卒于官。平生著述尤邃于诗，所拟陈思王乐府，朱彝尊称为江左独步。

姜天章

姜天章，字汉昭。少贫苦，耽于诗，为童子师。晚年妻亡无子，存诗二卷，临终授其友蔡浤刻之。

王麟来

王麟来，字玉书，在晋曾孙。康熙五十六年副贡生，充镶红旗教习，需次知县，以疾归，道卒。诗文有奇气。子渔，字砚深。诗生。[1]负不羁才，尝赞修《镇洋县志》。曾孙金诏，有孝行，早卒。

周　翥

周翥，字甸威。赘婿常熟，因家焉。举康熙三十八年乡试，教授山阳，卒。陈祖范亟赏其文，谓得春夏之气，人亦坦直无疵。

王肇　王琛

王肇，字建初，隐于市；王琛，字来珍，隐于医。皆布衣，比屋而居，日夕倡和。州中诸名士以诗酒相尚，二人不预焉。然娄东称诗人者，必及城西二王。

吴学尹

吴学尹，字莘来。诸生。性严重，规言矩行，从学者具有师范。工制举文，诗亦简雅。

王　宽

王宽，字敬聘。廪生。师事周象明，与陆毅同学，互相砥砺，所诣益进。来学者日众，构精舍数楹，名栗园，讲读其中。

王良穀

王良穀，字是穮，缉修子。能诗文，善书。为名诸生，以王謩荐，补浙江富阳知县。洁己奉公，民安其治。三年引疾归。留心桑梓事，浚河渠，辑县志，多所赞助。子劬留，字思圣；勬留，字迈生。俱诸生，工诗。勬留因父殁，哀毁卒。

陆冈龄

陆冈龄，字畴五。雍正二年举人，拣选知县。改就教职，文章行谊，为流辈楷模，当事聘为乡学师。既殁，门人立祠西关外祀之。

1　诗生：疑应作"诸生"。

王　宾

王宾，字东胶。以副贡生充官学教习，训课有法。期满，祭酒为奏留。三年，选授粤西怀远知县。时方剿义宁叛猺，与怀远接壤，宾练兵给饷，众推其能。旋以失察逸酋罢。越数年，奉诏起废，授建德知县。与郡守争失入案，复夺职。先后屡主讲席，教士称盛。宾为文规模先正，诗仿元白体，间为倚声。初与修《镇洋县志》，后修《太苍州志》，年已七十余，未竣事而卒。

徐　庾

徐庾，字同怀。家贫，励志读书，工诗。尝游福建，却巡抚某聘，某旋败，时人服其先见。中表王宬守庐州，延为上宾，公余，相酬唱。殁后无子，诗稿散佚。

凌　燔

凌燔，字孝述。岁贡生。弱岁好学，稍长，博涉经史。为文独辟畦径，自然深秀。间为诗歌，亦陶写有致。

凌士锡

凌士锡，字绥章。幼孤力学。雍正元年拔贡，四年举人，会试不第，遂无进取意。生平研玩《小学》《近思录》《宋五子书》。事母孝，守身治家，俱有矩矱。所著有《四书集讲》《周易集讲》等书。

毛之玉

毛之玉，字用羽，序子。母王氏，吉武之妹，娴吟咏。之玉自幼勤学，雍正八年成进士，改庶吉士，授编修，擢河南道监察御史。乾隆元年，疏请抑奔竞、除讼蠹。是秋，分校顺天乡试，旋丁外艰，以事左降。服阕，不复出，主虞山书院，历十四年，造士颇多。晚辑县志。年八十六卒。诗仿眉山、剑南，填词尤工。子咏，有传。

毛　咏

毛咏，字宣夔。乾隆十三年进士，改庶吉士，授编修，纂国史。十七年，假归，历主常州龙城及娄东书院。以丧子郁郁不乐，遘疾卒。咏天性孝友，与人交，坦易无城府。诗古文辞宗法欧、苏。殁后，诸生立祠城南，岁时奉祀。

徐　夔

徐夔，字龙友。父复扬，廪贡生，由穿山迁沙头镇，生三子，夔其长也。长洲廪生，称诗吴下。尝注李义山诗，与朱长儒互有异同。又与惠栋撰王士祯《精华录训纂》。卒于广西学幕。

顾廷桓

顾廷桓，字双栗。雍正元年顺天举人。善属文，光禄寺卿李绂亟称之。与兄陈埒有“二难”之目。

朱振玉

朱振玉，字汇九。雍正四年举人。为文匠心独造，教授里中，方矩阔步，以师道自任。有至性，会试既入场，忽心动，即弃卷出，兼程而归，则继母病革不起，遂终身不复试。年六十有七。

王时翔

王时翔，字抱翼。年十三始就传，一年通《易》《诗》《书》。工诗赋，补诸生，尝作《三史摭言》，纂辑诸经笺注义疏。雍正六年，同里沈起元荐授晋江知县。历政和、瓯宁，为政清简，迁漳州府同知，以疾归。乾隆元年，召起补蒲州府同知。三年，升成都知府。府在省会，满汉军民杂处，时翔练达庶政，多所回斡。年七十卒于官。时翔夙以诗词名世，新城王士祯咨赏以为秀绝。子景元，监生，禀承家训，绩学工文。孙澄，癸卯举人；澧、渥，皆贡生。

陆松龄

陆松龄，字鹤芬。诸生。为人有矩矱，绩学不倦。尝续修《沙溪志》。

钱本诚

钱本诚，字胄伊，涛子。雍正五年进士，改庶吉士，授编修。十年，典试广东。乾隆三年，复典广西试。充日讲起居注官，五朝国史三朝实录馆纂修，晋右赞善。以亲老乞假归省，旋卒，年四十九。本诚留心经济，在词馆日，尝手疏当世利病为一书，名《待致草》。弟枝桂，字林一，有文誉。雍正十年举人，拣选知县，未仕卒。

吴德怡

吴德怡，字顺之，伟业孙。廪生。举止严重不苟。乾隆元年，诏举孝廉方正，以疾辞不赴。生平学博而精，尤熟有宋诸儒语录。卒年四十八。

陈　铉

陈铉，字宏猷。少读陆清献《松阳讲义》，慨然有求道志。家习农，年十五，父命之耕，欣然就耒，曰：“事所当事，即真学问也。”少休便勤读。著《四书晰疑》《就正录》，学政尹会一、雷鋐皆重焉。殁后，诏纂《四库全书》，弟子王涛上于总裁官，录入附存书目。

宋宾王

宋宾王，字蔚如。幼丧父，痛母早寡，极意色养。居市廛，冶银为业。笃好诗书，堆积卷帙，稍闲，即吟咏钞录不辍。尤究心字学，手校书籍，辨驳正讹，辄为善本。同里沈起元、顾陈垿称其学有根据。知县金鸿修县志，聘请分校。人称"宋布衣"。

王　嵩

王嵩，字颖山。诸生。端雅有志节。少学诗于其叔时宪、时翔，名誉日起。幕游豫章、大梁，既归，益刻励为诗。知县金鸿聘修县志，多所商榷。从弟辂，字素威，尤工词，见赏于毛健、顾陈垿，谓得姜、史之遗。

邹以敬

邹以敬，字鲁望。研核经义，精于"三礼"，尤究心道学。约同人为讲会，每日必以读书所得者记之，有《常惺斋劄记》。所著史论、诗、古文均佚。其同闬顾骏业，字蕴生，少孤，闻以敬与同学为考课，往从之，领其指授，卒为名诸生。

陆宏绪

陆宏绪，字百和。雍正元年举人。乾隆七年会试，取明通榜，选太平教谕，升罗源知县。廉洁奉公，以亲老告归。工于诗。卒年六十六。次子元达，字若泉，乾隆二十五年顺天举人，官当涂训导，以培植人材为事，卒于官。四子元迈，字沁雪，乾隆三十年举人，文才英特，与王瑜、毛上炱、朱璿等结诗社，有名于时。

朱　叙

朱叙，字端揆。弱冠补诸生，笃嗜典籍。雍正七年，以沈起元荐，赴部投牒，念母切，忽心悸，遂告归。抚弟妹有恩义，与人交不欺然诺。诗文皆有师承，书法学米襄阳。

杨宗时

杨宗时，字继山。选贡生。少有才誉，工吟咏。其制举文体，力矫时趋，一轨于正。竟以攻苦侘傺殁，年四十三。

钱　斌

钱斌，字兼之，汝驰子。少工声偶，商丘宋荦多采其词入《吴风录》，其《题三高祠》诗尤脍炙人口。乾隆元年，由湖南巡抚钟保荐举博学鸿词，未用卒。

王　恭

王恭，字礼言。性恬澹，弃举子业，深造于诗，以王、孟为宗，沈起元称为作手。南园本王锡爵别墅，恭时寻往迹，招朋好觞咏其中，集其诗为《南园风雅》。晚自号破有居士，卒年七十三。同时有邢桐，字峄阳，自沙溪移居西城，闭门却扫，专事吟咏，著有《草色余言集》，恭为之序。

陆　棻

陆棻，字佩芳。诸生。通经学，尤邃于《毛诗》，尝作《诗义质疑》。于《春秋左氏传》亦有论著。

邢之焕

邢之焕，字玉藻。监生。敦行慎交，性恬静，好吟咏。祖虞音、季父陶民故能诗，之焕继之益工，有《灌畦诗草》。

黄昌言

黄昌言，字仲常。诸生。师事盛金慎，为明儒章句之学，辑有《四书管见》。晚与王恭、邹以敬游，颇事吟咏。弟玉蟾，字芬桂。八九岁，熟四书、小学诸书。少长，五经、《周礼》、三传俱卒业。年十三，补诸生。卒年仅十九。

邵嗣宗

邵嗣宗，字鸿箴。乾隆十七年会试第一，改庶吉士，授编修。充咸安宫总裁、《续文献通考》纂修官，顺天乡试及会试同考官，擢右春坊右中允，转左，升侍读。以疾乞归，未及一载，卒。嗣宗性情恬澹，操履醇谨，诗文淹雅温粹，与同里毛咏齐名。内行尤笃孝于亲，事兄爱敬兼至，奖成后进，循循不倦。其教子弟则曰："君子持身，无过'廉''俭'二字，不俭则不廉，不廉则无耻。"闻者以为笃论。祀乡贤。

陆寅亮

陆寅亮，字向直。岁贡生。父岳，诸生。家素封，尽出以购书籍，故收藏独富。沈德潜未第时，尝至娄东，与岳谈文艺。寅亮发未燥，听受悉能领悟。中年，造诣益精卓，以贡当为教官，未及选而卒。金坛王步青尝合刻寅亮与陆昆、顾栗、高宾、毛商岩、陆炜、赵丕烈、朱桓、施涵、何忠相文，为"娄东十子"。商岩、炜、丕烈、桓，嘉定人；涵、忠相，崇明人；栗、昆、宾，皆别有传。

王　钰

王钰，字兆坚。岁贡生。家贫，事亲以孝闻。工楷书，为文法先正，里中多师事之。年六十有九，选青阳训导，未赴卒。

顾成志

顾成志，字心勿。诸生。襁褓育于张氏，后复姓，诫其子以张为重名，祭扫必兼承二姓。成志醇行朴学，与里中诸老以道义相敦勖，兼工诗。晚年卜居西塘，吟咏自适。卒年六十七。子张思、张传，俱诸生，禀承家学，以闳览博物为事。张思擅考据，经史疑义，皆有札记。著有《土风录》《雪亭诗钞》及《笔记》等书。

王济美

王济美，字绎元，世贞后。中乾隆十七年副榜。学术该治，尤工经义，得其传者多获隽以去，远近宗之。

郁　台

郁台，字汉模。诸生。闭门读书，不预户外事。与顾成志讲求宋儒之学，时记所得，以资观省。有安贫颐道之风。

张郝元

张郝元，字吾山，叙子。乾隆三十年举人，选旌德教谕。以卓异保举摄南陵县事，罢归。郝元少承家学，淹贯经史，为文深醇尔雅，力追先正。罢官后，客游豫、楚，屡主书院，皆有教规。晚岁归里，岿然称乡邦宿老。子景江，有传。

谈　理

谈理，字义民。居璜泾，以经义鸣里中。乾隆二十六年成进士，选甘肃合水知县。性疏拙，不能事上官，罢归。未几，灾赈案起，理独免。优游里门，教授以终。

钱　琥

钱琥，字曼承。廪生。性廉介，不苟取，然喜周急。教授里中，从游者甚众。平生好为章句之学，至老不倦。

王　宸

王宸，字子凝，原祁曾孙。乾隆二十五年举人，后以会试荐卷，取内阁中书。出为武昌府同知，擢湖南永州知府，皆以安静为治。初，太原王氏承时敏、原祁后，子弟多能画，而宸为最。性洒落，修髯广额，滑稽谈笑辄隐数人。家素贫，借画以给。又嗜酒，酒酣落纸，淋漓满幅。既任永州，纵观山水，以造化为师，益造精妙。罢官后，流寓武昌，卒年七十有八。从弟寰，字定九。乾隆四十二年举人。工诗文，思力劖刻，不为凡语。尝游雁宕山，乐其幽奇，不忍去，宸为作图，以见志焉。

王士登

王士登，字民纲。诸生。邃于性理，为文善阐经义。又工诗，以陶、韦为宗。年七十一卒。

苏加玉

苏加玉，字维晋。诸生。少从邹以敬学诗，洎游八闽、西江、中州，选胜搜奇，篇什益富。返里，以诗倡导后学，恒教人学杜，为之指示格律。同里汪宫庶学金纂《娄东诗派》，加玉与其役，遴择不苟。所著《蓼虫吟草》，王槐、施之勋刻之。之勋，字颠颠，业衣工，尝问学于加玉，亦娴诗。

吕　琳

吕琳，字幼舆。工诗文，通字学，为名诸生。绥德马豫视学浙中，延之入幕。寻度岭，涉罗江，访友粤东，无所合而归。

季梦荃

季梦荃，字浩源。乾隆三十年拔贡生，选奉贤训导。少有才名，为诗一宗唐贤，不落晚近家数。

胡寯年

胡寯年，字瑀章。世业盐策，补浙江商籍，诸生。父兆麟，性孝友。寯年克承先志，内行醇笃。兄蚤殁，督二从子向学，皆有成。学务根柢，《毛诗》《左氏传》说，俱有成书。所为诗，钱大昕谓其忠厚悱恻，得性情之正。卒年六十三。

冯　伟

冯伟，字伟人。乾隆三十六年举人。父怀璞，字淳夫，隐居乐道，为里党重。伟少与兄俊齐名，两上公车不第，遂无意进取，授徒邑里以卒，年四十八。无子，以兄子恒为嗣。伟平生推阐性命之指，洞彻理要，于古今学术同异，剖析尤精。为文深于义法，具体归唐。恒，字立方，承家学，攻古文辞，简雅有法。昭文张大镛刻其文，附伟集后。

陆觐宸

陆觐宸，字书宣。诸生。九岁能属文。性嗜古，尤耽诗。尝从沈起元、王恭辈游，诗益工。卒年二十八。

许培秀

许培秀，字毓良，国荣后。祖梴，字馨自，有厚德。培秀少失怙，梴教育之。读书嗜古，内行修洁，为诗清瘦如其人，与冯伟交契。中年贞疾[1]，韦布[2]以终。

曾 煜

曾煜，字亮工。岁贡生。少失怙，家贫，寄食于舅氏朱文照。文照，诸生，工诗文，煜赖其教养，得通文艺。癖嗜藏书，见秘籍，倾囊购之。喜吟咏，兴至笔随，借以自乐。又喜考正字学。

张 椁

张椁，字萼联，瞻洛子。乾隆四十五年举人。年少负隽才。酷嗜风雅，家有日涉园，时与里中诸彦为文酒之会。所为诗清丽有则。年逾强仕卒。

王 槐

王槐，字茂阶。原籍杭州，父业盐策，侨居里中。与汪隆耀同学诗于苏加玉，格律甚正。隆耀，字虚中，诸生，亦杭籍。

李锡恭

李锡恭，字协襄，堃子。昆弟五人，锡恭居长。少年奋志读书，夏日苦蚊，以足纳瓮中，读至夜分，无少休。中嘉庆元年进士，改庶吉士，授编修。九年，驾幸翰林院，赐宴联吟，锡恭立赋诗以进，赏赉甚厚。嗣是，经进篇什辄称旨。历官至侍讲学士，以疾告归，卒。弟锡信、锡瓒、锡惠、锡晋，并举人。锡瓒尤工制义，远近学者奉为科律，官华亭教谕，卒年八十一。

毕宪曾

毕宪曾，字季瑜，泷子。乾隆六十年举人。少为外舅顾光旭所赏契，诗文得其指授。时世父沅，以文章重望为海内龙门。宪曾甫弱冠，游于秦，谒华阴庙，效昌黎体成三十韵，句特险峻，一时名士皆为敛手。中岁所诣益精，文学归、唐，诗之至者在韩、杜间。性落拓，家人生产事，置弗问。日坐卧一榻，读书饮酒不辍。卒年七十。弟熙会，字耀裘，诸生，喜吟咏，善分隶，兼工篆刻。侄文玉，字怀之，诸生，工诗歌，才调不群，早卒。

---

1 贞疾：常病；痼疾。

2 韦布：指平民穿的俭朴衣服；也借指平民，没有功名的人。

萧　揆

萧揆，字振西。嘉庆三年举人。淹通六经，制义最有根柢。课弟子严立程法，经训悉本口授，皋比重席，人比之高密焉。诗亦简雅有法。

萧　抡

萧抡，字冠英。廪生。与兄揆齐名，称"二萧"。抡经术湛深，才华富赡，好为齐梁丽制。客钱唐陈文述家，联吟昕夕，长篇短韵，名擅一时。著述甚富，其《释车》一书，能补前人所未及，尤为精核，嘉定钱大昕为之序。

徐　校

徐校，字范庄。恩贡生。父诚，诸生，迁居昭文支塘镇。校生有高禀，习闻里中名儒顾镇绪论，又亲炙书院山长王式金、谭文升。读书嗜古，好为文章，能深明义法，宗仰归有光、汪琬。晚年壹意著述，裒辑汉魏、六朝、唐宋、元明文为一集，国朝文为一集，积百余册，露钞雪纂，老而不辍。卒年七十一。

陆学钦

陆学钦，字敦书。嘉庆五年举人。少孤力学，读书神解，诗文、书画俱臻超诣。善鼓琴，喜习静，一二知己外，鲜当意者。中年失明，连蹇以卒，年四十四。兄学锦，字仲章，增生，亦工诗。尝偕吴本、沈端、沈靖、顾之政、钱宗韩、宗颖拈题分体，嘉定钱大昕以"皮、陆《松陵》"相况。

胡金诰

胡金诰，字晋阶。生而颖异，美风仪。文章词赋，名满士林。性简雅，不慕荣利。嘉庆六年拔贡生，以贞疾不赴廷试。闭门养静，以文史自娱。年四十余卒。

徐阶泰

徐阶泰，字正寅；阶升，字允南，并副贡生，有文名。父鸿逵，乾隆四十四年举人，邃于经术，为邑中名师。阶泰尤善论文，导源于隆、万、启、祯暨国初诸大家，指示义法，口讲笔授，人益向学。其友缪文溶，字瀛海，嘉庆二十四年举人，以经义教授乡里，学者奉为圭臬。王钜，字辅功；陆锡眉，字昌鲁，俱由举人任教官，精制举业，为稠人宗师，名与阶泰参起焉。

孙　玘

孙玘，字嘉玉。诸生。读书嗜古，隐迹江村，饘粥不继，啸歌自乐。尝作《村夫子传》

以寄意。晚岁喜与方外交，栖心白业。无疾而终。

张景江

张景江，字永叔，郝元子。嘉庆十五年举人。幼随父游幕，即著文誉。性高简，不喜干谒。家贫断炊，丹黄不辍。自谓一生无他长，能忍饥读书而已。生平淹贯群籍，援据赅博，尤通天文、历算。晚岁潜心学《易》，著有《易义》若干卷。

王应鹤

王应鹤，字冠廷。嘉庆二十一年举人。性伉直，好论议，口如悬河，闻者咸慑伏。凡儒宗、历算、医卜、释老家言，靡不精究。治经务求要领，不喜穿凿附会。论性善、太极图义，尤阐发无余蕴。尝以高忠宪集资备荒法，告同里举行之，道光二十九年邑大祲，事赖以济。节孝汇题例初定，应鹤创议采访请旌，州之建节孝总坊自此始。少随父镛宦云南，中年后教授四方，借脩脯自给。卒年七十六。

倪景曾

倪景曾，字亦鲁，为贤孙。监生。精畴人术，湛思布算，常彻夜不寐。嘉定钱大昕《三统术衍》最称善本，景曾恐学者未能通晓，推统术、纪术之积数，著为《图说》。又作《周官禄田考》，称精核。景曾殁后，《三统术衍图说》有缺佚，顾思义衍而补之。

王宝仁

王宝仁，字东壁。嘉庆二十四年举人，六安训导。宝仁操行醇谨，笃雅好古，教授生徒，悉循矩则。尤究心乡邦掌故，与同志编辑《娄水文征》。既官六安，益肆力于古学，交吴江张履、寿州吕绀熙，以文行相劘切，六安人士咸推重之。年六十四卒于官。其门人赵以锟，弱冠补诸生，耽嗜经籍，所论著悉有义据，有志根本之学，尝书《日省录》以自警，卒年仅二十四。

陆鼎亨

陆鼎亨，字凝仲。父元吉，嘉庆三年举人。事亲孝，尝于州守座间怀荔奉母，知州鳌图绘图纪其事。以经义教授里中，远近学者从之。鼎亨幼即嗜学，中道光二年乡试，益自刻励，研覃经史，以古人实学自期。著有《觉非录》《日省要言》。卒年仅三十六。无子，以族子文海为嗣。文海，县廪生，好学能文，亦早卒。

卷六　人物

太仓州宦绩

宋

郏升卿

郏升卿，字师古。父乔，见《列传》。升卿，绍兴进士，知常、徽二州。乾道六年，自徽代还，奏蠲本州额外创科杂钱一万二千二百八十余缗，及元认江东、两浙运司等处绢一万六千六百余匹。其恤民类此。

元

朱日新

朱日新，号中斋。本杨氏子，幼育朱清家，因冒其姓。历任海道千户、宣武将军、婺州路总管。居官廉敏，赋役公平，数平反冤狱。岁歉，出己粟以赈饥民，民为刻石颂德。迁江州路总管，亦以清节闻。

明

卢　熙

卢熙，字公暨。父观，子充耘，皆见《隐逸传》。熙博古，善楷法。洪武初，以荐授睢州同知。时兵燹后洊饥，熙以休息为治。明年，摄守州事。会御史来清军伍，括见民以充之几千人。熙正其籍，止存数人。御史责熙格诏，熙抗言："睢户仅若干，悉实行伍，无民，是无睢也，又曷用守？"御史不能夺。未几，卒于官，知州为营办，始克成殓。归葬，吏民哭送盈路，大雨无少却，且为私制服一月。

项　驾

项驾，字叔驭。博学，通《春秋》，工诗文。洪武初，举秀才，擢礼部郎中。调官广东，政尚廉平。后调濠梁，卒祀乡贤。

陈　浚

陈浚，字伯厚。洪武初，荐授刑部主事。考刑部诸弊十余条疏上，帝善之。年七十三卒。孙灼，字汝玉，有至性。亲没，庐墓疏食，终身不见齿。荐授广信府经历，尝摄府事，搜奸剔弊，郡邑德之。

龚　詧

龚詧，字叔言。资性兼人，尝读《史记》，未匝岁，人试之，尽卷不错一字。洪武十一年，以《春秋》经应试，选岳州学正。诸生有以《通鉴》贽者，詧览毕，封还之，谢曰："已拜贶数年！"岳州升为府，诣阙候调，与守偕见。帝问一切民情物力，守震慑，莫能对。上顾詧曰："是官何为者？"对曰："臣岳州学官也。"因代守条对甚悉。上喜曰："此可给事朕廷！"遂授兵科给事中。后以事触帝怒，诏籍其家，仅得赐绢二匹。谪戍五开卫。卒祀乡贤。

虞　祥

虞祥，字仲正。永乐九年举人，授金华府训导。洪熙初，除礼科给事中。僧觉贵夤缘太监，创造毗卢阁，僭拟非度。祥奏毁之，置贵于法。寻升通政司右参议。正统八年，进户部侍郎，改兵部。卒，赐祭葬，祭酒李时勉铭其墓。子震，字启东，性高介，不乐仕进。祥卒，无遗资，僦居以养母。兵部尚书余子俊请为部司务，辞之。

陈　问

陈问，字裕之。顾思义：本治曾孙，双凤人。景泰四年举人，选南昌知县。居官清俭，南昌人云："豆腐知县尝，知县豆腐香。"

庞　理

庞理，字朝仪。天顺三年举人。知沔阳州，有惠政，除属邑竟陵大憝，去后民犹思之。擢宗人府经历，卒于官。

冯　钛

冯钛，字仲举。少孤，每时祭，辄呜咽，悲感闾里。中天顺六年乡试，授永州东安教谕。永地僻，人不知学。钛设程限，以身先之，士皆感奋。秩满，将奏绩。故事，教官受乡试聘，得上考。或谓："何不少留？"钛曰："已及瓜而宽之，如诡遇何？"竟左迁贵溪训导。

凌　杞

凌杞，字尚忠。天顺六年举人，官崇宁知县，改彭泽。多善政，两邑士民争之，俱祀名宦。曾孙从周，万历十六年举人，杜门著述，隐居终身，人称“孝廉里”。

刘　竑

刘竑，字以规。成化元年举人，知缙云县，廉正考最，为浙省知县第一。铨曹拟风宪，以年及五十还知定州，治声益著。去后，缙云民立碑思之。

狄云汉

狄云汉，字天章，沙溪人。由常熟学诸生入国子监。成化十年顺天举人，知沅江县，政尚宽静，民皆爱信。郊外有名山，无事携妻子出游，民牵妇稚供果茗，群掖舆以行。因语：“父老自爱，我数游，汝曷胜供？”皆喜而拜。湖盗故横，终云汉任，盗不入邑郛。都御史马溥然行县，怪无讼者，令隶呼之，无一应者，嘉叹去。九年秩满，调临清州判官。州水陆会，将迎不暇，居两月，力请致仕，僦庐虞山下。旧田在湖堧，硗不任耕，时或断炊。县令杨子器闻之，曰：“先生缺四壁矣！”就沙溪薄置田宅，乃奉云汉归。处士沈周作《募买宅疏》。

顾　岩

顾岩，字希邃。成化十年顺天举人，选遂昌知县。始至，平狱讼，释坐累几千人。后补山东莘县，治官如家。擒巨盗，活流民。升河间府通判，仕宦十五六年，未尝以家累自随。以劳卒。

唐　韶

唐韶，字尚虞。成化十一年进士，除兰溪知县，擢御史，巡按宣府、大同，恩威兼济。阅所部囚，廉得其冤状，释者九百余人。再按江西，豪右敛迹。岁满，部民请乞留任，未报。病卒，年五十二。子符，见《列传》。

叶　豫

叶豫，字诚之。成化十七年进士，选河南武陟知县。迁知光州，光人爱之，致仕后，攀辕相送百余里。归，额其居曰“退庵”。

蔡　坤

蔡坤，字一宁。七岁能为诗。成化二十年进士，后历官刑科给事中。大学士万安、学士尹直凭宠专恣，李孜省以左道进梁方、陈禧等，相倚为不法，坤并疏其罪，直声震一时。以失朝参，出为兴国州州判，迁安顺知州。安顺在西南夷境，坤顺其俗以绥辑之。迁衡州府同知，超拜山西按察佥事，兼督河南等处屯田，多所厘剔。王恕在吏部，议内迁，而坤已得疾不起。坤慷慨喜功名，顾仕辄龃龉[1]。家清约，殁无余资。

沈　诚

沈诚，字实甫。成化十六年举人，官南安知县。禁溺女，收弃婴，俗为一变。升临江通判，亦多惠政。以乞养归。

朱　表

朱表，字民望。弘治十八年进士，选山东利津知县，升南京刑部员外郎。每遇重囚，为求活，则终夕不寐。正德十年，左迁两浙盐运司判官。运司利薮，鲜不污，表独以清节著。

刘　俶

刘俶，字以初。顾思文本檄子。弘治五年举人，授寿昌知县。居官多善政，至赍家资以自给。调繁去，民遮留不舍。数年后，犹思之，为立碑纪事。

周　坤

周坤，字顺卿。正德三年进士，授南京虞衡司主事。历升南京吏部考功司郎中，寻补浙江宁波知府。坤持身清谨，为政宽，然不能事上官，改曲靖军民府，遂致仕归。几二十年，敛迹不入官府，乡人称醇德。弟墨，字文卿。弘治十八年进士，授刑部主事。虑囚淮阳归，以忤刘瑾谪襄阳府通判。寻知左州。左在岭表，古揽村也。时值田川之乱，雕敝已甚。墨至，为开田凿井，筑城立社，建学设官。州有虎患，久不能除，告誓于神，虎自投城下，捕杀之。卒于官，年五十三。后二十余年，知州邓修建祠立碑于通天岩。

周　埜

周埜，字质卿，坤弟。正德五年举人，授南京工部司务，洗手奉职。书其厅壁有“要一钱不值一钱”句，人亦信之。尚书周用甚器赏。以病归，卒于途。

唐　益

唐益，字尧佐。由岁贡官慈溪教谕，以德化诸生，卒于官。贫甚，门人醵金以殓。

张　淮

张淮，字豫卿。正德十二年进士，授汝宁府推官，精名法。署光州，适流贼变，淮先事有备，贼越境去。嘉靖二年，升刑部主事，以亲老乞便养，改南京兵部车驾司。历江西瑞州知府。郡大水，城圮，岁供缺，淮请免税以治城，民赖安堵。在瑞五年，赎金积至数

1　龃龉：上下牙齿不相对应，比喻意见不合，相抵触。

千，淮不取。以旧僚诬罢归，居家十年卒。

朱 默

朱默，字时言。父星，见《文学传》。默，嘉靖十一年进士，授建阳知县，轻徭赋，不事鞭笞。未几忧归，丧祭循古礼。既葬，起补贵溪县，益尚清约，不耐烦剧，未几卒。孙玉麟，以武进士第二人仕至山东都司，多平寇功。

曹 祥

曹祥，字世奇。正德五年举人。少居贫，妇家授产，却不受，去为塾师自给。补诸生，试高等，当次廪膳，让其友。后选建阳训导，迁怀安教谕，规切文行甚严。既而知新昌县，矜直不可干请，然洞坦无钩距。听讼以片言决，每抶至十而止，曰："且归逐而妇耕！"间擿一二讼猾，斥之境外。省里甲，悉力备荒。筑堤御溪水，有堰碍水梗于豪，祥立决之。作嫁程，戒溺女，毁淫祀，在新昌九载，俗大变。邑当孔道，独不事厨传。仙居应大猷为吏部郎，称祥循吏第一。以母老归，遂不复仕。家贫如故，久之，里中或不知其故为令也。监司及郡邑守令自新昌、怀安来者，入委巷修谒起居，若家人礼。为言往昔受恩及士民尸祝不忘，祥亦无所报谢。人谓翁一言可以致腆，笑不答。乡饮举大宾，弗应。卒年八十一。子孝先、昌先。孝先孝友好学，有文名。

周 表

周表，字子仪。嘉靖元年举人，授绍兴府通判。尝署会稽县事，修三江堰闸，潴水溉田，皆成腴壤。迁知云南沾益州，乞归。后数年，绍兴知府张明道因民之思，欲建祠祀之，不识其貌，使画工至其家，图以去。州人陆之箕制《貌工来》乐府颂焉。

朱邦臣

朱邦臣，字子贞。父嵩，赘吴氏。僚婿陆某乞为子，教以读书，中嘉靖四年举人。既而陆之子邦教成立，遂复姓。知峄县。属岁饥，民啸聚为盗，邦臣发庾赈之，单骑入抚，众感泣归田。台司上治状第一，以忧归，补仙居。时新受倭难，及是又报倭至，或劝之去，曰："城亡吾亡，分也！"率士民乘城四十昼夜。倭傅城，邦臣榜通衢，以客兵四集，急征薪粟给饷。又水际多设大筏以疑贼，贼夺筏渡苍岭去。已，又有贼百余入境，邦臣与战，军佯败走，遗干糒，置毒其中，贼争啖之，毒发，悉成擒。未几，催税檄下，民千人舁土还官，哗于廷。邦臣令散，侦尤黠者，杖杀二人，戍五十余人，政声日盛。以徭役忤里居李御史，为所中，量移黄县。李出为山东参议，修隙邦臣，遂归，李亦坐免。

叶遇春

叶遇春,字体仁,豫孙。嘉靖十七年进士,授泉州推官,以执法为人所挤。寻知武冈州,岁饥,出官粟三千赈之,民赖全活。历南京刑部郎,卒。著有《礼记觉言》。

季德甫

季德甫,字仲修。嘉靖二十三年进士,出知滨州。三年,入为刑部郎中。尝至楚省谳狱,冤抑获伸者甚众。出为袁州守,袁科征重,力为申请,每石得减派,刻石以垂永久。累升至按察使,赐二品服色。以事忤使者指,罢归。杜门读书,绝迹公府。年八十余卒。

曹　灼

曹灼,字用晦。嘉靖三十二年进士,授抚州府推官。甫至,有豪某以事诬临川令,灼置之法。金陵人有杀从父者,其戚御史某庇之,灼曰:"吾不为权贵挠三尺法也!"竟坐死。后擢刑部郎,声益著。丁外艰归,闭门校方书,曰:"此岂不能活人耶?"居乡徒步,从一平头奴,人目为田舍翁。卒后,囊橐萧然。年七十四。

周　铎

周铎,字子振,参政在从子。嘉靖四十四年进士,授南京兵部武库司主事。历迁武选司郎中。不受要津请托,出为严州知府,为政廉平。中蜚语,谪汾州府同知,严州士民卧辕拥泣。稍迁福州府同知,汾民遮留如去严时。闽中数被倭,铎缮艅艎,简骁锐,预设战守备,倭不敢入。诏赐金褒劳,升南京刑部山西司郎中。又出为漳州。漳故边海,民慓悍,诸恶少啸聚为盗,铎擒治其魁,四境肃然。台司以异等荐铎,竟移疾归。筑数椽,罗列图史座右,揭"静以修身,俭以养德"八字为箴。年八十二卒。

周　渤

周渤,字之元,锡子。嘉靖二十五年举人,授益阳县,改江陵,为政廉明。升饶州府同知。子履成,字介甫,万历中两中副榜,授清平县主簿,后摄德清县篆。会漕弁兑粮肆横,履成裁以法,失当事意,即日解绶归,士民为建生祠。

沈　默

沈默,字识道。嘉靖三十一年举人,官鲁山知县。俗崇释教,多奸慝,默示劝还俗,禁子女出家为僧尼,民风为之一变。

杨士元

杨士元,字仁甫。十二为州诸生,三试皆冠其曹。隆庆五年成进士,授裕州知州,时年二十四。折疑狱，兴学校。以请罢市税忤上，谪广东盐课提举，不名一钱。擢兴国知州，穷治盗贼，厘正赋籍，立矿禁，修城郭，建谢枋得祠。居五年，升襄阳同知，并摄府事。营建双沟、吕堰诸堤梁，皆以俸助之。寻授南京兵部车驾司员外郎，乞养归，卒年四十有七。

陆起龙

陆起龙，字震卿。万历十一年进士，官行人，使外藩，廉正自持。历官黄州通判，多惠政，祀名宦。子逊之，字子敏。廪生。与沈绵应、黄翼圣同被征，官绵州知州。州多盗，逊之单骑力擒盗首。罢官归，阁部史可法聘为参军，极信任之。可法死，归隐石牌泾口，不谈当世事。以贫困卒。

浦士衡

浦士衡，字殷卿。万历十四年进士，授裕州知州。裕故才薮，士衡至，拔其隽者，月三试之，士益向学。州公费岁额五百金，每岁赢二百，士衡请留为次年用，而裁故额十之三，以宽民力。汝南道豁十三州县供具，独取办于裕，每修署役，大户四人，动至破产。士衡言诸两院，下其议于府，因令道属州县均输银入府，而府委官督修，著为令。卒不悦于同官。会报最入觐，闻父病，急归。丁忧，服阕，将谒选，前憾者适在吏部，阴持谤语修隙，用是罢官。林居垂三十年，绝口不谈宦时事。卒年六十八。

王临亨

王临亨，字止之，徙居昆山。万历十七年进士，授西安知县。最调海盐，行就征，龁于显者，转刑部主事。再迁至郎中，擢杭州知府，未任卒。临亨性坦易，辞气温让，顾精吏才。任刑部时，奉命审录江北。明年，审录广东。故事，得减百人死，临亨减逾数，吏以例请。临亨云："我知不枉人，宁计干咎？"卒减二百余人。高梁有盗珠者，采珠太监以私憾张其事，论死者六十人。巡按李某救之不得。临亨至，一日好语太监，称其施予急义，太监喜。乃及高梁盗案，曰："彼死固当，第亡赃死，或有后言，为公惜此义声！"太监谢惟命，六十人得不死。云南司故掌都下狱，缇卒多飞文冒功，临亨每比轻律。前海盐显者死，人讼其子，谋于临亨，谢曰："我不能市怨于人之孤也！"及卒，海盐、西安两县俱崇祀之。子志坚，《列传》；志长、志庆，《文学传》。

黄元勋

黄元勋，字宗甫。万历十七年进士。初任慈溪知县，历平乐，擢柳州知府，仕至陕西布政司参政，所至有善政。尤大者在柳州，不动声色，安十八司酋长之变。元勋尝自言，"吾仕宦三十年，所至尽职，未尝邀一名誉，未尝受一私谒"云。

施德政

施德政，字正之。万历十七年武进士，历升浙、闽都督。平倭有功，剿逐红夷，事载《闽都记》，闽人至今德之。

吴嘉祐

吴嘉祐，字世德。万历二十五年举人，选大名府通判。郡故盗薮，严督捕，宿盗一清。会水灾，条议请赈，全活无算。创筑黄堤，民赖保障。久之，摄濬县事，为政益尚清简。兴文化，拔隽才，然往往与僚友忤，遂乞休。性恺悌，每倾囊应人缓急。四十一年，两司议置田赡贫士，即以百亩输之。两司嘉其谊，檄知州，勒碑纪其事。

郑嘉谟

郑嘉谟，字伯明。世袭太仓卫指挥。天启四年，移浙江备倭。先是，兵噪，杀掠无禁。嘉谟至，诛其首乱，众始帖然。擢福建抚标游击。值红夷要挟互市，巡抚南居益令嘉谟会勘澎湖，破走之，生擒酋帅高文律等。寻授广东潮州参将。程乡、平远、铜鼓山诸穴巨寇聚众各数万，嘉谟悉抚降之。海寇李魁奇、郭芝葵既抚复叛，焚掠四出，嘉谟率骑兵驰援，获其将杨策。柘林寨被围三日，嘉谟殪其衣兕甲者数人，贼退围解。叙功晋漳潮总兵，未及任而卒。嘉谟内行淳至，事大母、母以孝称。

李正春

李正春，字孟芳。崇祯元年进士，授福建侯官知县，巡抚邹维琏器之。而司理王凝命贪暴甚，稍拂意，以事龉龁，降江西布政司检校，署饶州司理。时楚寇将渡江，九江道王思任与语御寇方略，深器其能，题补德化县。岁大祲，米贵，正春坐江关，客有载粟来者止之，平价以籴，复煮粥散给乡城，多所全活。会蠲赋，正春取户籍，亲自分别检核，吏胥无敢上下手。德化当孔道，士大夫游庐山，率取官值给役，民苦扰。正春悉取竹舆焚之，立石以禁。时熊文灿总督七省讨贼，爱正春才而有守。及文灿伏法，解学龙为巡抚，恶文灿，并及正春。然文灿讨贼意主抚，正春陈战守得失，力言抚非计，实未尝比附文灿也。正春不得志，遂谢病归，一月卒。德化人颂其德，入祀名宦。

国朝

钱广居

钱广居，字大可，寄籍大兴。崇祯十五年举人。国初，授盐山知县。邑残破，贼党潜匿山隘，广居偕前令刘某帅数十骑突入贼穴，多所斩获，余悉散去。让功于刘，俾复职。常获贼侦，坐堂鞫之，悬灯于侧，抽矢射一发中灯，贼敬为神，相约毋敢犯。卓异，授工部主事，历员外郎中。出守严州，下车黜淳安、遂安二邑墨吏，惩讼师朱宋以法，剿捕山寇夏可日。寻授关南兵备副使，未几归。性淡泊，敦睦宗族，两举乡饮大宾。年八十三卒。

曾绍唯

曾绍唯，字韶季。顺治二年举人。试身、言、书、判，居上等，授三河知县。县当冲要，非干吏不能胜任。世祖见除目，召问赐宴而后遣，盖异数也。绍唯守己以洁，勤理公务，民咸德之。以劳卒于官。

曹有武

曹有武，字祖来。顺治三年岁贡，授陕西同官知县。县经兵燹，有武清户口，豁赔累，戢悍卒，减羡余，循声大著。时前明宗藩子改名张大海，拥众集丛山，以有武诚信来就抚。有武具陈府道，执不可，事遂已。然大海等感泣，谓："公在一日，不敢犯境也。"明年，以茶马事被劾，父老送哭盈道，且出资以赂逮者。有武去三月，而大海引兵来，城陷。人思其德，为立去思碑。卒年七十二。

毛天麒

毛天麒，字如石。顺治十五年进士，授安义知县，丁父忧，服除，补褒城。丁母忧，再补魏县。在安义，有大憝为民害，杖毙之，禁绝豪猾之侵蚀赋税者。邑民运漕至省，露积多耗，为建仓于滕王阁之左，转运称便。褒城临蜀道，堰栈口流泉，以时蓄泄，溉田千顷。莅魏时，值禁兵征滇、黔，檄天麒至大名养马。单骑任事，供亿刍茭，不以扰民。三任剧邑，积资应升中书舍人，引疾归。年八十四卒，祀褒城名宦。子序，见《文学传》。

顾　梅

顾梅，字商尹。工诗词，兼好击剑，精骑射。康熙二年举人。时贵州巡抚杨雍建进剿吴三桂，以梅有文武才，题荐军前效用。始署黄平州，绥靖苗犵，并理军需。奉旨加级，赐蟒袍，授印江知县。丁艰，服阕，起补陕西咸阳。值岁祲，梅昼夜赈抚，嗣被诖误，上司廉察得情，题请开复。寻补工部主事，将入都，骤卒。

王　抑

王抑，字诵侯，时敏子。康熙十六年举人，例补中书。改太原府同知，屡决疑狱。摄忻州，时有遗尸在弃灰中，地当冲，多逆旅，抑拘数十辈列跪堂下徐察，一人面色稍异，即往勘其家，有血迹，一讯具服，乃谋劫财而杀害者。众以为神。三十八年，以忧归，病卒。子愿，字皋闻。五十年顺天副榜，涪州州判，摄巴县，升保宁府同知。有绅某恃势夺民田，愿廉得实，断归民。雍正七年，功令丈量田亩，愿亲莅四郊，纤毫无隐。又委丈忠州、垫江，不苛不漏，上官称之。

王缉修

王缉修，字方郰，昊子。少能文。中康熙二十三年副榜，补国子监典籍。四十一年，授府谷知县，弭盗除强，有神君之颂。殁于任，祀府谷名宦。子良毅，有传。

杨崙

杨崙，字星源。康熙二十七年进士，授洵阳知县。洵多虎患，崙制文祷山神，患遂息。葺学舍，集士子讲论，洵人始知学。善决词讼，兴利划弊，不遗余力。有李氏子逋赋，法当笞，廉知为儒家子，悯其贫而代输焉。所居官舍隘陋，菜羹麦饭，称贷自给。居三年，以卓异升户部主事。四十一年，擢河南道监察御史，以疾卒。

陆毅

陆毅，字士迪，荣子。幼孤力学，工帖括。康熙二十七年成进士，除新建知县。修水利，举义学，捕剧盗，察冤狱，以卓异擢户部主事。寻授陕西道监察御史。奉命巡城，疏免琉璃厂逋租，多所建白。未几，移疾归。居乡二十余年，好施乐义，里党称之。卒年七十三，祀乡贤。子履谦，廪贡生，由教习例铨知县，未及选卒。

曹延懿

曹延懿，字九咸，明副使逵后。康熙三十年进士，选程乡知县。严保甲，练乡壮，访讼师，置之法。复增设义学，教其秀良。程乡故水陆冲，供亿浩繁，前县按亩倍科，民不堪命。延懿条其弊于上司，节费宽征，力反积习。以母忧归，越四年卒。子仪，字亮畴。五十二年进士，授中书舍人。雍正四年，典湖北乡试，出署安吉州，补严州府同知。廉易有父风。

汪志蓁

汪志蓁，字蒨初。由贡生任徐州训导，勤于课士，刊《学海津梁》以惠士林。升汤阴知县，治行尤懋，捐俸赈饥，全活甚众。内擢部曹，遂不出。筑他山草堂，觞咏自适。

钱汝驰

钱汝驰，字长黄，晋锡子。贡生。选宿迁教谕，迁凤阳教授，卓异升河南新安知县。邻邑李一宁、亢挺谋作乱，台司以兵委之。汝驰捣其巢，擒盗首，招抚万余人。叙绩擢户部主事，历员外郎中。出知长沙府，果锐任事，多政绩，阅七载罢归。著《吴中水利书》。子斌，有传。

顾之翰

顾之翰，字受其，燕诒孙。廪生。以资补平湖主簿，终彰德府通判。平湖人称为“小青天”。子瓛，亦以资选汉中府同知，修南北二堰以利灌溉，卒于官。

吴彦遵

吴彦遵，字思绪，暻子。弱冠游京师，作《烛赋》及《今昔游》诗百韵，名动京师。康熙五十二年，中顺天乡试，授建阳知县。锄豪强，平徭耗。岁大旱，祷雨盖公泉，立应，邑称治。俄中飞语被劾。事白，寻得四川之乐山县，疏浚雅河故道，治绩尤巨。又为忌者所构，投劾归里，居七年卒。子鏋维锷、维皆举人，维鏋任云南永善知县。从子诩，幼有神童誉，诗文敏妙，以名诸生称。

王　英

王英，字怀一。性廉介，诗文隽逸。由常熟县诸生入太学。雍正二年顺天举人。乾隆二年会试，取明通榜，除旌德教谕，训士有方。以卓异荐迁泾阳知县，屏苞苴，清案牍，扩书院，择良师以教之。未几，移疾归。里居十余载，教授自给。年七十九卒。

方青选

方青选，字范西。髫龄失怙恃，大父抚育成立。奋志于学，以岁贡选授沭阳教谕。地僻而瘠，士不志于科名。青选抵任，即勤课之，贫不能赴试者，赠以资，嗣是多获隽者。邑有桑墟镇，储麦备荒，大吏檄委给赈，所储腐败，亟请以粟易之，忤有司勿恤也。居七年，以老告归。卒年七十有九。

张瞻洛

张瞻洛，字文江。以资授安陆通判，后擢大理知府。瞻洛莅任楚北，勘灾督赈，民德之。在滇，剔积弊，惩豪强，境内肃然。以会鞫伪案罢职家居，卒年八十一。子椁，见《文学传》。

滑士麟

滑士麟，字颖儒。拔贡生。少从沈德潜受业，以资官白盐井大使。滇属边境，文教未孚，士麟喜化导，来学者咸以诗文就正。莅任六载，以疾卒于官，滇人立祠祀之。

钱文梓

钱文梓，字泗良，渭子。乾隆九年举人，授天镇知县。邑常苦旱，赖上流水注，始得灌溉。有大石庄，与阳高接壤，阳民遏上流，庄民争之，乃议设闸，更番启闭，两邑并受其利。邑故有剧贼某，为民患，以计掩执之。历署大同暨保德州，引疾归。以朴厚型乡里。卒年七十二。子敬熙，字亮廷，诸生，召试列二等，仕至湖北沔阳知州；元熙，见《耆硕传》。

王凤仪

王凤仪，字廷和，蓍孙。乾隆十二年举人，授宜城知县。调汉阳，罣吏议，旋复职，由犍为县历升成都知府、松茂兵备道。丁内艰，服阕，再补松茂。调任永宁，继调陕西盐法道。以疾乞归，卒年七十。凤仪负干济才，在四川时值官兵进剿大小金川，总督文绥留司章奏，屡著劳勚。及在府道任内，勘办水灾，缉治奸宄，俱有惠政。松茂番民有"佛子重来"之颂。凤仪工诗画，能承其家法。弟凤超，字宗美，事母孝；耘，字涵青，官诸暨丞，修堤堰以御水灾，莅任三年卒。

周　洵

周洵，字学苏。乾隆十二年举人。由宣城教谕升汤溪知县，调金华，所至以明察称。丁艰归，起补安徽虹县，清理狱讼，一如在浙时。推升顺天府粮马通判，蠲除苛政，沙汰冗役。寻护[1]治中印，以疾归，卒年七十二。弟淳，字希陈。乾隆二十五年进士，授清溪知县。地当孔道，困于役，淳善抚循，不以累民。调荔波，其地为苗疆，淳治以简静。会知府欲兴山谷之利，淳持不可。寻改凤阳府教授，卒于官。

陆　源

陆源，字宗朝。由拔贡生中乾隆十八年举人，挑发山东，补泗水知县。决疑狱，有严明声。邑东南地无井泉，民苦远汲，相土脉，坎之出泉，得资汲饮。葺书院，延名儒主讲，弦诵以兴。分校乡试，得士皆知名。后改教职，选婺源训导，勤教育，十余年如一日。移疾归，卒年六十九。

毕　沄

毕沄，字涵清，沅弟。乾隆二十四年举人，授德兴知县，署宁都知州。在德兴时，有吴姓兄弟争产，讼数年不解。沄以一体晓之，遂相持感泣如初。宁都介两湖之冲，棚民杂处，称难治。沄悉心审断，八阅月，结积案百五十起。值米贵，请发常平仓，未得报，亟劝富户出粟以粜，市价顿平。年三十五卒于任。

王　璇

王璇，字若华，学璧子。以资补贵阳府札佐巡检。时缅甸用兵，经略傅恩闻其才，檄调随营，委解军装。遇金沙江水涨，运粮不继，枵腹以待。从戎三年，积劳成疾卒。子廷伟，字卓人。诸生。投效四川达州军营，议叙从九，签发江西。屡奉檄摄篆，于万安建桥利济，于龙泉禁免浮派运粮驳船，所至有声。后补鄱阳县石门巡检，治以勤慎，刑不滥

1　护：疑应作"获"。

施。岁满告归，训徒自给。举乡饮大宾。一日，执卷而逝，年八十有二。

周　纬

周纬，字钦文。少具干才，从其师曹应锜入都，以四库馆誊录议叙府经历，分发贵州。其地苗蛮杂处，日相争衅，纬皆抚以仁信，无不悦服。洊擢至兵备道，时古州峒苗不靖，总督以纬有夙望，令往谕，苗众悉受抚。后因事降补镇远知府，旋升云南迤西道，卒于任。贫不能返葬，权厝镇远城南，边氓为负土营冢。

李翙凤

李翙凤，字罕喈。工书，以顺天乡试被荐，挑取四库馆誊录，议叙补甘肃宁州吏目。革除彭原驿输纳薪草，里民感之，为立生祠。旋里，家徒壁立，杜门课孙。举乡饮介宾。卒年八十六。

张懋勋

张懋勋，字仲襄。父元徵，岁贡生，敦品力学，为邑中名师。懋勋成嘉庆十三年进士，选授湖北南漳知县，以母老请近，改山东昌乐。母殁，补原缺。历官所至，待士以礼，抚民有恩。分校乡试，识拔皆得人。居官二十年，家无余资。卒后，南漳士民争赙之，始得返葬。

卷七　人物

太仓州耆硕

元

顾　德

顾德，号可轩。繇崇明徙太仓，课耕啬用，事亲极甘旨，读书耻营进。延祐初，州迁太仓，庙学未建，德捐椒园地八亩成之。卒，赵孟頫铭其墓。

明

张　炯

张炯，字鉴翁。家饶，亲党赖其周济，靡不尽力。

陈　机

陈机，字静庵，洽次子。永乐间，举秀才，授沛县教谕，未赴。会父洽殉难交阯，遂绝意仕进。构凤村竹舍，集子弟弦诵其中，乡里化之。卒年七十八。

刘　朴

刘朴，字宗实，智子。尝芒鞋竹杖，放歌行吟，足不入城市。藏书充栋，随意翻阅，优游以老。

金　履

金履，字士行。少为诸生，攻苦力学。父母殁，遂绝意仕进。陆容称其“用足而恒克俭之心，识博而安欲讷之训”，时谓知言。

桑　琳

桑琳，字廷贵。好学善书法。性恬淡，不迩声色。早岁丧偶，遂不娶。少喜黄老术，老益修习。平生未尝入公府。子悦，见《文学传》。

毛弼

毛弼，字维忠。先世自河南来仕昆山，遂著籍。弼素习儒业，通经义，人称“北巷毛夫子”。孝友谨慎，尝独居，有邻妇奔之，正色叱去。家贫，遗田悉以让兄。年九十，孙澄登第，益谦谨。跻百岁，巡抚彭泽为建人瑞坊。

毛凤

毛凤，字应韶。惇朴嗜学，五十年衡门块坐，为乡闾师。年八十余，人称耆旧。

陆昊

陆昊，字拙庵。贡生。成化八年，兄昶官刑部，奉母赴都就养，遇例锡礼部冠带荣身。昊事亲孝，笃友爱。治家余闲，适情翰墨。常戒子曰：“吾祖宗以清白相遗，积财适为累耳！当积善以为裕后计。”卒年六十一。

王佐

王佐，字翼之。岁贡生，授武学训导。性行端恪，与人和易，人亲之无间。年八十七卒。

龚涵

龚涵，字时化。岁贡生，选授均州同知，寻乞养归。尝作《公恕》《廉勤》《慎独》五箴以自省，语皆简切可诵。

王元爵

王元爵，字尊驭，锡爵从弟。万历年间，锡爵被存问，命元爵赍奏入谢。授中书科中书，擢侍经筵。册封庆藩，充副使，馈遗悉绝。居家，留心水利，议浚娄江诸干河，桑梓赖之。祀乡贤。

吴辙

吴辙[1]，字希由。以岁贡授东昌训导。丁艰，服除，调茶陵。茶陵去省远，知州赴省，

1 《〔嘉庆〕直隶太仓州志》云：“吴辙，字希由。州学生。嘉靖年间，以贡授东昌训导。知府重其文，遣子从受学。会山东乡试，辙以教官入试。知府喜曰：‘是举必得吴先生，我当于众中扬言，荐之二场。’闻母丧，即行。知府怅然者累日。服除，调茶陵。茶陵去省远，知州赴省，例以教官递摄州事，辙当次及，独曰：‘吾官故闲冷，不可使暂热以违吾志也。’御史王某与辙善，作书荐之，辙竟不致其书。及王御史来代，匿不见。比升绵州学正，则已挂冠矣。常见一人踣大雪中，迁置庑下，为覆盖，予汤药，明旦始苏。一夕，忽亡米数石，妻搜得之。已而目眚经月，医费与米数相当。辙笑曰：‘若病固宜。夫物已失，非吾有，强留之，得不为祟耶？’其澹于禄利、委心顺命类如此。”

辙当摄州事，辞曰："吾官故闲冷，不可使暂热以违吾志也。"御史王某与辙善，匿不见。及荐升绵州学正，竟挂冠去。

张翼之

张翼之，字尔谟。性长厚，喜施予。万历间，吴中大祲，翼之具縻于衢，不继则减价粜。尝脱富人许某于死，赎邻人朱某于奴。兄尚书辅之，性严重，家庭肃若朝典，子弟参谒不少假辞色，翼之曲意谨事之。课子十人，皆成名。泳、溥、王治，俱有传。

陶　镕

陶镕，字汝陶。以岁贡生授宜兴训导，后升杭州教授，不赴。性至孝，举动方严，丧葬、享祀，一循朱子家礼。居乡，执经者满户，一以躬行为训。尝谓其子曰："汝父无他长，惟不谈人过，不遂己非，衣谢文绮，食不厌藜藿，财无苟得，色无邪视而已！"卒年八十五。子鸿祚，有传。

张凤翼

张凤翼，字伯鸣。诸生。幼奇慧，读书不事章句。事亲孝，终身孺慕，与弟友爱。太、嘉两邑议浚盐铁河，久不决，凤翼慷慨陈形便，谓嘉定主其役，太仓佐之，贴工费银二百有奇。众皆服，遂刻石为例。家故贫，遇人危急，竭力以济。卒年六十。子采，有传。

陈三锡

陈三锡，字绍咸，洽九世孙。少通经史，负干济才。时州郡征输，责成总甲，轮者必破家。三锡请于当事，竟免。尤敦族谊，凡内外婚丧，悉力任之。甲申后，隐居，不入城市。知州白登明以乡饮礼宾之，力辞不出。卒年七十三。

国朝

陆兆允

陆兆允，字孺开。少孤好学，力田敦本，建家祠，置祭田，以所得嗣产分给族人。两举乡饮宾。年八十卒。子陛、荣，孪生。荣性孝友，擅文名，拔贡生。陛子蔚，诸生，亦有厚行。

张曾愈

张曾愈，字济臣。廪生。幼从父震亨自昆山徙太仓。性谨愿，好读书，与一时名隽结玉峰十五子社。徐乾学时未第，尤为莫逆。乾学贵显，招之不往，隐居刘河，不饰名，不竞利，浇花种秫，怡然忘老。两举乡饮大宾。年八十四卒。子介眉，由学博仕至工部郎中，历官四十年。家贫，甚于未仕时。

钱　坪

钱坪，字青柯，桓孙。诸生。著《格天集》以训世。力行善事，至老益勤。年八十有八，病革，作偈而瞑。诸子皆纯行孝谨；两孙濬、澂，皆举人。

王时俊

王时俊，字秀升，玑子。娴诗古文辞，性醇厚。族子贷金将死，以田偿。时俊曰："如后事何？"给直以殓。尝却妇家赠产，拾遗金以还其主。晚号省微子，举乡饮宾。卒年八十一。子拱，字紫中，年十三补诸生，力行善事，夏槥冬棉，施舍不倦。

王时缙

王时缙，字武立。读书不事章句。父珩，贫而多子，时缙乃弃儒服贾，以衣食诸弟。从弟幼孤，为支持门户，历久不倦。戚赵某卒，为经纪其丧，扶植孤寡。性方直，子姓咸敬惮之。年七十二卒。

陈　炅

陈炅，字颖永。性敏捷，为文章操笔立就。康熙五年举人，选武进教谕。常州郡饥，炅分司赈务，规条井井。改高邮学正，黄淮决，捐金煮粥以饷士子。告归后，尝着敝衣冠，往来避中道，虽耄不乘肩舆。人叩之，曰："有临之在上者，心常兢兢耳！"

包汝弼

包汝弼，字石公。性诚实，与人坦易。岁祲，发困助赈。苏州知府陈鹏年表其闾，举乡饮宾。

胡观韶

胡观韶，字允谐。以岁贡生选灵璧训导，教授有法，深得士心。以疾归，力行善事。年九十二卒。

杨子龙

杨子龙，字西士。州增生。与庶弟三人相友爱，尤喜周济，里中有善举，辄先捐助。年八十一，无疾卒。

顾宏沛

顾宏沛，字天霖。诸生。少豪隽，重然诺，中年益修内行，醇谨敦睦，五世同居。邑中举善事，辄推领袖。康熙四十六年，奸民潜结为乱，宏沛言之当事，遏其萌，邑民得无罹祸。某守初至任，宏沛昌言逋赋宜缓征，守疑有私。及核征册，宏沛合族无欠，益叹其公。年八十四卒。子陈塝，见《列传》。

陈　涞

陈涞，字就列。诸生。研精经术。性孝友，执亲丧，茹素三年，哀毁过礼。抚孤侄福，逾己出。福字全五，能文章，雍正十一年进士，官元氏知县。曾孙士芝，原名垲，朴学笃行，留心撰述，著有《州志备采》《苏松田赋考》。

陆　溥

陆溥，字乾如，陈瑚孙。初，瑚子遨尝为陆羲宾，后遨生溥，因仍冒陆姓。时瑚遗书散佚不可考，溥搜罗编辑，历四十余年而复完。张清恪伯行抚吴时，访求属邑先贤遗书，溥持全集入谒，为刊《讲学全规》及文集数卷。年老无子，贫困而卒。

钱一清

钱一清，字宇瞻，桓玄孙。幼颖异，长擅文誉，两中副榜，遂淡于进取。偕两弟奉母，以色养称。承先志，创宗祠，诫子弟以忠恕。卒年五十四。

胡　嵩

胡嵩，字右阶。雍正元年举人，榜姓陆。早孤，事母以孝闻。性介洁，不妄交，人称狷者。

钱　渭

钱渭，字应清，桓玄孙。监生。秉性坦易，尤尚敦睦。教养从祖遗孤，且为婚娶。戚友有不能殓者，经纪其丧。病亟，取亲故借券数十纸，悉焚之。卒年八十四。子文梓，有传。

王　筵

王筵，字侍经。以康熙己酉生，至乾隆戊子岁殁，寿百岁。家故贫，筵勤操作，务节俭，六旬后，衣食粗给。弟钦文，贫乏，资其养赡，邻里称之。

邢鸣珮

邢鸣珮，字德音。信实谦恭，与兄鸣球共理家事，相友爱。乾隆二年，巡抚邵基以硕德具题，诏赐八品衔。

张月鹿

张月鹿，字思远。诸生。事亲色养，丧祭无违礼。祖祠向在镇民桥旁，土豪欲占其地，白于巡抚，禁止之。平生敦睦亲族，有古人风。卒年七十二。

林　晃

林晃，字启明。岁贡生。少有隽才，持躬敦厚。叔颖秀，老而无倚，晃迎养之。殁后，抚其孤孙成立。年七十四卒。

曹扶苍

曹扶苍，字鸿仪。诸生。赋性夷旷，泊声利，嗜诗文，居家以孝友忠厚训子孙。卒年八十七。

毛成肃

毛成肃，字孝则。监生。事亲能养志。时伯兄之玉入翰林，成肃偕仲兄恪循子职，得堂上欢。好施予，族党以困乏告，必周恤之，无吝色。卒年八十。

吕徐行

吕徐行，字子循。岁贡生。家贫好学，工文章。亲老，授徒以供甘旨。兄殁后，抚其遗孤，教养如己子。敦睦宗族，人无间言。卒年七十一。

王　炎

王炎，字大容。乾隆十二年举人。力学嗜古，以经艺教授里中，称名师。性敦笃，居丧哀毁，宗族称之。年七十余卒。

柴熙元

柴熙元，字近愚。诸生，为人醇谨谦和，好行善，力不能，必怂恿有力者为之。居沙溪。乾隆二十年，岁祲，官设粥厂，竭力襄事，瘗棺之无主者。年跻大耋，犹拈时艺以课其孙。卒年八十七。

李　堃

李堃，字仁山。监生。父维德，以节俭起家，力行善事，慎交游，推诚相与，然诺不欺。堃有父风，见人缓急，周恤之。晚年益敦善行，延师教子，曲尽礼敬。子锡恭、锡信、锡瓒、锡惠、锡晋，见《文学传》。

应经营

应经营，字刚中。诸生。先世自元时由浙永康徙居州之鹤王市。经营人品端悫，家贫，教授乡里，非其义一介不妄取。人有以匮乏告者，瓶有储粟，辄分与不少吝。年七十余卒。子嘉颖，清介自守，晚举乡饮，年八十余卒。孙伸蒙，诸生，立品如其祖、父云。

王国瑛

王国瑛，字德华。诸生。读书敦品，持身不苟，兼知医理。子钜，见《文学传》。

陆九磬

陆九磬，字贻则。岁贡生。事亲孝，与人交，久而能敬。屡试不遇，学益精粹。尝膺淮关监督之聘，赞修关志，称博雅。卒年六十九。子廷钦，能守先业。

杨瑞华

杨瑞华，字荫年。诸生。读书砥行，以资授中书科中书。性孝，父患风痹，昼夜扶持，衣不解带者三月。父母殁，号痛惨怛，哀感行路。兄殁，抚孤侄如子。与人交，坦易无城府。尚气谊，或以缓急告，倾囊赠之。举乡饮大宾，辞不就。子云煜，别有传；云翊，廪贡生，候选训导；云宝，增生。

毛济美

毛济美，字稼夫。与其友王朝绅募捐相葬局，岁埋骼以数百计，至今踵行弗替。

钱元熙

钱元熙，字履吉，文梓子。乾隆四十四年举人。性恬澹，不慕荣利，平生以典籍自怡。规言矩行，绝口不谈人过。嘉庆元年，举孝廉方正，赐六品顶带。截选知县，改歙县教谕，数载即引疾归。卒年七十。子襄，字皋谟。廪生。颖敏能文，兼工书法，每试辄冠军。年仅四十余卒。

戴绳武

戴绳武，字鸣皋，居沙溪。幼承父训，以行善为事，乡里称“戴善人”。知州张作楠廉其实，给额以旌。

钱锡荣

钱锡荣，字守仁。诸生。幼孤且贫，母茹苦抚之。稍长，授徒得脩脯养母。母殁，请旌于朝。姑适徐基，早寡无子；基弟，其外舅也，亦无子，殁后，皆任其丧葬，春秋为之展墓。

卷八　人物

太仓州义行

元

吴　贵

吴贵，字和卿，淮西安丰人。以忠武校尉、宜兴管军上百户，因居太仓。性刚直，抑强扶弱，好义出于天性。至顺二年，岁大荒疫，遗弃满道，浮尸塞河。贵悉收录存养，且捐资募人捞尸数千，就西关外葬之。

何敬德

何敬德，上海人，居太仓。事张瑄行舶司管钥，赢不自私，恒劝瑄父子毋嗜进、毋厚藏以速祸。瑄不能用，遂弃去。时同辈皆佩金虎符，意气自得，敬德布衣蔬食，积资惟济贫者。杭州大饥，即佛寺煮糜半年，掩骼数万，财尽而卒。

陈宝生　孙天富

陈宝生，字彦廉；孙天富，字维善，皆由泉州居太仓，勇于为义。宝生父思恭贾海而死，天富悯其幼孤，约为兄弟，共出货泉，复谋贸易于海外诸国，迭留养母。或相辅而往，彼此不稽子本，无毫发私。所涉无虑数十国，皆能以孝友信义化导其人，外国称"泉州两义士"。高启有长歌纪其事。

明

陈　蒙

陈蒙，字允德。博学，攻诗赋，不求幸进。尝以千金授仆名太平者贸易，太平捐资结纳，随靖难有功，授山西行都司高山卫指挥使。太平卒，无嗣，移檄取蒙袭爵。蒙曰："无功而禄，是欺君也；非分而显，是欺己也。吾岂为三品官陷不义？"屡檄，辞益坚。士大夫高其节。

刘 智

刘智，字子谋，居穿山。家贫，竭力养母。客游常州，于神祠见遗金，俄有妇人泣至，乃夫陷重辟，鬻田求赂，因祷神而失者。智反之，妇愿分其半以酬，辞不受。

王 烝

王烝，字文簠。景泰间，江南饥，巡抚周忱劝民纳粟备赈。烝出米五百斛，全活无算。朝命赐冠带，辞不受。子谨，字廷慎，尝割肉以疗母疾，事兄廷节极恭。州举乡饮宾。

瞿依京

瞿依京，年十八，让资于兄，代父应徭役。邑有大举，知州及乡老必采其言。倾身好善，不辞劳费。

刘 效

刘效，字以则，智孙。父檄，以资长乡赋。周忱理江南财税，思用干略者，令郭南白见檄等数人。忱每寓鹤山书院，檄等入见，不通谒。忱卧榻上，与语如家人。时檄老，效任父事。邑有水旱灾，辄陈之官，多见从。人以困累告，无不振给者。邑陈生，故金州学正廷佩子，投效诗。效得句，喜极，赠米百石。金山寺灾，僧求忱，忱命为斋会，曰："得刘檄至，事集矣！"檄使效往，以数百石题疏，众皆视以劝。效知诗，杨维祯、高启诸人遗集，皆为梓行。

曹 珣

曹珣，字季珩。性诚笃，自奉俭约，常周里党贫乏，人多德之。

马 瑢

马瑢，字德辉。少孤，先聘妻顾。其家微，父卒，祖母议改聘，瑢不肯。既娶，生一子，顾以疾亡，瑢誓不再娶，亦不纳婢媵，以医自给。有儒行，孝友任恤，不吝所有。又立塾以训里中子弟。年七十余卒。周广为作《义夫序》。

曾 彪

曾彪，本姓吕，字希贾。笃孝友，好行义。七浦塘辽阔，桥费不赀，彪慨然独任，并造南北支流二桥，人德之，号为"吕三桥"。知州表其闾曰"最善之门"，举乡饮宾。

周 勉

周勉，字元学。好读书，多隐德。置产恒三酬其值，自署其门曰："一田三价买，六子百年耕。”欲置义田宅，不果。殁后，子世、在踵行之。在，见《列传》。

郑余庆

郑余庆，字惟元。时乡俗多火葬，余庆于沙溪之阳买地数亩，为义冢，以便穷民葬埋。

张　伦

张伦，字廷序。十试京兆，当得明经，以同学友贫，且母老，因让焉。性刚直，面斥人过，人敬惮之。

凌　昆

凌昆，字文绍。幼多病，弃举子业。学诗陆完，延诲诸孙，欲官之，谢不受。及完以党钱宁被逮，客皆散匿，昆独变姓名，周旋艰险，事定乃去。卒祀乡贤。子汝志、云翼有传。六世孙士镛，字南声，性孝友，制行治家，悉禀《小学》《家礼》，一时推重。

陆　望

陆望，字武贤。早失怙，出赘，不得侍母，因号“忆斋”以见志。妇翁无子，抚族子为后。望躬任丧葬，又为所后子偿逋赋。生平重义好施，能济急难。举乡饮宾。

曹绳武

曹绳武，字昭复。隆庆四年举人。会试下第，尽以行箧所有畀友朋之谒选及归者。里人顾成忠卒于都，为治殓，护榇归。他人赙赠，悉缄识还其家。又为葬其祖父。同学周某殁，教其子力学成名。毛某妻守节，为建坊。其好义类此。

王梦周

王梦周，字伯栩，锡爵从父。万历十九年举人，选宜兴教谕。时学政圮甚，梦周力为振刷，立思过簿，严课诸生。其贫者，膳而教之，士习丕变。未逾年，殁于任。居乡，雪阚孝廉妇冤，出族子守爵等九人于死狱，人高其义。

钱　熿

钱熿，字叔弢，桓子。诸生。性友爱，敦睦宗族。尝置义田三百亩，以赡族人。卒祀乡贤。子陛，字臣扆，亦诸生。兄给事中增殁，抚其子廷銧如己子。父殁，遗券可万金，谓诸昆弟曰：“我家所不足者，非财也。”焚之。族人贫不能葬，倡为广孝阡，瘗棺无数。康熙十八九年，邑大饥，陛倾资煮粥以赈，获全甚众。三十二年夏旱，从知州步祷致疾卒，年七十八，祀乡贤。

王　芳

王芳，字尚义。尝访友小直沽，适慈溪费廷槐病卧旅舍，芳为具药饵，将护倍至。明年，与同舟还次吕城，病卒，目不瞑。芳枕尸于股曰："君有四弟、两儿，亲养有托，毋更戚戚！"费喉间砉然有声，目渐瞑。抵虎丘，营棺衾以殓，并讣其家。逾月，父始至，载其棺返。

穆云桂

穆云桂，字苑先。性豪宕，笃友谊。明末，张溥以复社名重海内，云桂从之游。党祸炽，同社生往往从决策，多所挽救。其后，溥弟王治以给谏改官，甫旋里，踉跄就逮，祸不测。云桂先期北发，倾身营护，得削籍归，而云桂几为忌者所中。平生周旋故旧于患难死生之际，独尽心力，三十年如一日。

张起芳

张起芳，字伯荣。世居常熟，父文竹，始迁太仓。少好读书，家贫，去而服贾。值凶岁，倾囷以给贫族。里有逋公赋者，出资济之。崇祯间，两举乡饮宾。尤精于医。子世昌，亦以医闻。

国朝

郑远宁

郑远宁，字君翊。宋少师居中后，南渡，徙居昆山。父国鼎，赘太仓，因为州人。远宁喜读书，补诸生，从游者膳而教之，不问其贽也。晚年移居穿山，与弟辅世隐居乐志，自号逍遥散人。辅世，字德卿。性耿介。有所亲，无子，病将殁，指复壁中藏金以赠，义不取，告知应得者，封识如初。所居近白米泾，淤塞，出粟疏浚。子元良，妇徐氏，俱以孝行称。

徐二阶

徐二阶，字羽虞，宪卿子。事父孝谨。尝辟家塾，具膏火，集亲族之能文者，肄业其中。及赴省试，则挈其子姓戚党以行，供其资斧。国朝顺治八年，以岁贡廷对高等。又以荐试身、言、书、判，授永福知县，未任卒。弟三智、舒，俱诸生。三智，崇祯十四年大饥，煮糜以食饿者。顺治二年，地被兵，积尸蔽野，三智聚而掩之。舒以奏销罣误，再补诸生，入资为淮安府训导。诗才茂赡，为时所称。

王天叙

王天叙，字惇五，锡爵从孙。自少知孝敬。及长，以为善自励。里中举高忠宪公同善会，与兄君延割膏腴三十亩为助。已而罢不行，归其田，则以他助，不复取。崇祯末，海滨大乱，人皆走匿。天叙日抱父母棺，涕泣不去。兵至，执见某帅，帅义其为人，释之。尝修小宗时祭礼，以收恤其族，待乡里多厚德。知州白登明浚刘河，甚得其力。工未竣而天叙卒，登明至，哭之恸。天叙能文而数奇，年逾四十始与子闻炳同补诸生。闻炳，字蔚仪，聪颖过人，平生孝友诚悫，一如其父。

朱　臣

朱臣，字来宾。岁贡生。为人好义，勇于任事。任丹徒训导，修文庙，勤于监督。以劳瘁卒。张玉书哭以诗曰："十年正气留吾党，二酉藏书启后贤。"

王秉忠

王秉忠，字廷荩。诸生。性朴实，敦善行。尝读书僧寺，拾遗金，立寺门俟其人来，还之。有鬻女者，知为故家女，秉忠典质以赎焉。子星煜，字聚东。诸生。以孝弟教家，同居四十余人，咸遵其训。尤多干济，如倡修海塘、变通浮粮诸议，皆有规则。卒年七十四。

王　润

王润，字谨斋。书法欧、虞，作小楷书《孝经》，极为沈起元所赏。为人谨厚，睦宗党，怜孤独，以急告者咸济之。晚年尤力行善事，捐资营义冢，葬及千余棺。

陆　序

陆序，字子和。岁歉，郡民大饥，捐资煮粥，全活无算。事闻，以知县议叙。

阿　午

阿午，佚其姓，王均家僮也。均被海潮漂死，午遍历港汊三日夜，得其尸，葬之。后均妻汤依母家，父母逼改嫁，自缢死，事详《列女传》。方汤之死，独午知之。午奔走保全均幼女潮音。潮音殇，午痛哭极哀，知主母棺在某家墓旁，欲舁归，与主人合葬。未发，汤氏闻之，密令某家火妇棺以灭迹。午乃诡称汤使往视，敛其骨，以空罂易之负归，与潮音同瘗于均墓。

杨　桢

杨桢，字宁侯。好读书，耻时俗干进，究心朴学。以乡俗礼废、纷争成习，乃著书劝戒，广为开谕，人俱翕服。适清查案起，族人多逋赋，桢命其子尽鬻田庐代偿之。雍正十年秋，海溢，桢登屋仅免。零编残帙，为外孙程穆衡所藏。

陆 钪

陆钪，字顺伯。入资授詹事府主簿。年十六失怙，奉母甚谨。雍正十年，海潮灾，偕里人设粥平粜，全活甚多。

杨 洽

杨洽，字亮时。诸生。性纯厚，力行善事。有徐某，官山西，既卒，妻子归，贫无依。洽收养之，抚其子成立，人高其义。寿九十五而终。

金 炳

金炳，字继苌。诸生。为人练达，崇俭朴。有姑适人，半载而寡，迎养于家，后为之请 旌建坊，并抚养其嗣子。卒年八十一。

王 斌

王斌，字允兼。立心行善，见义必为。雍正十年秋，海潮为灾，道殣相望。请于当道，捐资千计，舍棺施药，置冢设仓，远近利赖。乾隆二年，督抚具题，议叙县丞，选广东新会。后补浙江东阳，旋告归。卒年七十四。

何 兰

何兰，字畹芳。廪生。为诗文，才气横溢。应乡试，有同舟者卒于京口，为治棺敛。至金陵，有戚疾病，兰医治百方。及卒，敛而扶其柩以归。其敦气谊类此。

张文忠

张文忠，字季谔。性俭约，好行义。乾隆十二年潮灾，墙屋圮，米湿计百余石。家人欲卖之为修造费，文忠止之，造土灶，蒸为饭，招邻里计口分给。米尽，继以谷麦，两日中倾二百余石。后迁居沙溪，屡值岁祲，设粥舍棺，至老不倦。举乡饮宾，辞不受。卒年七十有八。

金诗学

金诗学，字肆三。入资得知州衔。戚属徐某，官临晋知县，卒于任，无子，诗学助资归其丧。会海潮灾，知州设粥平粜，赞襄赈务，全活甚众。卒年六十三。

邢德厚

邢德厚，字坤元。乾隆十六七年，米贵，平粜数千余石。二十年，岁大祲，与其弟并粜数百石，且捐钱助赈。巡抚庄有恭以名闻，议叙州判。二十三年，除授麻哈州判。先是，太仓筑海塘，知州属董其事，德厚阴助其费，故工特坚固。

胡锡钰

胡锡钰，字大成，由歙迁太仓。家故贫，以作苦积资，分田赒族党。乾隆十七年，建娄东书院，锡钰捐金助之。子鹏徵、孙廷桂，俱力行善事，有祖父风。

钱凤孙

钱凤孙，字翼翔，渭孙。诸生。喜藏书，涉猎史传，具有卓识。里中有义举，必审求实是，为之倡率，当事辄就咨焉。嘉庆九年及道光三年，两遭水灾，凤孙筹济荒策，至今德之。为人笃行谊，重然诺，宗党咸奉为规则。举乡饮大宾，卒年六十七。子三：宝瑛，道光二年举人，亦以行谊称乡里，喜任事，虽倾身负累，弗恤也。任沛县训导，归里卒。

胡仲槐

胡仲槐，原名槐，字右植。诸生。操行端悫，遇丧纪，悉用古礼。性仁慈，平生以泽物济人为职志。先是，邑有道殣者，土人因缘株累，仲槐募资设局殓埋，人多便之。又先后呈请汇旌节孝至数百人。举乡饮宾，年七十一卒。

卷九　人物

太仓州隐逸

宋

胡　峄

胡峄，字仲连，稷言子。天性高迈，与郡中方子通惟深、林德祖虙为友，放散泉石间。建炎登极，特以年格授官，得迪功郎、安远尉，曰："老矣！承朝廷恩意可尔！"终不仕。所居五柳园，加植松竹，用杜甫"宅舍如荒村"句，名其堂曰"如村"，称如村老人。子百能，有传。

俞君登

俞君登，字泰卿，福州长乐人。早孤，母黄氏亲授书。宋末，累征不起。宋亡，隐太仓，自号知止翁。延祐中卒，门人谥曰"贞节先生"。子焯，字元明，泰定四年进士，仙居县丞。

杨麟伯

杨麟伯，字祥甫，沙溪人。宋咸淳四年进士，扬州观察推官。宋亡，隐居不出。元泰定间，建义庄、义学。集贤院学士阎复为立碑记。

元

瞿孝祯

瞿孝祯，字逢祥。工诗，得句辄抚琴自适。由昆阳徙团溪，辟乐隐园，与杨维祯、姚文奂、张羽、顾瑛辈游，不及声利。

瞿信　瞿智

瞿信，字实夫；兄智，字睿夫，一作慧夫。时称"二瞿先生"。智敦儒术，历郡县校官，藩府辟不拜。信好学矜行，食必男女别席，衣冠非就寝不去。兄卒，抚其孤子女数辈。尝出，遇张志道老儒寒甚，尽解所衣授之。至正间，台寇作，负母避地青龙海上，筑室曰“闲野”。御史李烈举孝廉，不应。子度，举茂才，授池州学正，亦不许应。洪武初，度始仕陕西金县知县。

吕诚

吕诚，字敬夫。淹通经史，不撄世务，所居园林尝蓄一鹤，复致一鹤，因筑来鹤亭。知县屡以师聘，不就。

卢观

卢观，字彦达。少有秀材，深湛于学。受业乡先生汤弥昌、钱重鼎之门，见道分明，称义勇。时公卿多欲列荐，观力辞。家居教授终其身，门人私谥曰“夷孝先生”。子熊、熙。熊见《列传》，熙见《宦绩传》。

顾权

顾权，字伯衡。其先兰溪人，父达卿始居太仓。权幼质过人，长工《易》。为文尚实言，不事夸伐。散意诗酒，未尝及仕宦，与人交有礼度。卒年五十门，人私谥曰“靖夷先生”。无子，知州揭傒斯、教授蔡基葬之马鞍山北。

明

王日昱

王日昱，居多古木，有“古树王家”之称。闭门不出，以道义自持，人称“隐君子”。

卢充耘

卢充耘，字次农，熙子。传其家学，制行尤笃。以能书荐，将官之，会世父熊死非罪，即抱骸骨归葬，高隐不仕。子儒，有传。

周贤

周贤，字思齐。永乐间，诏修《大典》，以善书征，辞曰：“母老，不能行也！”终以隐居卒。浚仪[1]赵永言志其墓，谓有陶弘景风，时号“惠斋先生”。

1 浚仪：古县名，治所在今河南开封市。

周诗

周诗[1]，字以言。皇甫冲谓其文超朗，其人疏旷。或闻其名造之，辄避去。妙于方药，作《内经解》。与虞山孙艾善，卒葬吾谷。

刘仿

刘仿，字以勉，智孙。性耽诗酒，不慕荣利。晚营别圃，叠山引泉，莳花植竹，萧然物外。

张启

张启，字慧叔。弃儒术，习韬略。入都，为杨忠烈公所知。以布衣上《保障东南》《培植人心》二疏，不报。后游山东，适白莲教反，启自募兵助剿，斩馘无算。抚按欲荐授以官，以母老辞归，卒。

周敏成

周敏成，字政甫。万历四十六年举人。究心经世之务。崇祯四年，以奏销诖误得谴。后以兵事受知于大学士孙承宗，为辽东巡抚方一藻辟赞军事，山川厄塞，了如指掌。会所居停副将王宪刺探京师事，波及敏成，并逮诏狱。久之，狱解，参军事如故。国变后，坚谢世事，潜心释典十余年，年七十三而卒。

陈朝典

陈朝典，字徵五。以教授重乡里，学者称"温如先生"。遭鼎革，同子瑚侨寓蔚村。瑚操一小舟，贩樵鬻布，往来湖村，得钱市酒进父。朝典作一二小诗，好谈古来高人独行，邻里化之，辄遣子弟就学。其有小小勃谿谇语[2]，摇手面赤，曰恐使陈先生父子知也。年至七十余卒。

---

1 《〔康熙〕昆山县志》云："周诗，字以言。风致倜傥，重然诺，兼精方药，作《内经解》，自谓仲景而下，不能过也。尝之京师，以诗文游公卿间。少试方药辄效，欲以尚药官之，拂袖去。游武林，匿影僧寺，适提学孔天胤阅岳王庙题壁，得诗所咏，大惊，命驾往谒，遂与定交。武林人争延致之，不怿，辞归。与皇甫兄弟善，因主其家。其所著书多不起草，随手辄散，末路无闻。今所传《虚岩山人集》者，乃贻书后所仅存也。诗之父佑，与虞山孙艾善，属诗曰：'常熟可居，居必依孙氏。'及诗老病，辞皇甫而从孙氏，曰：'先人之命也！'孙艾之子来，具舟迎之。比卒，葬之吾谷孙氏墓旁，表曰'虚岩山人'墓。皇甫子复铭之。孙之子孙岁时必祭焉。"

2 勃谿：吵架，争斗。语出《庄子·外物》："室无空虚，则妇姑勃谿。"谇语：斥责，责骂。

王　玑

王玑，字璿伯。性孝，尝刲肱已父疾。崇祯十三年武进士，守备柘林，历任副将，移驻刘阳城。及大兵至，玑方巡檄，猝遇战，众寡不敌，中数矢而仆，有老卒负之免。时统帅奇其勇，欲生致之，执其父母为招。玑恸哭曰："吾不能不为亲屈也。"因降，署之职，不受。布袍草履，躬耕奉亲。年四十三卒。妻许氏。继妻许氏，俱见《列女传》。

王日新

王日新，字鉴明。诸生。教授弟子有程法。时明季乱，日新绝意科举，肆力于天文、地理之学，星纬形胜，了如指掌。甲申后，韬晦遁迹，躬耕于野。吴伟业赠诗，比之伏胜、桓荣。年五十四卒。子发祥，有传。

王　仪

王仪，字异人。诸生。读书植行，家壁立，自守泊如。当事者高其行，或遗以金，不顾。居城南数椽，不蔽风雨，咏诗自娱。甲申后，弃儒冠，放迹头陀，自号乐道人。

宋　龙

宋龙，字子犹，崇明人。万历时诸生。遭乱，避地太仓，与陆世仪、陈瑚、盛敬、郁法、王育等十人为友。其学淹贯经史，而归于践履笃实。尝扁舟入富春山，恸哭谢皋羽祠。鼎革后，隐于医，僧服终其身。

陆羲宾

陆羲宾，字鸿逸。能诗，兼精奇壬，有智略，陆世仪亟称之。遭乱，与陈瑚避地蔚村。晚筑室城西，颜其额曰"春星草堂"。布素以终。

袁临　袁贲

袁临，字孝宜；弟贲，字幼白，同为诸生。父岳，以诸生游京师，有节概。临、贲尤恃才负气，不可一世，时称"二袁"。张溥举复社，奔走名士所不能致者，二袁而已。甲申后，临耕海滨，啸傲终身；贲薙发入山，人称"龙荫大师"。

王　瀚

王瀚，字原达，双凤人。诸生。有至性，执父丧，哀毁过礼。甲申之变，祝发隐于浮屠，徙居庐山，改名戒显，字愿云。能诗文，工书法。

郭士髦

郭士髦，字斯士，居刘河。廪生。甲申遘变，欲自沉舍旁池水，念父老，不果。所居毁于兵，徙茜泾，终身罕入城市。侍父疾七年，孝谨如一日。年六十五卒。弟澥，字人一，从士髦学，后弃儒冠，隐海滨。同时张元治，字在田，亦以诸生放废终其身。

张于允

张于允，字晋三，采从子。鼎革时，徙昆山，依乡塾以遁迹，流离险阻，孤愤之概形于词色。丙戌，同友某避地唐墅，焚劫四起，僦小舟避，覆水死。

陶鸿祚

陶鸿祚，字裔昌，镕子，居直塘里。少读书，不屑科举业。居家尊儒术，斥二氏。尝悲愤时事，痛哭荒江、萧寺间，著《英雄泪》二十卷，重编《元通鉴纲目》若干卷。所与交者，学正文祖尧及州人王育、盛敬、华乾龙、袁贲、陈瑚及其甥顾钘数人而已。

顾　钘

顾钘，字雅俦。苏州府诸生。读书有原委，重名节，素志高尚，不苟去就。丧祭多用古礼。幼丧父母，与季弟铨甚相友爱。著有《劝戒录》。

毛云汉

毛云汉，字子五。诸生。究心"三礼"。鼎革时，与弟霄汉避兵璜溪。乱定，还城，杜门不出，教授生徒自给。晚岁精禅学，曾手书《华严经》藏于法轮寺。霄汉，亦诸生，性廉静，能诗文。

王　挺

王挺，字周臣，时敏长子。诸生。与陆世仪、陈瑚相师友，以门荫补中书科中书。在官七月，上疏请破格用人。奉使两浙，却馈遗，不宿官舍，不赴公宴。复命，即请归养。入国朝，闭门却轨，征举贤才，不就。晚年废目，日使家童诵书以听，为文口占，使书之，名其稿为《不盲集》。卒年五十九，祀乡贤。

陆世榆

陆世榆，字襄虞。少为诸生，攻苦力学。鼎革后，委弃举业，或歌或哭，人莫测也。当事往物色之，以卧疾辞。年六十余卒。

陆　发

陆发，字濬初。诸生，有文行。鼎革时，年未壮，杜门戢影水亭、竹圃，啸咏其间。尝于危难中扶植孤寡，士林义之。

周西臣

周西臣，字俶文。性孤峭，少习制举业，幽微峭厉，亦能诗。鼎革后，执耒躬耕，徜徉自得。

卷十　人物

太仓州艺苑

明

周　位

周位，字元素。博学多材艺，尤精画。洪武初，征入画院。宫掖[1]山水画壁，多位笔。同业害其能，卒死于谗。

张彦才

张彦才，善传神。杨维祯常主其家，为诗画交。子子明，继之。永乐间，征至京，有名公卿间。

赵　楷

赵楷，字宗范，精字学。永乐中，以善书除广西都昌县丞。

范　暹

范暹，字启东，画翎毛、花竹。永乐中，入画院。暹艺精，负赏鉴，一时爱重之。

陆伯伦

陆伯伦，居直塘，工楷书。永乐中，荐为中书舍人。

谢克铭

谢克铭，字用拙，宣德间以草书驰名。

卢　瑛

卢瑛，字克修，彭祖孙。宣德五年进士。性敏学博，工古文，篆籀不减夏昶。昶每语人曰："吾墨竹一派，近在玉润。"瑛盖昶婿也。终刑部主事。

1　宫掖：宫廷，皇宫。掖，掖廷，宫中的旁舍，妃嫔居住的地方。

张　翚

张翚，字文翥。画山水宗马、夏家法，至老益工。弟翌，字文翔。慷慨尚气节。善书，宗欧、颜二家，大者可方斗，其书《龙门谏院题名记》尤超伟。天顺间，从数千里归。方入城，道遇故人子曰："父为御史杖枉死，欲赴阙讼，无可告者。"翌曰："我偕尔往。"不至家，即同载去，竟以此谪戍开平，故其书名岭北。

曾　鲁

曾鲁，字敏道。读书好说礼。善欧、颜楷法，日课百字，至老不废。

张　乾

张乾，字惟健。工画，亦宗马、夏法，得意处，人谓过张翚。能作大字，州初立，题额多出乾手。以荐入直仁智殿。

陈天定

陈天定，字定之，蒙子。儒雅善画，喜玄理。晚得疾死，三日更生，遂号苏庵。家多名画，故花草、翎毛、人物绝胜，其山水则宗沈周。年八十四，作偈而逝。

陆　晨

陆晨，字昭甫。诗画知名。知州李端待以宾礼，署后镇洋山成，属作颂。

仇　英

仇英，字实甫。画师周臣，工临摹，欲乱真。至用丹翠图像，则幽丽清细，直追古人。后移家郡城。女号杜陵内史，画人物有父风。

尤　求

尤求，号凤丘，由长洲移居太仓。工写山水兼人物。尝画小西门关庙壁，作行军势。又画弇山藏经阁壁，作诸佛像。皆绝技。女适周凤仪，传父笔，且习诗。凤仪亦精画。晚年，夫妇持斋，借画以给，暇则相唱和。凤仪，字仲来，改名牧。

张　灏

张灏，字夷令，辅之子。以胄子入监，见时事甚棘，无意仕进。尝筑学山园以娱亲，纵情诗酒，四方名人毕集。好篆刻，选子史成语，成《学山堂印谱》八卷，多出名人手。侍史何通与焉。通，字不违，著有《印史》五卷行世。

国朝

张　复

张复，字临石。画山水，师钱榖，入能品，名满天下，得缣素为重。同里武起鸣，字君扬，本姓孔，得其传，兼长吟咏。

蔡纯一

蔡纯一，字得阳。画法沈周，水墨牡丹尤入神。又明医理，投药辄效。医、画所得，随手辄尽。

顾见龙

顾见龙，字云臣。善画人物，宗仇英，工写照，丰神态度，无不毕肖。世祖召入画院，呼为顾云臣，故常以字行。归，自号金门画史。

顾　政

顾政，字六纪。本杨姓，从顾见龙学画人物，因冒其姓。有时名。

毛　钺

毛钺，字宪宜。康熙五十二年武进士。官福建将军标守备，训练有方，每事身先士卒。将军疏荐，升都司，以母老乞归。钺素习文翰，兼工画理，摹宋元名家，颇得其妙。

吴　雯

吴雯，字天翼。幼习儒业，画山水，极苍秀。从王原祁游，有声。卒于京邸。

沈　睿

沈睿，字幼白。少负逸才，盛文誉。游情篆籀，所镌刻多古意。

王　昱

王昱，字日初，居墅沟。工山水，有高韵。族兄原祁，开画局于京师，四方善绘者云集，招昱管局事。三年，业益进。凡乞原祁画者，先令昱成图，略加点缀而已。归里后，远近争造其门，以币致之。

周　岱

周岱，字鲁瞻。父云骧，名诸生，能文任侠。岱幼奇颖，恃才放诞。屡应童子试，两艺竟，辄作诗，或画花草于卷，以故卒不售，然益知名。尝遇友人作醵，岱涉笔成画，令人持之市，争购去，得钱共饮。久之，欲游京师。适卫弁有转漕北上者，邀与偕，途中频索画，乃厌苦之。登岸，觅寓，不复入舟。比至京，某王府闻其名，延之赏菊。座多名流，分韵赋诗。席未终，岱百韵俱成，一座皆惊。无何，疾作，归至沧州，语同伴曰："疾驱之，某日过州，吾乃生，否则死矣！"不及至而卒，年四十。

吴　俶

吴俶，字慎修，自号海鸥子。画翎毛、花草，秀雅生动。同时王纯，字遵一，能诗文，工书法，并善写生，与俶齐名。

朱　敷

朱敷，字掌纶。诸生。读书好古，尤精行楷。沈起元跋其《千字文》墨刻，谓入欧、虞之室。

顾　瑜

顾瑜，字士瑶。性孝友，精六书，著有《说文考证》六卷，沈德潜称其博核。中年书益工，求者满座，应之无倦色。馈以金，不受，自号稼墨老人。卒年八十五。

王应麟

王应麟，号松亭。监生。性耽山水，规橅前代名画及王鉴指法，间画人物、花鸟，亦有宋元笔意。年五十后，游览天台、雁宕间，颇得江山之助。

陆　灿

陆灿，字景山。善丹青，工传神。画大士像，尤精彩。寓苏州织造，以名闻应召，恭写御容。后西藏僧班禅额尔德尼 译言宝也。来朝，又奉旨写其像。卒于京邸。

顾　钺

顾钺，字念公。善山水。舅黄与坚，故能画，钺少依之，颇得其传。

陆云锦

陆云锦，字文襄。人品端雅，善山水，得沈周气韵。女琳，适昆山唐和春，并工花草。

钱　涛

钱涛，字长源，桓玄孙。增生。居家孝友，务实学。少工书，临摹诸名家，咸逼肖。晚乃自成一家。又得养生真诀，耳目聪明。尝语人曰："'清心寡欲'四字，一生受用不尽也。"卒年七十五。从弟济，字雨亭。亦工书，尤善擘窠大字。性伉爽，家贫，不肯随人俯仰。晚年无子，以所居宅易田十亩，输入先墓祭籍，曰："族人岁以一瓯祀我，此墓不废，我不馁矣！"其通识如此。

胡兆槐

胡兆槐，字植三。品行修饬。工绘事，笔意苍秀，韵出天然。

王　愫

王愫，字存素。诸生。性情高简，画入原祁之室。年五十余，侨寓苏州，踵门乞画者如市。诗笔淡远有致。妻毛秀惠，见《列女传》。长子廷铨，博雅能诗，晚归净业。次子宝林，喜吟咏，传画学，沈德潜赠诗云“儿曹亦擅南宗派，绝似书家羲献之”。

吴　嵩

吴嵩，字翰周。嗜学工文，不应制举。爱名人书，独推服米芾。晚年书益工，求者踵至。又精养生术，逾大耋尚健，灯下犹能作楷，无疾卒。孙震堉，字补愚。州诸生。严师范，当事敬礼之。

陆时化

陆时化，字润之，恬子。监生。好藏书画，赏鉴精确。子愚卿，字愿吾。候选布政司经历，举乡饮介宾。善写山水花鸟，购求法书名画，庋置愈富。孙因仪，亦娴绘事。

胡奕灯

胡奕灯，字觐光。善写花鸟，得北宋人没骨法[1]。

王昭麟

王昭麟，字公符，良榖孙。由诸生入监，充四库馆校录。选浙江龙游县丞，擢江山知县，所至有清白声。尤爱士。摄东阳时，诸生叶蓁者贫甚，知其才，厚赡之，后成进士。昭麟书法见重于时，天台、雁宕间碑刻多出其手。后以罣误归，贫不能自给。卒年六十。

毕　溥

毕溥，字逢原，沅从弟。工书，久客关中，唐人碑碣，临摹殆遍。后有凌昌霖，字得全，士锡孙。岁贡生。书法晋唐，里中碑志多出其手。

黄　震

黄震，字振宇，项传玄孙。工画山水人物，兼精写真。后游陕幕，穷探山水之胜，画理益进。子大坤，工分隶书，寄迹吴郡卒。

1　没骨法：国画术语，直接用彩色作画而不用墨笔立骨的技法叫做没骨法。该法分山水没骨和花鸟没骨两种，最初相传由南朝张僧繇创始，而花鸟没骨传为北宋徐崇嗣创始，实应真正始于清恽寿平。

张　璆

张璆，字文玉。工篆书，有稼墨遗法。

张廷植

张廷植，字立成，居直塘。书法学赵孟頫。尝入都依其戚，困甚。值除夕，部吏雇以代直，尚书福康安至部，询知之，试以书，大加赏异，注名使入给事。后赴尚书军营，能于马上书章奏。授北流典史，迁盐场大使。

李祥凤

李祥凤，字东标。乾隆五十一年举人。由知县左补黄梅县丞。擅六法，屡空乏，恒卖画自给。世多重其画，谓得司农正传。

王麟孙

王麟孙，字振之，宸子。入资为咸阳县丞。写山水，酷似其父。从子昀，字子能，浙江候补盐经历，亦善山水。

王曰申

王曰申，原名应绶，字子若，原祁玄孙。诸生。能诗，工山水，与昆山王学浩齐名。又工汉隶、篆刻，为南昌万承纪缩摹汉魏分隶百种，刻于石砚，金石家争购拓之。

卷十一　人物

太仓州技术

元

宋尹文

宋尹文，字文璧。幼习文学，用荐为翰林检阅官。学瑟于秋山徐氏，得其传。大德间，鲁国长公主闻其名，召至，奏《胡笳十八拍》，公主称善。后归老报本寺。精六壬、遁甲术，推测多奇中。

明

周　祯

周祯，字子祺，世业医。子砥，字履道。洪武初，荐授州判，不就。就巡检任四十余年，惟以药石济人。砥子康，康子颐，颐子深，皆能传其业，而深所业尤精。

邵伯俞

邵伯俞，精于医。洪武初，征入太医院。子启南，世其职。

许　谌

许谌，字元孚。其先鸾江人，随宋南渡，家太仓。谌少从王履游，通儒书，深造医理，自号娄愚。

张　谨

张谨，字敬民，居双凤里。业医，以荐仕至医师。能起垂死，竟不责报，寿七十二。子羽，见《荐辟》。

周焕文

周焕文，家于沙溪，世业医。从父戍河间代归，延治者甚众，日无虚晷。

郁　震

郁震，字鼎文，世业医，有名。震读书尚节义，初应名医召至北京，复以才武三从偏帅经略西域诸国。以功授苏州府医学正科，赐三品服致仕，年八十一卒。弟巽，字鼎志，亦精医。

陶　浩

陶浩，字巨源。诸生。为许谌馆甥，因传其业。能数起奇疾，远近闻其名，求疗者日至。素清俭，有士行，乡人至今称名医必曰巨源。

周　巽

周巽，字廷顺。好读书，家富，少多疾，遍请名医治之，后遂精其术。贫者就医，多馆谷之，兼施以药。弟豫，以疡科名。

朱　蒙

朱蒙，字昧之，别姓桂，精茶理。先是，岕山茶叶用柴焙之，蒙易以炭，益香冽。又创诸制法，茶品遂推岕山第一。今山中肖像祀之。其书法亦名家。

周大宾

周大宾，字敬思。父诒，为名医。大宾世其业，好善行义。中年丧偶，不娶。万历时举乡饮宾。子易，副贡生。

陈　汪

陈汪，字东溪，洽五世孙。性恬淡，不乐进取，以诗酒自娱。精《素》《难》，有《东溪遗稿》《伤寒全集》行世。

国朝

顾子惠

顾子惠，善音律。初，苏昆生至娄，珍其技，不轻授人。子惠窃听之，尽记其点拍，退而习焉。已而诣苏歌之，苏惊曰："子从何处窃我歌耶？"遂悉指授。后颇通韵谱二变七声之义，游京师，有声。

曹家珍

曹家珍[1]，字钧植。诸生。御史逵后。尝辑《沙溪志》。喜吟咏，尤肆力于医，能起沉疴。有《仲景伤寒集注》行世。

张应祖

张应祖，字劭嗣。诸生。少循谨，刻苦为文词。尝思宋儒言"人子不知医，比于不孝"，乃潜心《素问》诸书，其术颇效。

毛在鹏

毛在鹏，字万程。父炜，工诗文，明形家言。在鹏以病弃举子业，复得滑士麟指授，益精其术。

毛　焕

毛焕，原名汝珍，字子韫。父应源，工六法。焕精其艺，善鼓琴，多逸致。尝一至京师，王公咸爱重之。晚耽禅学。卒年七十七。

林　岳

林岳，时称医岳。读岐黄书，自谓有得，能活人。会东郭氏有狂疾濒死，或进医岳，不越旬而瘳。有乡人过桥畔，见群羊堕下，声若投火于水者，归而病。使人要之往，切其脉，曰："亡阳者见鬼，此其疾也。"使人求伏犀之枕，煮其味而饮之，立愈。年逾六十，忽感疾，谓其友曰："吾澌不新[2]矣！"未几卒。

张　礼

张礼，字懋园。监生。少读书，后弃举业习医。不受值，贫者并与之资。遇有召，虽寒暑风雨，无不立赴。年八十余卒。

曹　毅

曹毅，字子刚。少贫，通医术，驱使刀圭如神。既老，饶于资，亲族告贷，无弗应者。长寿庵石桥圮，独力修之。年八十三卒。

陆　礐

陆礐，字峻声。监生。精疡科，遇险证，辄应手愈。性落拓，不责报。有救火被压

1　《〔嘉庆〕直隶太仓州志》卷三十六《人物》："曹家珍，字钧植。州诸生。御史逵后裔。性刚直，落落寡合。工诗，尤肆力于天文、地理。精医，能起沉疴，作《仲景集注》。续辑《沙溪志》。卒年七十一。"《〔宣统〕太仓州志》卷二十五《艺文》作："曹家珍《续沙溪志》"。

2　吾澌不新：指命不久于世的意思。

者，援出仅存一息，磐为诊治，竟能全活。又一舆夫背生疽，危甚，急施一膏，大如盘，贴之，全愈。

唐梦安

唐梦安，字永锡。精小儿医，并工诗。

李坤元

李坤元，字成万。工堪舆术，尤留心邑中文献，遗文散著，搜采颇多。

王梦翔

王梦翔，字念伊。精医学，能起伤寒急证，世传其业。

卷十二　人物

太仓州流寓

元

杨维祯

杨维祯，字廉夫，会稽人。尝至太仓，时殷伯堂为其孙奎筑沧江风月楼，以招致四方名士。楼甫成，适维祯至，置酒高会，奎即于席间执弟子礼焉。

杭　仁

杭仁，字仁甫，上虞人，徙居太仓。好行义，凡利济人，无吝。其子礼以孝称，女妙寿守节，一门著行。至元六年卒，年八十五。有司表门，复其家。

郑明德

郑明德，名元祐，以字行，遂昌人。儿时脱右臂，自称尚左生。少颖异，善词赋，咸淳诸老折节下之。徙居姑苏，台省以潜德荐，不就。至正中，荐本路儒学教授，升江浙提举，卒。尝寓太仓，书天妃宫庙碑，笔法遒美。嘉靖间，入祀遂昌乡贤。

熊梦祥

熊梦祥，字自得，江西人。通群书，旁晓音律，能作数体书，写山水尤清古。以秀才举教官，辄弃去。放意诗酒，游淮、浙间。卜居太仓，自号松云道人。与顾仲瑛为忘年交，今《草堂雅集》传其诗。

余　诠

余诠，字士平，江西丰城人，后居太仓。学识该博，工诗文。至正间，为江浙儒学提举。

杨　谌

杨谌，字履祥，福建浦城人，徙居太仓。博学有才行，与秦玉、袁华为友。晚作《昆山州志》[1]，杨维祯为之序。

文　质

文质，字学古，温州人，徙居太仓。有学行，词章奇放。与杨维祯夜行，咏《梅花灯》诗立就，为世所称。年九十六。

明

卢　昭

卢昭，字伯融，福建人，徙居太仓。淹贯经史，工诗文。洪武初，起扬州教授。

孔宏幹

孔宏幹，字克勤，先世由阙里徙温州。宏幹于天顺间客太仓，遂家焉。为人醇谨诚朴，乡里称之。

王舜国

王舜国，号桂宫，江宁人。万历间，寓居城隍庙，画人物极疏古。性戆率，嗜酒。当索画者踵接，兴至则连幅应之，否则虽重购亦不得也。后卒于州。

邱　集

邱集，字子成，嘉定人。诸生。精《三礼》，尤熟濂洛关闽之书。值倭乱，与寡姊各瘞金土中，集为倭所获，索其资，只出己藏以应。兄与兄之子逋赋，法当遣戍，集代输得免。晚依妻族周氏居双凤里，贫甚，赖朋旧周问。卒年八十。

董其昌

董其昌，字玄宰，华亭人。未第时，曾客太仓。天启间，谢政归，复偕陈继儒至州，寓居王氏南园，大书“话雨”二字于壁，至今墨渖如新。

胡祖虞

胡祖虞，字叔羽，歙县人，寓太仓。崇祯七年武进士，授云南新平守备，升副将。后从瞿式耜守广西。式耜殉难，祖虞变姓名，遁迹盘古山。明年，粤苗乱，祖虞挺身出手，格杀数百人，中伏弩死。

蒋若莱

蒋若莱，字龙江，长洲人。善骑射，膂力绝人。以事亡命，居刘河十余年。流贼起，

1　传世本作“《昆山郡志》”。

巡抚张国维募致军中，以把总用守浦口。崇祯八年，贼至，若莱往来奔截，累立战功，擢参将。明年，贼犯江浦，复大破之。拜都督，守安庆，又破贼于潜山。后守金华，孤城援绝，先焚其妻子，巷战经日，力尽，自刎死。

吴胤侯

吴胤侯，字茂长，休宁人，寓太仓。性任侠，负经济才，尝倾千金结客。崇祯末，上书督师史可法，宾之礼贤馆，假职监纪军务。渡江督饷，行五日，扬州破，胤侯欲驰回不得，鹖冠芒屩，旅食吴中。为文祭督师，拟于西台恸哭。

熊开元

熊开元，字鱼山，嘉鱼人。天启五年进士。授崇明令，调吴江。以治行擢吏科给事中，忤执政归。后补行人司司副，复以言事受廷杖，贬官杭州，未至而都城陷。开元薙发为僧，易名正志，字檗庵，隐迹灵岩。已而居太仓潮音庵，士大夫多与之游。有《檗庵遗稿》十卷。

吕于韶

吕于韶，字赓虞，崇明岁贡生。鼎革后，寓州之十八都，为乡里校师，预修《崇明县志》。时海氛将作，于韶虑有变，著《桑梓筹难纪》。顺治十三年卒。

国朝

王　翚

王翚，字石谷，常熟人。幼习画，王鉴至其地，见翚所作山水，大奇之，归以语太常王时敏，邀至西田别墅，临摹宋元人名画殆遍。居久之，画法益工。

杨　晋

杨晋，字子鹤，与王翚同里。善画山水、人物。每至太仓，寓居水云亭，踵门求画者甚众。

余思复

余思复，字不远，福建将乐人。书法秀逸，神似董文敏。尝至太仓，寓隆福寺，流传楮墨甚多。

邵光龙

邵光龙，字尔跃，休宁人，寓太仓。甲申兵燹，家资荡析。光龙奔走衣食，卵翼弟侄。遇故人贫困，倾囊济之。子学易，继父志，口约腹裁，率以济人。中年，累金数百，为所亲贷。不能偿，请以屋质，学易恻然焚其券。

杜登春

杜登春，字九高。世籍青浦，为给事中张王治婿，遂家太仓。顺治八年拔贡，以善书得议叙知广昌县。在任十二年，有能声。既归，与黄与坚、唐孙华、王吉武流连诗酒者十年。再补处州同知，署宣平。旋卒，年七十七。子昌丁，字望之。副贡生，补教习，亦善书。以荐授浦城知县，升永春州。永春西境地洼多水患，昌丁筑坝御卫，为永久利，民德之，称杜公坝。所莅号廉静，在任二十七年，没于官。孙蕃锡，醇质好学，以监生充实录馆供事，早卒。

金　樟

金樟，字匡秀，桐乡籍，居太仓。康熙三十九年成进士，考授中书，改补行人，升工部主事。居官廉慎勤敏，尚书陈诜语人曰："安得曹属尽如金主事，吾辈画诺而已。"嗣以亲老乞归，不复出。年六十四卒。曾孙锡鬯，字秬和，嘉庆十三年举人，仕至广东嘉应知州，有廉名。子鹤清，字翰皋，道光二十五年一甲二名进士，官编修，早卒。

郑起泓

郑起泓，字纪淳，昆山人。族父伯昌，得禁方，精于医，户外屦满。遇有召，辄遣起泓代往。性绝敏，于诸方书稍涉猎即有神解，遂臻胜妙。尝发箧得先人遗稿数十种，皆梓以行。避家难来太仓，年六十二卒。孙耀，岁贡生，有文誉。

傅　源

傅源，字星岩，新安人，侨居陆公市。为人磊落奇伟，散千金结客。家中落，以笔耕自给。纸窗竹屋，吟啸自如。

蒋元益

蒋元益，字希元，长洲人。乾隆十年进士，由编修仕至兵部右侍郎。致仕后，主讲娄东书院，移家居焉。卒年八十一。孙凤翙，字瞻羽。长洲诸生。少孤嗜学，屡应省试不售，婴瘵疾卒。

黄　铨

黄铨，字清臣，福建南安人。祖炜，适太仓，遂家焉。铨年十三，随祖客永春州。祖殁，归养祖母。及祖母殁，重赴永春，载祖榇归葬，以父母祔之。生平好行义。卒年七十六。

倪为贤

倪为贤，字冠铨，崇明人，迁居太仓。由乾隆丁酉拔贡朝考，以知县用，分发湖南，题补益阳县，调清泉。丁忧，服满，补直隶玉田县，升遵化知州。生平邃于学问，尤工书，与从弟为炳齐名。为炳，字彦彬，举乾隆四十五年顺天乡试，授南皮知县。素工书法，善诗文。尚书铁保亟赏其书，总督两江时，建正谊书院，延为院长。为贤孙景曾，有传。

刘应钧

刘应钧，字鸣韶，昆山籍，家太仓。性直而婉，人乐与交。善征典，朋座谈议，常隐数人。雅擅诗文。嘉庆十八年选贡入都，公卿慕其才，争致之。应京兆试，闱艺出，购钞纸贵。旋考补镶红旗教习，病剧归，未几卒。

卷十三　人物

太仓州释道

元

王惟一

王惟一，括[1]苍人，自号景阳子。父官华亭，因家焉。弃家，从方外游，遇异人，授还丹有得，乃著道书。晚年寓太仓樊泾之岳祠。泰定三年，书遗事及偈毕，端坐而逝。

周静清

周静清，双凤人。父景纯，元忠显校尉，职千户，督海运。静清幼好黄老学，事龙虎山张真人为道士，通符箓禁咒，屡著灵异。建普福宫，敕授平江路道箓、清宁抱一凝妙真人。

杨士冠

杨士冠，住湖川塘。遇人授以道术，能投莲实于冬池，顷刻生花叶。常啜茶肆中，滴碗水成钱以酬直，剪纸为鹤能飞舞，奇异莫测。

明

席应真

席应真，号子阳子，常熟人。少辞家事老氏学，精经箓丹法，颇涉儒籍，旁通兵家言。奉母甚至，葬祭哭泣如初丧。人或问之，曰："岂有不孝神仙耶？"始提点双凤普福宫，迁郡之白鹤观及相城灵应宫。洪武中卒。

周元真

周元真，普福宫道士。道行修洁。传莫月鼎五雷之法、斩勘之书，得之徐无极、王侍宸，后授王继华，继华授张善渊，善渊授步宗浩，宗浩授元真，皆能致雷雨，而元真尤为奇

1　括，原作"栝"，据《昆山郡志》改。

特。

善　定

善定，海宁寺僧，号止庵，太仓吴氏子。询法于万寿都纲相本空，得言外旨。后涉猎经史，而戒行尊严。晚年退闲，日与学徒讲说《四书》，人称“定四书”。

清　奇

清奇，海宁寺僧。永乐六年，与修《大典》。十七年，复召至京师，校雠“三藏”，未毕而逝。

惟　寅

惟寅[1]，喜谈忠孝，面折人过。永乐六年，与修《大典》。住持洞庭、西湖诸寺，寻至京校雠“三藏”，赐法服、数珠，还居淮云寺以终。

水喷雀

水喷雀，不知何许人。游寓雷应堂，冬月常浴水，人戏呼“水喷雀”，僧即应，因以名。一日忽自言：“当明日午时去。”至期，人聚观，作偈云：“水喷雀，水喷雀，四十五年无归著。今朝鼓翅向天飞，万丈黐竿黏不著。”遂逝。

桑宗道

桑宗道，号云野道人。好道术。农家有怪，乞宗道符篆揭之，见门外有黑虎蹲踞，怪遂息。尝自言曰：“吾葬以千鹤为期。”及葬，来鹤千余，见者惊异。

柯　雪

柯雪，初为火者，辄于突作树石状，后画山水，有名家丰韵。

月潭杨氏子

月潭杨氏子，出家五台山，受具足戒，游蜀邛僰山中最久。隆庆五年来州，王世贞兄弟筑室居之。万历十四年，示寂。初得疾，水饮五日，绝水二日，浴毕，使人诵《无量寿佛经》，听已，坐化。

1　《〔弘治〕太仓州志》云：“惟寅，号樗庵，太仓吴氏子。为僧行洁心仁，凡遇臣子，必勉以忠孝。面折人过，人服其直。永乐六年，与修《大典》。后住持洞庭、西湖讲寺，寻驰驿至京，校雠“三藏”，蒙赐法服、数珠、坐褥。还居淮云寺，学者争师之。尤工诗善书，为士林推重。”

三　际

三际，蜀僧。幼丧明，暗诵大藏经论，记持不忘。万历乙巳间来太仓，王文肃锡爵、王尚书世贞请讲《法华》大要，剖析宗旨，因卓锡于潮音庵以老。

道　源

道源，号石林，许氏子。尝注《李义山诗》三卷，王士祯论诗云："獭祭曾惊博奥殚，一篇锦瑟解人难。千年毛郑功臣在，犹有弥天释道安。"又有《石林寄巢诗》六卷，常熟陆贻典刻之。

智　介

智介，字端虚，海宁寺僧。善酒好斗，侨寓苏州阊门。顺治二年六月，大兵至，杨文骢拒守，智介跳跃自奋，与寺僧诀曰："我此行当判一死，汝等可生奠我！"乃饮酒数斗，与其徒慧僧挥刃去。寻接战，杀二十余人，夺马跨之，乘胜追击。后骑益集，矢如猬毛。慧逸去，智介独奋勇格斗，又伤三人，中矢死。同时隆树，字景贤，太仓卫人。结庐东洞庭山，性爽直，有膂力。大兵驻苏州，众将攻城，隆树披重甲为先驱。城中精骑突出，众溃散，隆树战死。

国朝

法　树

法树，一名德树，以铁杖随身，云游者六十六年。或云鼎革后，隐于僧，销兵铸杖，故相传为铁杖和尚。晚驻锡钟楼，创建狮子林，力田种树以终。

僧　典

僧典，字嵩籍，桂林人，本姓朱。鼎革后，游江浙间，至正觉庵，从灵隐具德受戒为僧，谒灵岩继起，传授心印。邑绅士请主万寿寺，旋移锡小祇园。后主禅灯法庤，闭户焚修。年八十一卒。

杨嘉斌

杨嘉斌，字犹龙，江西贡生。屡试不偶，纵游名山，遇异人杨枧源，授玄门之学，尤神火龙祈祷法。知州白登明延祷雩坛，不日降霖。江浙间甚神其术。晚年卜居城南，年八十三卒。

通　云

通云，号石奇，徐氏子。少孤，出家南广寺。遍参诸方，得法于天童圆悟，后主雪窦席十有七年，复归南广。康熙二年，刻期示寂。

元　璹

元璹，字睿石，太仓陈氏子。性孤挺，不随世俗。自幼爱读少陵诗，年十三，作《秋望》诗，有“吴地笳箫哀夜月，汉家礼乐委秋风”之句。薙染后，遍参诸家。时晦山和尚继席灵隐，师往依焉。晦公退老佛日，师为首座。又驻锡嘉善东塔禅寺，后退隐茜水宝积禅院。有《荆山诗集》《法语》行世。

孙可成

孙可成，字浩轩，州人。少不茹荤，养性吐纳。居州城隍庙，得龙虎山周金榜灵符，能除妖魅。在帆山顾氏结茅蓬，留数年。雍正间，为沙溪延真道院住持。

卷十四　人物

太仓州杂传

元

朱　清

朱清，字澄叔，崇明姚沙人。宋季，佣杨氏，贼其主，避迹捕，亡命入海，与张瑄为群盗雄。两人结亡赖，椎劫海上，急辄引舟东行，三日夜得沙门岛，又东北过高句丽水口，见文登、夷维诸山，又北见燕山碣石。往来若风与鬼，无虑十数发。私念南北海道，此固甚径，且不逢浅角，遂悉表识。寻就元招，授吏部侍郎，左选七资最下一等，令部其党为防海义民，隶提刑节制水军。伯颜平宋，知两人习海事，遣载宋库藏图籍，从海入燕。会议饷道，诣中书省陈言海运，伯颜大善之，引入见，授金符千户。初，年运四万石，后至百六十余万石，遂立都海运万户府，令清、瑄掌之，并累官参知政事。清子虎，历都元帅；瑄子文虎，擢至户部尚书，领漕事。是时，二家势张甚，姻族皆大官，厮养佩金虎符、银符者百计，田园庾廪遍天下，商舶交番夷中。为吴也先构言，大德中，逮至京，下狱死。子孙流远方，籍其家，以新提举专掌其资。至大三年，复以清子虎、瑄子文龙治海漕，赐所籍宅一区、田百顷，并诸孙放还太仓守墓。

张　瑄

张瑄，嘉定八都新华村人。少亡赖为群盗，即能部曹伍、指方略，为海滨患。已事败被获，浙西提刑洪起畏夜梦录囚十八人，中一人化为虎，寤而怪之。质明，求盗，送囚簿对，数与梦合。瑄貌特伟，洪因贷勿杀。瑄去，仍出没海上，不可踪迹。既就元抚，同朱清授官，挽海漕，历升任，及子文虎受职，详清传。至元末，有姚衍者上变告瑄且不轨。帝弗听，召丞相完泽曰："张瑄有劳国家，卿终保护之。"大德七年冬，枢密断事官曹拾得与瑄隙，申前疏，丞相争不得，收瑄下狱死，斩文虎西市，诸子悉窜漠北，女没入绣局。孙天麟讼冤，放还窜者，改麟父文龙督日本贾舶，寻超都水监，仍督漕事。瑄不知书，署公移，但三指染墨印如"品"字，人卒莫能假。性酷暴，人少拂意，辄缚投海。籍没后，亦立新提举，专掌其资。

朱　旭

朱旭，字子阳，清子。为忠显校尉、海道千户。不乐仕进，退居田园，从士大夫游。通经史，工书，兼好施予。

谢天锡

谢天锡，字纯父。其先吴兴人，四世祖某始迁州之任阳。元兵渡江，用归附功授嘉兴县主簿。嘉兴当孔道，科调繁兴，天锡佐邑令一以宽恤为事。尉缺员，兼摄尉事。县有疑狱久不决，天锡廉得其实，一日命取网罟罗积水中，得枯骸，冤乃得白。考满归，卒。

明

欧千斤

欧千斤，洪武初为京师列校。时有善搏者称绝技，众推欧，胜之，改授太仓卫百户。既老，尝乘马，遇桥不进，臂挟马趋而过之。

钱　琼

钱琼，字孟玉，倜傥任侠。洪武间，有勾军千户横莫抗，琼系之，面诉太祖，应对称旨，千户伏诛，赐衣钞还。

费　信

费信，字公晓，太仓卫人。永乐、宣德间，从中贵郑和、杨敏使占城、琉球等二十余国，纪其风土人物，列序分咏，名《星槎胜览》。

杨尚英

杨尚英，字时俊，镇海卫千户。猿臂善射，长逾七尺，饶胆决，视部曲有恩信。倭乱海上，尚英起行间，积战功，由苏松参将升为浙江副总兵，官都督，世袭指挥。尝御贼于海洋，会风破贼舟，得级三百有奇。后归，创大第，治园池，握槊命诗，钟鼓声不绝。不五载，产尽而殁。

顾同寅

顾同寅，字文通，原名其泰，璜泾人。天启五年武进士第二。明年，坐与同里孙文豸作诗悼熊廷弼，御史指为妖言以闻，皆被逮弃市。文豸，诸生。

国朝

浦　峄

浦峄，字君书。勇力绝伦。顺治二年夏，大兵南下，峄同王元初、吴体元等团练乡勇，奉书幕府，率先郊迎。用捍卫城门功署末将衔，寻被曹耦所讦，不及仕卒。元初，字邃徵。廪生，国初中武进士。吴体元，字秀叔，家素封，喜结客。自少习投石超距，鞭稍刀剑之技无不精熟。以迎师功例得弁札，不就。中顺治五年武举，为洮州卫千总署守备，知阃帅有跋扈意，急请归。次年变作，人服其先见。

尹云龙

尹云龙，字端夫，镇海卫籍。少任侠。会鼎革，烽燧四起，云龙与浦氏兄弟、范天仲、蒋若莱辈各募众自卫。王师南下，偕浦、范等投诚向导，移师嘉定。每于军中免人于厄，有陈氏一门就戮，全其孤。顺治八年，擢京师腾骧卫守备，升福建汀州游击。康熙十三年，耿精忠叛，固守上杭。伪伯刘进忠来攻，不能下，出奇计退之，奏捷，授总兵。精忠授首，寻乞休归。子振祚，字源发，岷州卫千总。后从征噶尔丹有功，擢泗州营守备。年近七十退归。

王九成

王九成，别呼时慧。拳勇绝伦，凡争斗之场，望见九成，无不敛退。然性孝，平居修谨，士大夫颇礼貌之。母临殁，执其手曰：“我惟虑此手为汝累耳！”九成瞿然。含敛毕，断一臂置灵几。后归浮屠以终。

卷十五　人物

太仓州列女一

元

茅　氏

茅氏，副万户朱虎妻。大德间，虎坐罪，籍其家，吏录送京师。太医提点师甲欲妻之，氏誓死不从。母子三人，以裾相结连，昼夜倚抱号哭，屡逼不为夺。虎故人王大卿辈合钱赎之，寓大都永明尼寺，忧愤不食卒，年三十二。至元五年旌。

明

陶　氏

陶氏，严华妻。年二十二守节。

孙　氏

孙氏，陈可久妻。年二十八守节，抚子思，娶妇孙氏。思殁，姑媳相依，抚孙篪为黄陂主簿。洪武时，姑被旌而妇未及，篪构堂奉母，颜曰“双节”。以上洪武七年旌。

夏　氏

夏氏，太常昶女，刑部主事卢熯妻。早寡，苦节数十年。成化五年旌。

曹　氏

曹氏，徐元亮妻。

邵　氏

邵氏，钱景旸妻。《江南通志》作“邹氏”。

陆　氏

陆氏，郁蒙谦妻。年二十一守节，抚子宗，艰苦备至。以上成化六年旌。

张　氏

张氏，举人周敬妻。守节数十年。

胡　氏

胡氏，顾豳妻。年二十二，豳卒，舅姑欲令改志，氏以死自誓。以上成化十一年旌。

刘　氏

刘氏，太仓卫军王贵妻。年二十七寡，守节四十余年。

俞　氏

俞氏如琼，赠中书顾钺妻。年二十守节，抚遗腹子守元成进士。

朱　氏

朱氏端卿，礼部儒士郑友光妻。年十六寡，常置一白瓯于几上。或问之，曰："重其洁白不受污也。"卒年九十。王《志》"友"作"有"。

龚　氏

龚氏淑宁，朱霆妻。年十八守节。姑陈氏故节妇，氏事之甚谨。以上弘治年旌。王《志》作"正德年旌"。

刘　氏

刘氏，顾金妻。金亡，无子，事姑以孝闻。

杨　氏

杨氏，夏渊妻。年二十寡，抚遗孤成立，守节四十三年。

王　氏

王氏，周埜妻。年二十六寡，无子，绩纴养姑。有谋娶者，氏闻自缢，以救得苏。清操弥著。以上正德年旌。

卢　氏

卢氏，某妻，如皋人。夫以役累逃入白茆市，氏与所生女并有姿色，市魁张岛等见而悦之。岛幸于太仓兵备副使李，捕其夫，锻以酷刑，使承为亡命劫盗，沉之海中。岛等议以氏为妾，氏闻之，入厨下，藏一刀以出，令女先自刎，氏继之。岛收二尸焚之，埋圃中。后巡按御史廉得之，捕岛，置于法。《苏州府志》作"李祐[1]妻"。嘉靖十七年旌。

1　《〔宣统〕太仓州志》作"李祜"。

王　氏

王氏，方伯秩孙女，周镒妻。年二十七寡，遗孤皆病疹死，遂自缢。氏幼喜读书，有至性。父卒京师，哭之哀恸，闻者皆泪下。有妹嫁而归，耻其姑之行不执妇礼，氏语之曰："妹过矣，曷善尽孝，使之自愧而改行也？"其明大体如此。归有光为书墓碣。嘉靖十九年旌。

项　氏

项氏，赠文林郎、庠生王时雨妻。年二十四守节，教子任用成进士。嘉靖二十一年旌。

唐　氏

唐氏秀金，赠参议郑容妻。早寡，抚孤鼎成进士。御史奏旌曰"贞节"。

金　氏

金氏，庠生过麟妻。年二十六寡，抚子君表成立。

周　氏

周氏，毛与复妻。

某　氏

某氏，陈文璧妻。文璧，少保洽裔，力学致疾卒。氏年二十，生一女甫十日。舅姑讽改适，氏截发自誓。抚孤女，赘赠尚书凌昆为馆甥，教嗣子椿及女婿力学。苦节五十余年。嘉靖中，外孙凌汝志官给事中，上其节，御题有"冰霜此日思共伯，纶锡他年借魏舒"句。王《志》补遗作"时氏"。

时　氏

时氏，陈文耀妻。依祠主增。

王　氏

王氏，太常卿世懋女，赠工部员外郎，常熟监生赵祖美妻。年二十七守节，抚孤长子士履，以祖文毅荫工部员外郎，得封宜人。故事，膺封者不旌宜人，盖异数。王《志》"祖"作"初"。以上嘉靖年旌。

盛　氏

盛氏，太仆卿顾存仁妻。嘉靖间，存仁以给事中言事谪佃保安州。氏从戍五年，闻姑钱病，泣请归侍。道病，至家卒。本唐顺之《墓志铭》。

王　氏

王氏，赠太学士梦祥孙女，庠生徐景韶聘妻。景韶夭，氏誓以身殉，祭于夫墓，绝食死。万历年旌。

陈　氏

陈氏，杨希贤妻。年二十二守节。舅姑殁，值寇乱，丧葬如礼。

徐　氏

徐氏，庠生唐武扬妻。夫殁，自经，年二十五。

杜　氏

杜氏，刘大纲妻。早寡，抚子隆嗣为诸生，旋夭，同媳守节，卒年八十余。

凌　氏

凌氏，徐大钦妻。年十九守节，事舅姑尽孝。女适金兆乐，年十九夫亡，依母守节，凡三十年。母卒，丧葬毕，遂断饮食，积二十一日而死。

袁　氏

袁氏，监生王士驷妻。士驷以亲丧哀毁卒，氏抚遗子瑞璋读书有成。卒年六十。以上天启年旌。

王　氏

王氏，周重仁继妻。姑性严，事之曲至。重仁殁，嗣子士元娶妇陆氏而夭，遗一孤。氏与陆俱守节四十余年。陆事姑曲尽孝养，备历艰苦，直指以孝闻。崇祯十四年旌。

朱　氏

朱氏，赠工科给事中许士泉妻。年二十六夫亡，抚三岁孤国荣。及荣成进士，不如命，即受杖卒。年七十余。

顾　氏

顾氏，监生杨熠妻。年二十八寡，守节七十年。子、孙、曾、玄共五十五人。

王　氏

王氏，周秉礼妻。年十七守节，坐卧一小楼，足不履地者六十余年。

王　氏

王氏，朱崇周妻。年二十夫亡，值大潦，移夫棺置卧榻旁。抚孤圣毓娶妇生子，而圣毓死，与妇某氏相依者四十年。

王　氏

王氏，赠副使、庠生吴鑛妻。年二十七守节，家贫，抚孤克孝成进士。

某　氏

某氏，孝子王暄母。早寡，守节。暄妻刘氏亦以节著。

章　氏

章氏，赠参将宗时妻。年二十余寡，遗孤六岁。舅姑往吴淞依长子，氏寄食常熟母家，积纺绩资，通问舅姑。及子孟娶妇，移家归娄，亲党阻之，氏曰："儿成立，当为松楸计，寡妇不得依客土。"后子成武进士。以上崇祯年旌。

国朝

王　氏

王氏，明浙江乌程县县丞龚允权妻。年二十九寡，遗孤四，抚之。乙酉，惧有兵燹，急葬三世丧。《儒学志》"权"作"植"。顺治六年旌。

吕　氏

吕氏，龚孟理妻。年十九寡，无子，归母家，粗粝不充，守节四十四年。顺治十年旌。

张　氏

张氏，李泥水妻。年二十一寡，守节三十八年。顺治十五年旌。

刘　氏

刘氏，明福建光泽县知县施良猷妻。年二十五寡，守节五十五年。子庠生文鄂，妻赵氏，年二十九寡，守节三十二年。

吕　氏

吕氏，闻师尚妻。年十八寡，夫党欲夺其志，诉官得守节，年四十七卒。《江南通志》作"陆氏"。以上顺治十六年旌。

吴　氏

吴氏，金文烛妻。年二十寡，训子仙为诸生，守节六十五年。

曹氏

曹氏，陈言先妻。幼涉经史，识大义。夫亡抚孤，年五十四卒。由昆山县详题。以上康熙二十一年旌。

王氏

王氏，明建言县知县曹讷继妻。年二十七寡，守节四十年。康熙二十三年旌。

钱氏

钱氏，盛芳妻。婚数月，芳殁，为治窀穸。后以嗣子不才，依兄晋锡以终。

顾氏

顾氏，王公度妻。年二十五寡，守节四十五年。以上康熙二十四年旌。

韩氏

韩氏，明庠生顾鼎新妻。鼎新病，刲肉以进，不效，时氏年十九。家贫，事舅姑。舅病，亦刲肉疗之。孤早夭，再抚孤孙有成。

毛氏

毛氏，昆山庠生张嗉继妻。年二十七夫亡，事舅孝，抚孤成立。孙之瑗、杰，俱诸生。卒年八十八。旧题名录祠主无"继"字。

钱氏

钱氏，庠生高育妻。年二十八寡，抚孤士凤、孙实宾，俱为名诸生。守节四十四年。

王氏

王氏，徐炳妻。年二十四寡，卒年六十余。

陆氏

陆氏，黄荀表妻。年二十二寡，卒年五十五。

章氏

章氏，张国禧妻。年二十二寡，守节四十七年。

顾氏

顾氏，庠生杨佑妻。年二十七寡，守节四十三年。子万春，娶妻陆氏。春卒，氏守节三十八年。题名榜"佑"作"祐"。

顾　氏

顾氏，增生周旋元妻。年二十三寡，守节四十五年。

许　氏

许氏，沈瑞麟妻。年二十二寡，抚孤沄，守节四十六年。沄，诸生。

陆　氏

陆氏，王应台妻。年十九寡，守节三十四年。以上雍正元年旌。

郁　氏

郁氏，明庠生萧兆锡妻。年二十四守节。明末，贼劫之，同姑溺于水，抱姑出，获全。子荩臣，娶黄氏，年二十二寡。郁病剧，黄泣祷昼夜，灵芝产于庭，撷之，煮以进，病愈。家累三世棺，悉葬之。

郁　氏

郁氏，府庠生吴埈聘妻。埈殁，氏年十九，举所聘物封识之，布衣蔬食，称"未亡人"。及姑殁，贫不能殓，启所封聘物，归其半，曰："此足为姑殓矣！"翁殁，尽举归之。母病，刲臂肉以进，病良已。及殁，哭泣逾年，亦卒。

李　氏

李氏，昆山庠生毛天骏继妻。婚四月而寡，方天骏疾革，手书谕改适。及殓，取所书杂楮帛焚之，曰："此乱命也！"以死自誓。抚嗣子舒有成。守节四十六年。旧题名录无"继"字。

曾　氏

曾氏，府庠生钱以淳妻。年二十寡，无子，翁以幼子命抚之。既而曰："以弟嗣兄，非礼也！"仍按序定嗣抚之。汇录又有钱意澄继妻曾氏。

李　氏

李氏，董慎简妻。年十九寡，守节三十二年。

钱　氏

钱氏，监生许元吉妻。年二十一守节。

金　氏

金氏，闻乾妻。年二十八寡，守节四十七年。以上雍正二年旌。

黄　氏

黄氏，明翰林院待诏陆京妻。京为仇人所害，氏剪发衔刀，哀号奔控，仇人授首。守节五十余年。

陈　氏

陈氏，王自明妻，守节四十八年。

钱　氏

钱氏，盛源妻。源以逋赋出亡不归，氏年二十六，茹苦教子，守节二十八年。

李　氏

李氏，沈晟东继妻。年二十九寡，守节三十四年。

陈　氏

陈氏，庠生周世求妻。年二十四寡，守节三十年。

杨　氏

杨氏，沈尊孟妻。年二十三寡，守节三十四年。

凌　氏

凌氏，侯澄妻。年二十九寡，守节三十四年。

毛　氏

毛氏，进士天麟孙女，府庠生王时亮妻。年十九夫亡，抚侄。卒年五十一。

朱　氏

朱氏，庠生陆祖参妻。年二十一寡，守节二十一年。

华　氏

华氏，庠生吴俊妻。年二十五寡，守节十七年。

陆　氏

陆氏，王象三妻。年二十一寡，无子，依舅姑以守，奉养极孝，抚孤守节三十余年。以上雍正三年旌。

薛　氏

薛氏，明庠生逢圣女，府庠生王玉阶妻。唐孙华为之立传。

薛　氏

薛氏，王汉妻。明末，里中奴隶倡乱，从夫奉姑出走。氏方娠，徒跣数十里。姑病痁患渴，氏以乳汁饮之，三昼夜始达舅所。及归，室家荡尽。年二十八，夫以瘵疾卒，抚子尔心，兼教养。翁姑殁，殡葬尽礼。卒年八十三。尔心，诸生。

周　氏

周氏，顾颖明妻。

程　氏

程氏，李天培妻。

桂　氏

桂氏，狄斌杰妻。

陈　氏

陈氏，杨承先妻。

吴　氏

吴氏，陆珦妻。子溥妻钱氏，姑媳守节并旌。王《志》“珦”作“珣”。以上雍正四年旌。

陆　氏

陆氏，昆山廪生张御妻。年二十六寡，抚孤锜。及长，氏令辑先集，刊世谱。守节三十余年。

周　氏

周氏，童振宗妻。以上雍正五年旌。

张　氏

张氏，周书妻。早寡，抚孤震绪、震细，皆诸生。守节四十四年。

吴　氏

吴氏，赠文林郎、翰林庶吉士闻縠士妻。以上雍正六年旌。

陈　氏

陈氏，李奭望妻。年二十五寡，纺绩以课遗孤瞻为诸生。守节五十余年。

周　氏

周氏，庠生顾燿才继妻。年二十四寡，织纴积资，教遗孤垣为诸生。雍正十一年，海溢，燿才墓为水所漂，氏与垣哀号，求其柩不得。有神降于城西关外，垣往祈之，神示以某月日往海滨某处。如其言往，果得之，遂奉以归。守节四十四年。旧题名录、王《志》无"继"字。

陆　氏

陆氏，张益融妻。

黄　氏

黄氏，冯时菖妻。年二十寡，抚孤陟岵，守节四十一年。

朱　氏

朱氏，尚德女，程焕妻，年二十二寡，苦志守节，抚孤宗坚。题名榜"程"作"陈"。王《志》"焕"作"煐"。

周　氏

周氏，龚尔仁妻，守节三十六年。以上雍正七年旌。

胡　氏

胡氏，廪生钱允锡妻。王《志》复有钱绪宏妻胡氏。按:《彭城宗谱》，允锡，字绪鸿。"宏""鸿"音近，疑即一人。雍正八年旌。

吴　氏

吴氏，庠生凌克悌妻。题名榜"凌"作"吴"。

奚　氏

奚氏，何永先妻。以上雍正九年旌。

顾　氏

顾氏，庠生黄廷简妻。

刘　氏

刘氏，张丰继妻。

欧　氏

欧氏，吕升楣妻。以上雍正十年旌。

蒋　氏

蒋氏，王栋吉妻。

顾　氏

顾氏，罗衮妻。夫亡，鬻所居以葬，并葬祖姑、舅姑四棺。抚周岁孤岵为诸生。

周　氏

周氏，王素安妻，守节四十二年。以上雍正十一年旌。

陈　氏

陈氏，赠儒林郎、监生王之琳妻。夫亡，同妾杜氏守节。雍正十二年旌。

费　氏

费氏，庠生顾元锡妾。元锡殁，绝粒，救苏。守志终身，卒年六十。

朱　氏

朱氏，昆山人，许字徐曾询。未婚夫亡，矢志归徐，以事舅姑。嗣子又亡，因卖屋以葬。至老益贫，依妹以居，卒年六十余。以上雍正十三年旌。

尹　氏

尹氏，黄九苞妻。

陆　氏

陆氏，曾光旦妻，守节三十八年。题名榜“曾”作“曹”。

陆　氏

陆氏，祝瓒臣妻。祠主、王《志》“瓒”作“赞”。

曹　氏

曹氏，钱宏基妻，守节三十三年。

龚　氏

龚氏，顾慎妻。夫亡，抚遗腹子，事舅姑。卒年三十六。以上乾隆元年旌。

陈　氏

陈氏，陆鸿仪妻。

孙　氏

孙氏，陆彭继妻。

陆　氏

陆氏，监生赵贞妻。题名编“贞”作“桢”。

郁　氏

郁氏，潘锡畴妻。

周　氏

周氏，王麟阯妻，幼知经史。夫亡，操作以养舅，训子吉为诸生。舅殁，邻火，氏伏棺哀哭，风回焰灭，人谓孝感。卒年五十九。

顾　氏

顾氏，王之鳌妻。夫殁，家贫，事孀姑，葬父母，抚嗣子全德为诸生。卒年五十二。

张　氏

张氏，王秉宪妻。年二十一寡，事舅姑尽礼，守节五十八年。

赵　氏

赵氏，王俊芝妻。题名录“王”作“黄”。

胡　氏

胡氏，周为庄妻。王《志》作“周庄”。

张　氏

张氏，庠生周张益妻。

闻　氏

闻氏，廪生陆璜妻。年二十六寡，守节三十余年。以上乾隆二年旌。

蒋　氏

蒋氏漪，增生吴德恺继妻。年二十六寡，卒年五十二。祠主无“继”字。

胡　氏

胡氏，程民望妻。

陆　氏

陆氏，周韶祥妻。

诸　氏

诸氏，监生赵锡纯妻。

陈　氏

陈氏，诸信服妻。

吴　氏

吴氏，盛守贞妻。

唐　氏

唐氏，陆世爵妻。夫亡，抚孤守节，日餐糠秕者三十余年。

周　氏

周氏，龚素贵妻。

高　氏

高氏，仲祖山继妻。

戴　氏

戴氏，庠生顾崧妻。

张　氏

张氏，顾惠侯妻。题名榜“顾”作“闻”。

陆　氏

陆氏，钱浩继妻。王《志》无“继”字。

曹　氏

曹氏，监生王玠妾。

陈　氏

陈氏，张四起妻。早寡，家贫，事翁姑孝，抚孤守节四十四年。

沈　氏

沈氏，王子和妻。

张　氏

张氏，金一鹤聘妻。

余　氏

余氏，吴顾荣妻。以上乾隆三年旌。

钱　氏

钱氏，萧瑞妻。

瞿　氏

瞿氏，陆又王妻。

陆　氏

陆氏，附监生凌廷懿妾。

沈　氏

沈氏，刘光敷妻。

郏　氏

郏氏，张镕妻。

陈　氏

陈氏，毛曦谷继妻。王《志》无“继”字。

陆　氏

陆氏，王公序妻。

潘　氏

潘氏，廪生王接武妾。接武殁，事正室吴极谨，训二子安国、青俱诸生，卒年五十四。

黄　氏

黄氏，徽州人，赠奉直大夫邵光龙妾。年十七归邵，邵卒，时生子甫十月。氏僦屋纺纴，抚孤婚娶。后子、妇俱早卒，又抚孙应銮为诸生。守节七十五年。以上乾隆四年旌。

钟　氏

钟氏，明孝子陆安妻。婚甸日，安即之京代父死。临行，呼氏决曰：“我死，分耳！汝年少，改从行时，可以麦饭浇我墓。”氏曰：“君行矣，勉之，吾易处耳！”既安果得代，其父携安骨归。氏发哀入室,自经死。

王　氏

王氏,明张于临妻。

凌　氏

凌氏,明金龙徵妻。年二十七寡,舅姑逼改适,守节愈坚,奉事愈谨。卒年七十八。

陆　氏

陆氏,钱棠妻。年二十四夫亡,抚侄黄照为嗣,卒年七十四。黄照,诸生。

徐　氏

徐氏,汤发祚妻。

周　氏

周氏,李文治妻。

张　氏

张氏,曹子蕃妻。旧题名录"蕃"作"藩"。

唐　氏

唐氏,丁旒妻。王《志》"旒"作"毓"。

陆　氏

陆氏,闵宗钪妻。题名榜、旧题名录"钪"作"锍",王《志》作"铣"。

柳　氏

柳氏,陆竑妻。生子未周,竑殁,氏操作以抚孤云标成诸生。守节二十余年。王《志》"竑"作"铉"。

过　氏

过氏,镇海卫丁陈于忱妻。旧题名录"忱"作"恍"。

欧　氏

欧氏,俞抡妻。

陆　氏

陆氏,张浩妻。

王　氏

王氏，庠生一中孙女，萧懿业聘妻。年二十夫夭，守贞二十七年卒。以上乾隆五年旌。

杨　氏

杨氏，明曾起元妻。年二十七寡，无子，置嗣。顺治乙酉六月，遇兵，匿荒冢中。兵挟之走，氏坚拒，引领曰："速杀我，我守节已十年，不可夺也。"兵怒，砍数刀。绝而复苏，卒以善终。

杨　氏

杨氏，明庠生曾环妻。年二十八寡，守节四十五年。

顾　氏

顾氏，王清妻，守节四十二年。

周　氏

周氏，王国璋妻，守节四十年。

陈　氏

陈氏，王宝国妻。家贫，纺绩奉翁姑，抚孤子，守节五十六年。子祖植妻全氏，植卒，守节三十九年。王《志》作"国宝"。

王　氏

王氏，吕应爵妻，守节四十六年。旧题名录"吕"作"李"。以上乾隆七年旌。

史　氏

史氏，封文林郎明沈文明妻。年二十三寡，守节五十六年。

周　氏

周氏，赠通奉大夫、明庠生沈昌灏妻。年十九寡，守节三十一年。

张　氏

张氏，陆士龙妻，守节四十余年。

钱　氏

钱氏，贡生张焕妻。

唐　氏

唐氏，朱国麒妻。

程　氏

程氏，顾天爵妻。家贫，守节四十余年。

顾　氏

顾氏，崇明庠生董有庆继妻，守节四十三年。旧题名录、祠主无“继”字。

朱　氏

朱氏，嘉定人方致安妻。夫亡，抚二孤，并殁。次子洽聘妻顾氏，名贞，洽夭，衰绖来哭，誓死守贞。题名榜“顾”作“李”。

金　氏

金氏，吴文俊妻，守节四十二年。

孙　氏

孙氏，李叔佩妻。

刘　氏

刘氏，戴藻如妻。年二十六寡，抚孤尚宾，守节六十七年。题名榜作“戴鉴”。

邹　氏

邹氏，曹虞翌妻，守节四十余年。

吴　氏

吴氏，庠生陆照妻。

朱　氏

朱氏，陈振威妻。抚孤枏为诸生，守节三十余年。

顾　氏

顾氏，程继鹤妻。

季　氏

季氏，顾贞侯妻。

李　氏

李氏，王梦蛟聘妻。梦蛟卒，抚嗣子喆，守贞三十余年。

李　氏

李氏，周鲁观聘妻，守贞四十余年。

曹　氏

曹氏，黄观光妻。以上乾隆八年旌。

钱　氏

钱氏，吴彦通妻。

陶　氏

陶氏，谢华彦妻。

王　氏

王氏，毛侃妻。夫亡，抚孤诩娶妇，未几，诩又夭，后抚侄子敬中为嗣，卒年八十。祠主作“侃之”。

张　氏

张氏，监生金学浦妻。

盛　氏

盛氏，监生金学沧妻。以上乾隆九年旌。

李　氏

李氏，程进妻，守节六十余年。

吴　氏

吴氏，庠生郁元裳妻。年二十八寡。雍正十年海溢，夫柩漂失，率二子哭求旷野，越两月，卒得之。守节垂四十年。

侯　氏

侯氏，王源度妻。

吕　氏

吕氏，钱金锡妻。夫亡周岁，挈孤濬依母居，守节四十年。濬，举人。

陆　氏

陆氏，陈拭妻。旧题名录、王《志》“拭”作“栻”。

邢　氏

邢氏，吕元埙聘妻。祠主作“吕门贞女”，汇录又有“吕门尹氏”。

朱　氏

朱氏，钱天鉴聘妻。年十八，夫亡来归，守贞定嗣，卒年四十。

何　氏

何氏，钱一泓妻。自以体羸，恐艰于嗣，为夫置二妾姚氏、王氏，各举子女一。氏年二十八寡，与二妾同守节，教子位德为诸生，先后旌表。氏卒年六十六。

张　氏

张氏，顾赞妻，守节四十四年。

陈　氏

陈氏，华世荣妻。祠主作“绍芳”。

黄　氏

黄氏，候选州同王尊美妾。

高　氏

高氏，吕方旭妻。

王　氏

王氏，邢廷镜妾。

王　氏

王氏，邢武秦妾。依旧题名录、祠主。

季　氏

季氏，府庠生王光宗妻。

袁　氏

袁氏，薛介玉妻。

浦　氏

浦氏，府廪生盛亨继妻，与妾项氏同守节。

张　氏

张氏，陈汝南继妻。以上乾隆十一年旌。

周　氏

周氏，徐清妻。夫亡九日，生子勔。家贫，矢志守节四十年。又清弟挺妻顾氏，早寡，无子，与周共事老姑，守节四十二年。

杨　氏

杨氏，高旷之妻。

陈　氏

陈氏，高茂德妻。

毛　氏

毛氏，王馨縠妻。旧题名录、王《志》“縠”作“毂”。以上乾隆十二年旌。

陆　氏

陆氏，顾思仁妻，守节四十余年。

周　氏

周氏，黄景妻。

倪　氏

倪氏，杨俊妻。

王　氏

王氏，吴麟锡继妻。

顾　氏

顾氏，李淇妻。

朱　氏

朱氏，周世爵妻。以上乾隆十三年旌。

陈　氏

陈氏，孙茂甫妻。

施　氏

施氏，徐觉妻。

余　氏

余氏，李世渊妻。以上乾隆十四年旌。

朱　氏

朱氏，张肇基妻。

张　氏

张氏，闻晋侯妻。

顾　氏

顾氏，张怀德妻。

王　氏

王氏，庠生杨峰妻。守节四十八年。

瞿　氏

瞿氏，龚瑞仪妻。以上乾隆十六年旌。

胡　氏

胡氏，张攀桂妻。夫亡，殡后赴宅旁池水死，年二十四。乾隆十七年旌。

萧　氏

萧氏，陆桢妻。年十九寡，奉侍两世舅姑，抚嗣子元熊，守节三十余年。旧题名录“桢”作“祯”。

刘　氏

刘氏，王煜妻。年二十寡，孝事舅姑，抚嗣子应造为诸生，守节四十年。题名录“煜”作“熤”。以上乾隆十九年旌。

叶　氏

叶氏，萧翊妻。乾隆二十四年旌。

沈　氏

沈氏，陆振妻。

沈　氏

沈氏，陆麟祥妻。题名编云："陆振、陆麟祥疑系一人，而节孝祠俱有主，今并存之。"

周　氏

周氏，俞念曾妻。

张　氏

张氏，蒋受慎妻。

冯　氏

冯氏，曹应侯妻。

王　氏

王氏，监生钱一泓妻。以上乾隆二十五年旌。

范　氏

范氏，钱缵曾妻。年二十九寡，守节五十年。

杨　氏

杨氏，顾秉贞妻。以上乾隆二十九年旌。

高　氏

高氏，赵勋妻。旧题名录"勋"作"煦"。

王　氏

王氏，金鸾妻。以上乾隆三十年旌。

顾　氏

顾氏，曹翼妻。乾隆三十一年旌。

俞　氏

俞氏，方超妻。

陆　氏

陆氏，张仁佩妻。家贫守节，抚养五子，卒年八十二。以上乾隆三十二年旌。

张　氏

张氏，李宗翰妻。年二十一寡，无子，抚侄邦彦为嗣，卒年七十三。

张　氏

张氏令仪，年十七母病，刲臂作汤以进，立愈。适昆山李嵩年，早寡，事舅姑尽孝，抚养孤子。以上乾隆三十三年旌。

余　氏

余氏，季佐仁妻。夫亡，立侄秉义为嗣，守节四十九年。

华　氏

华氏，凌秀章妻，守节五十七年。

林　氏

林氏，王文广妻。年十九，守节抚孤。寓居常熟，由常熟县详题。以上乾隆三十五年旌。

周　氏

周氏，庠生陆偀妻。夫亡，抚侄缵杰为子，比长，复夭，氏守节四十年。

徐　氏

徐氏，廪生王士美妾。

钱　氏

钱氏，庠生王格妾。年十九寡，抚孤守节六十余年。旧志“格”作“革”。以上乾隆三十六年旌。

凌　氏

凌氏，马峰秀妻。年二十七寡，遗孤殇，嗣侄尔绳，缩衣食，积金以葬三丧，卒年七十七。

金　氏

金氏，钱模妻。夫亡，抚侄元熙为子，守节四十二年。

王　氏

王氏，顾大本妻。年二十四寡，抚侄棨为子，卒年五十三。

薛　氏

薛氏，贡生顾凤池妾。夫殁，守节，奉主母甚虔。生子兆惺甫周岁，教养之，历四十年如一日。

萧　氏

萧氏，候选县丞王师靖继妻。

陈　氏

陈氏，监生王师度妻。

朱　氏

朱氏，王瑄聘妻。王《志》“瑄”作“暄”。

吴　氏

吴氏，顾煦妻。

闻　氏

闻氏，冯栋妾。

陆　氏

陆氏，顾烛妻。

陆　氏

陆氏，许宏绪妻。

张　氏

张氏，赠登仕郎许大成妻。夫亡，自经，救苏，耳后带痕不灭。孝事舅姑，抚孤守节五十五年。以上乾隆三十七年旌。

朱　氏

朱氏，胡士进妻。

钱　氏

钱氏，张德远妻。夫亡，事舅孝。舅病足，海溢，氏奉舅避高处获免。祖茔地为族人鬻去，氏趋售者家赎归。性方严，人敬畏之。

顾　氏

顾氏，胡天申妻。夫亡，抚嗣子学寅为诸生，旋夭，复抚从孙为后，卒年五十八。以上乾隆三十八年旌，

王　氏

王氏，陈端如妻。

胡　氏

胡氏，监生郁肇基妻。以上乾隆三十九年旌。

章　氏

章氏，张鸣雷妻。早寡，孝事舅姑，抚子梦珠多年。子、妇相继死，又抚孤孙尚奎，前后力举三丧。

季　氏

季氏，监生陆之芬妻。

沈　氏

沈氏，镇海卫籍杨无斁继妻。夫殁，抚子调，孝事舅姑，丧葬尽礼，卒年五十七。

陆　氏

陆氏，徐洪聘妻。养于徐氏，未婚，有陈才者艳氏美，百计诱之，不从。乘间犯之，大呼杀人，才遁去，遂自缢，时年十八。知州鞫得其实，才坐绞。以上乾隆四十年旌。

董　氏

董氏，沈涣如妻。乾隆四十一年旌。

朱　氏

朱氏，王允中妾。

孙　氏

孙氏，举人周之辙妻。祠主作"次苏"。

宋　氏

宋氏，姚文英继妻。依题名榜增。以上乾隆四十二年旌。

顾　氏

顾氏，闻鼎爵妻。乾隆四十三年旌。

郁　氏

郁氏，监生顾恬继妻。

赵　氏

赵氏，徐云高妻。年二十六寡，夫殡，踊身坠楼，家人救免，守节终身。以上乾隆四十四年旌。

凌　氏

凌氏，马廷珍聘妻。题名榜“马”作“冯”。乾隆四十五年旌。

侯　氏

侯氏，附贡生赵岩妻。抚遗孤廷桂，旋以羸疾卒，择从孙同照、惇裕为后，守节三十三年。

沈　氏

沈氏，张思孝妻。王《志》作“孝思”。

钱　氏

钱氏，王俨妻。以上乾隆四十六年旌。

陆　氏

陆氏，徐焕章妻。乾隆四十七年旌。

陈　氏

陈氏，季信仁妻。乾隆四十八年旌。

陆　氏

陆氏，监生冯经妻。乾隆四十九年旌。

郁　氏

郁氏，王之瑞妻。年二十二守节，家贫，针黹自给。孝于姑，遘疾，恐不及葬夫，急弃田营窀穸。

胡　氏

胡氏，冯毓鲲妻。祠主"毓"作"育"。

王　氏

王氏，吕元秀妻。以上乾隆五十一年旌。

王　氏

王氏贞，字慕贞，冯策勋聘妻。幼娴诗礼。年十五，策勋殁，讣至，三日不食，赋诗五章，扃户自缢。救苏，颇然曰："曷为活我？"后将议婚他族，绝粒八日而殁。

王　氏

王氏，廪生何兰妻。兰以家贫，聘而未娶。及病咯血濒危，谋娶妇奉母，人咸难之。氏闻，涕泣愿往。婚七日，兰死，经纪丧葬，事姑以孝闻。以上乾隆五十四年旌。

徐　氏

徐氏，冯元勋妻。年二十一寡，勤纺绩以事舅姑。无子，以从子垣为后。垣，诸生。

王　氏

王氏，监生陆元默妻。以上乾隆五十五年旌。

陆　氏

陆氏，徐九龄妻。题名榜"九"作"元"。

胡　氏

胡氏，周文妻。婚九日，夫亡，奉养舅姑十年。逮夫弟年长，谓人曰："今奉养有人，我可从夫地下矣！"遂自缢。

胡　氏

胡氏，周文虎妻。婚三日，文虎死，哀恸欲殉，家人劝止之。尝作《落梅吟》曰："可怜既被寒霜压，又遇狂风作雪飞。"终丧后自尽，年二十五。题名榜作"虎文"。以上乾隆五十六年旌。

许　氏

许氏，监生陆煌妻。

许　氏

许氏，李濬妻。

王　氏

王氏，庠生闻梦奎妻。

金　氏

金氏，庠生陆觐宸妻。以上乾隆五十七年旌。

王　氏

王氏，杨继祖妻。

陆　氏

陆氏，顾镛妻。

许　氏

许氏，陆锡三妻。依题名榜增。以上乾隆五十八年旌。

王　氏

王氏，周聚五妻。夫殁，侍奉舅姑。姑病笃，刲臂肉以进，病霍然。守节四十四年。

陆　氏

陆氏，吴元佐聘继妻。元佐殁，氏年二十四，闻讣，引刀自刎，家人救止之。兄亦早卒，与嫂刘氏同居，矢志三十年如一日。父病，日夜吁天，两膝皆肿。祠主、王《志》无“继”字。

刘　氏

刘氏，陆庭桂妻。

吴　氏

吴氏，监生张士才妻。年二十五寡，无子。士才祖父母、父母俱在堂，氏事之曲尽孝道，抚侄为后，夜常纺织伴读，守节终身。以上乾隆六十年旌。

李　氏

李氏，王栋材聘妻。栋材卒，矢志守节，为夫立后，教诲婚娶。

徐　氏

徐氏，汤君珮妻。年二十七寡，家贫，日进两粥，杂以糠秕。冬寒无被，惟奉姑以甘脆，姑寿九十三终。氏守节四十七年。子沐。以上乾隆年旌。

凌　氏

凌氏，孔广珍妻。年二十八寡，孤德元甫二岁，抚之长成。事舅姑尽孝。舅殁，事姑益谨。邻火延烧姑室，氏急负姑以出，倏忽风转，仅焦数椽，咸谓孝感。姑殁，拮据营丧葬。守节三十年。

顾　氏

顾氏，陆幼成妻。年二十六寡，守节终身。以上嘉庆二年旌。

陶　氏

陶氏，庠生沈浩妻。年二十五寡，子一桂甫生五月，抚之，又不永年。姑以痛孙殁，氏曰："吾不即从夫者，以有姑与子耳！今复何俟？"哀痛逾月卒。

李　氏

李氏，新阳人张尚奎聘妻。年二十尚奎殁，讣至，闭户自缢，救苏。愿至夫家守贞，父母许之，奔丧凭棺，一恸几绝。祖姑及生姑再三劝谕，始止。一夕，生姑卧室将圮，氏急扶出，屋就倾，得无恙。嗣子荣庆、荣桂。

汪　氏

汪氏，建德县知县王宾妾。年二十九寡，绩麻种蔬，暇则诵经，守节三十四年。以上嘉庆八年旌。

陆　氏

陆氏，王宗祥妻。年二十四守节。嘉庆九年旌。

陆　氏

陆氏，王宸麟妻。年二十二寡，事舅姑能代子职。舅姑卒，夫兄嫂亦相继殁，窀穸事一身任之。夫与夫兄俱无子，嗣堂侄鸿宝为兼祧子。氏卒年五十八。鸿宝，廪生。嘉庆十一年旌。

高　氏

高氏大姐，初被州民叶五福言语调戏，复因钱连生辱詈，气忿自缢。题本特旌。

陶　氏

陶氏，曹湘妻。年十九寡，抚嗣子霖为诸生，先卒。遗孤元熙、元照，氏抚之。以上嘉庆十二年旌。

丁　氏

丁氏，庠生凌泰宗妻。年二十八寡，孝事舅姑，抚嗣子在鋆，教养备至，皆取给于十指。舅姑丧葬，缩衣节食成之。

吴　氏

吴氏，曹礼妻。年二十五寡，以侄庆学为嗣而夭，又嗣侄佩言，教养娶妇，得孙三人。初，氏丧夫时，姑已六十五岁，代子职者二十年。姑殁，择地葬舅姑及夫柩。

吕　氏

吕氏，监生蒋光祖继妻。年二十三寡，抚前室顾氏所生子治如己出，事孀姑能代子职，守节二十一年。

王　氏

王氏，庠生毛钛妻。以上嘉庆十三年旌。

陆　氏

陆氏，监生陈本立妻。年二十七寡，事姑及生姑能兼子职。嗣子印甚幼，抚长，娶妇生二孙，守节四十余年。

钱　氏

钱氏，庠生陆均妻。年二十四寡，遗两孤学锦、学钦俱幼，氏辛苦抚教成立。学锦，增广生；学钦，举人。以上嘉庆十四年旌。

姚　氏

姚氏，张九皋妻。年二十七寡，孝事舅姑，抚孤茂松、茂柏，营葬舅姑及夫，守节三十年。嘉庆十六年旌。

陈　氏

陈氏，监生吕士铣妾。年二十二寡，子生甫七月。夫病革，以抚孤为嘱，氏饮泣受命。遗孤旋殇，以侄怀清为后。舅姑及夫柩在殡，卜地营葬。守节四十年。

俞　氏

俞氏，徐康珣妻。年二十五寡，家赤贫，薪水恒不给。二孤俱痘殇，嗣侄镛为子，教之成诸生。守节四十二年。以上嘉庆十七年旌。

黄　氏

黄氏，陈玉树妻。年二十四寡，家甚贫，纺织以供孀姑，守节三十年。嗣子大煜。题名录“黄”作“王”。

张　氏

张氏，王之经妻。年二十七寡，事嗣姑及本生舅姑尽孝，抚嗣子士麟，卒年七十七。以上嘉庆十八年旌。

方　氏

方氏，邵士涛妻。年二十七寡，抚孤基宇，娶妇欧氏，亦寡，姑媳相依守节。氏年七十卒，欧年二十二而寡。方尝病，欧割臂肉以进，病就痊。氏卒年七十七。嗣侄廷熊为子。以上嘉庆二十年旌。

严　氏

严氏，武生曹沛继妻。年二十六寡。子荫椿甫四岁，辛勤抚教，积资营葬。荫椿亡，又与媳同抚孤孙焉。守节四十年。

吕　氏

吕氏，庠生陆肃妻。年二十二寡，事舅姑孝。舅殁，即为营葬，以夫祔之。姑年逾九十，氏亦垂白，扶持抑搔，未尝稍怠。夫著《秋槎诗稿》，为付剞劂。子震昌、萃昌。以上嘉庆二十二年旌。

张　氏

张氏，监生周煌继妻。年二十八守节，抚堂侄基为后。嘉庆二十四年旌。

方　氏

方氏，龚濬妻。年二十六寡，抚侄樟娶妇。数载，樟殁，抚侄孙煦为孙，与媳同守节。举舅姑及夫柩葬之。嘉庆二十五年旌。

叶　氏

叶氏，庠生周金相妻。年二十八寡，遗腹生男述，善抚之。姑年迈，有锢疾，事之惟谨。有夫叔并叔母，年老无依，氏迎养于家，节己用以供其衣食。道光元年旌。

吕　氏

吕氏，监生蒋耀祖妻。年二十三守节，抚嗣子治成立。道光六年旌。

朱　氏

朱氏，庠生陆榕孙继妻。年二十七寡，事姑能得欢心。子麟书，举人。

吴　氏

吴氏，庠生闻世杰妻。年三十寡，舅姑俱年迈，姑患瘫证，卧床六年，氏侍奉极周。舅姑相继卒，孤子含章，娶妇后亦卒，终身茹苦，卒年七十余。

唐　氏

唐氏，候选员外郎毕泷妾。年二十八寡，子熙、曾兄弟尚幼，抚之心力交瘁，以劳成疾卒。

朱　氏

朱氏，昆山庠生刘文生妾。年二十八寡，训所生子应钧极严。应钧以拔贡充镶红旗教习，在部呈请得旌。

彭　氏

彭氏，苏州内阁侍读学士绍咸女，钱肯堂妻。年二十三寡，成婚才数月，生遗腹子钦浩。氏躬自节俭，乐为善事，周给戚党，守节十四年卒。钦浩，有传。

徐　氏

徐氏，王应凤妻。年十九夫亡，绝粒不欲生。祖翁谕以代夫孝养，泣受命。事祖翁及舅姑尽孝，守节三十年。嗣子瀛，诸生。

唐　氏

唐氏，凌上奂继妻。年二十三，结缡五月寡，以侄纯武为嗣，仰事俯育，备尽心力。晚年，集生平女工之积，营舅姑及夫葬事。

王　氏

王氏，欧学苏妻。年二十九寡，时祖姑年六十八，承事惟谨。忽患血证甚危，氏割股以进，得痊。抚侄性义为嗣。

马　氏

马氏，吏员谢文光妻。年二十六寡，夫殁，誓以身殉。祖姑年逾八旬，舅姑咸在堂，共劝勉之曰："汝襁褓在怀，遗腹在身，不为我两代老人计耶？"氏泣受命，抚子思岵，守节二十一年卒。以上道光七年旌。

金　氏

金氏，虞新益妻。年二十九寡，卒年六十四。子廷魁、玉衡。道光八年旌。

陆　氏

陆氏，施大义妻。年二十三寡，结缡仅三月。阅十五年，始得抚堂侄宝芝为后。道光九年旌。

吴　氏

吴氏，黄景陶妻。年二十八夫亡，誓从夫地下，舅姑劝慰，稍节哀，奉事靡不尽瘁。嗣侄寿昌为后。翁尝患头疽，医治不效，氏日夜吁天，愿以身代。阅月，氏无疾而逝，翁病遂痊。里党咸谓孝感。

邹　氏

邹氏，无锡人，庠生王文潞妻。年二十三寡，事舅姑孝。迨姑殁，哀痛而卒。守节二十四年。

柯　氏

柯氏，吴信孚继妻。年二十五寡，抚前室所生二子如己出。二子相继殁，遗一孙，与两媳同抚之，一门守节。

曹　氏

曹氏，陆福基妻。年二十二成婚，逾月而寡，勺水不饮，亲族以姑老、嗣子尚幼为劝，始进糜粥。事堂上以孝闻。姑卒，氏曰："吾可从夫地下矣！"旋卒。守节二十年。

周　氏

周氏，钱兆熙妻。年二十四寡。子抡选娶妇，旋即病亡，氏与媳陆氏同守节，卒年六十七。陆氏年二十三寡，事姑生养死葬俱尽诚敬，以侄金诏为两祧子，守节四十七年。

金　氏

金氏，钱咸熙妻。年二十二寡，子曾埰十岁，通五经，氏挑灯课读，有丸熊画荻[1]风。守节十六年卒。曾埰妻金氏，年二十五守节，子金诏兼祧伯父抡选后，守节四十年。

1　丸熊：唐柳仲郢母韩氏，以熊胆和丸，令仲郢咀嚼，以助勤读。画荻：宋欧阳修母郑氏，以荻画地，教修写字。用以称赞母亲教子有方。

钱　氏

钱氏，赵应松继妻。年二十六守节，抚前室子熙泰为诸生。

王　氏

王氏，杨锦绅妻。年二十二守节。

周　氏

周氏，陆梦龄妻。年二十九守节。以上道光十年旌。

戴　氏

戴氏，昆山人，赵凤冲妻。年二十一寡，以事舅姑、抚孤儿为己责，守节三十二年。子念椿继妻顾氏，以孝称。念椿尝游幕山东，戴患背疽，顾衣不解带者累月。夫亡，顾年三十，守节三十四年。抚孤庚吉，教养兼至。庚吉，岁贡生。

张　氏

张氏，胡承宗妻。年二十寡，苦志守节。

许　氏

许氏，崔良球妻。年二十七寡，抚遗腹子大魁，家业田，亲督耕作不倦。以上道光十二年旌。

陆　氏

陆氏，镇海卫运职杨球妾。年二十五寡，所生子联奎尚幼，抚养长成，承其世业。

郭　氏

郭氏，俞交泰妻。年二十一，成婚未两月夫殁，氏口不茹荤，足不逾阃，历三十年卒。嗣子云程。以上道光十四年旌。

王　氏

王氏，苏州人，庠生邵瑞宇继妻。年二十四寡，守节四十一年。嗣子廷槱。

萧　氏

萧氏，朱宏业妻。年二十五寡，事舅姑尽孝。子文奎。

曹　氏

曹氏，监生沈师约妻。年二十七寡，奉姑抚子，守节终身。子翔凤。

孙　氏

孙氏，镇海卫籍，高晋三妻。年二十六寡，成婚仅百日。抚侄治均为嗣。

朱　氏

朱氏，王新聘妻。年十七，新卒，讣闻，惊仆，衰绖奔丧，勤纺织以奉姑。姑卒，质衣营丧葬。以上道光十六年旌。

卷十六　人物

太仓州列女二

谢　氏

谢氏，元沈庆一妻，年二十八寡。至正十二年，方国珍沿海肆掠，氏度不免，积薪自焚。寇退，家人得其骨葬之。

张　氏

张氏，元周某妻。父水军百夫长，时义兵元帅贪，谋刺之，事泄，夷其家。氏年十七，殊色，械武陵桥下，当刑。帅子诱之活，氏曰："岂有父母死而我独生乎？"帅子拔刀加其颈，氏骂曰："死耳！奈何浼我？"乃顾所亲曰："我有遗金在某所，其葬我亲，祔妾夫侧。"帅子度不可胁，杀之。今桥上里人立周烈妇祠，即其殉节处也。旧题名录作"周生"。

庄　氏

庄氏，元泉州人，海盐陈思恭妻，宝生母。思恭出贩，死于水。人闻庄贤丽，求之，辄誓死。前妻子在海盐，庄遗钱赡之。思恭贷友钱五千缗，氏曰："奈何使夫有负债名？"倾家偿之。后宝生筑春草堂于太仓，奉母居之。宝生，有传。

沈　氏

沈氏，明邹麟妻。洪武初，麟战死，或劝改嫁，氏不许，以哀毁卒，年二十八。

唐　氏

唐氏，明曹士则妻。夫亡，子幼，翁目眚，姑复病。舅姑殁，丧葬尽礼。守节四十余年。旧题名录、旧志作"唐士则妻曹氏"。

钱　氏

钱氏，明胡原妻。幼读《孝经》，知大义。洪武末，原以事戍云南，逃归，坐弃市。氏亦自经，时年二十八。

某　氏

某氏，明陈德母。

陈　氏

陈氏，明袁华母。

胡　氏

胡氏淑宁，明杨皓聘妻。年十九，皓死，父讽之云："《礼》：女子未庙见，犹不成妇。"氏曰："不闻女子从一终乎？"遂守贞至老。

王　氏

王氏，明张敬妻。敬客死于宁波，二子幼，氏徒跣求夫丧，日夜缉麻苧为活。或讽以改图，氏即剺面灼顶，矢守不渝。

钱　氏

钱氏，明陆茂妻。茂病，氏纺绩以奉汤药。岁余，茂死，祭毕自缢，年二十三。

徐　氏

徐氏，明昆山王原甫妻。夫亡，遗一女，抚之女及笄，复死，伶仃孤苦。卒年八十六。

顾　氏

顾氏，明王某聘妻，少育于叔。夫死，矢志守贞。叔复许嫁徐某，至日，强氏至徐所。氏哭曰："我故王郎妻也。"乘间自缢。及殓，上下衣俱结不可解。旧题名录作"王郎"。

杨　氏

杨氏淑贞，明奚昌龄妻。年十九寡，家贫，抚遗腹孤瓒。守节四十余年。旧题名录"贞"作"真"。

杨　氏

杨氏善英，顺天人，明修撰张泰继妻。婚三载，泰卒，依兄居，抚孤屿长为译字官。

孙　氏

孙氏，明陈古民妻。夫殁，家贫。母家颇富，欲迎女，泣谢曰："我守为谁？死于陈矣！"卒不归。

钮　氏

钮氏，明周康妻。年二十八，康殁，奉舅姑尽孝。

凌　氏

凌氏，明赵角妻。夫亡，纺绩养姑。姑卒，营葬。抚孤洪修为诸生。

方　氏

方氏淑莲，明金瓛妻。婚半载，瓛客死，无子，氏矢志自守。宗人劝毋自苦，氏泣不从，守节至八十余岁。

陈　氏

陈氏，明徐伭妻。年二十五寡，家贫，抚孤旋夭，守节四十年。

庄　氏

庄氏，明滑闵妻。年二十三寡，抚孤女，独居一室。女长适人，迎养，不往，指所居曰："此滑氏之庐，我所为守者也。"卒年七十五。王《志》"闵"作"闻"。

吴　氏

吴氏，明陈瓛妻。年二十四寡，孝事姑。姑卒，丧葬尽礼。抚孤守节，卒年七十九。

毛　氏

毛氏，明江山妻。年二十三，山卒，所居适火发，抱其孤与夫主而出。守节以终。

周　氏

周氏，明顾伦妻。家贫，守节，卒年九十余。

周　氏

周氏，明陈伦妻。年二十二寡，舅姑殁，归母家守志，抚兄子墨后成进士。

某　氏

某氏，明弘治四年大水，饥，夫鬻妻于卖饧男子，与妻诀别。氏与卖饧者行数十步，过小桥，即投水死。

张　氏

张氏，明徐徽妻。夫亡，抚侄龙为嗣，守节年七十一卒。龙亦尽孝，孺慕终身。

吴　氏

吴氏，明庠生张侃妻。年二十，侃应试，卒于京。孤凤翔未期岁，舅姑且老，氏矢节不渝，卒年七十九。

沈　氏

沈氏桂英，明陆润妻。年二十寡，自经者再，为守者所持，乘间死之。

茅　氏

茅氏，明陆枢妻。幼习小学、《孝经》。年二十三寡，纺绩自给。有《携孤上坟》诗，世多传之。

王　氏

王氏，明周允元妻，守节三十年。

周　氏

周氏，明黄钦妻。早寡，父母觇之，泣曰："我死与守耳！"卒年八十。

杨　氏

杨氏，明沈坤妻。避倭旷野，为所执，胁以刃，不动。得间投水，倭怒，取巨瓮击之，死水中。据《风林备采》。《府志》"杨"作"薛"，金《志》"坤"作"昆"。

邱　氏

邱氏，明王尧臣妻。倭至，以夫病不忍去。贼强污之，不从，支解死。旧题名录"尧"作"克"。

郁　氏

郁氏，明朱宋妻。汲水井上，倭猝至，不受污，被十五创死。

某　氏

某氏，明戴洗白妻。拒倭，剖腹投水中。

某　氏

某氏，明赵某妻。遇倭，不从，身被数创，与夫同死。旧志作"赵卖面妻"。

某　氏

某氏，明直塘人。嘉靖十三年，倭寇直塘，群聚大姓徐老佛家。徐举家避常熟，二仆居守，匿楼重脊下。见贼掠一少妇至，貌甚美，百计求奸，妇不听。贼始则拜跪笑舞媚之，继以怒，扬刃胁之，妇终不为动。贼憾，以刀剸其小腹，肠胃迸出而死。惜姓氏不传。

朱　氏

朱氏，明曹炫妻。年二十七寡，抚嗣子志学成诸生。知州熊桴表曰“苦节”。

项　氏

项氏，明吕小二妻。年十八寡，夫庶出兄弟析产不及氏，氏忍苦茹贫，守节终身无怨。

唐　氏

唐氏，明武扬女，昆山朱康伯妻。母徐氏，以贞烈自经。时氏甫在怀抱，育于祖父母。年十九归朱，夫亡，殓毕，自经灵几侧。

张　氏

张氏，明某妻。夫死，夫弟夺产逼嫁，氏逃归兄所。夫弟侦其兄出，劫之以如所许陆姓。氏乘间缢，陆归其尸，葬于故夫侧焉。

张　氏

张氏，明陈士泽妻，守节三十六年。

陈　氏

陈氏，明昆山归善世妻。疾革，遣归侍母，氏泣曰：“妾无复归理，生死从夫耳！”夫殁，氏守二玉珥，一以含善世，留一以自含，曰：“以此为泉下信也！”欲自裁，母持之。一日，沐浴更衣，出拜舅姑。至夕，结缳于床，救之苏。明日，伺间自经死。

王　氏

王氏，明张昭妻，守节三十余年。

张　氏

张氏，明丁遂妻。年十八寡，守节四十四年而殁。殁时，有“明月半天魂久逝，白头今日见君时”之句。

陈　氏

陈氏绣金，明周墅家婢。墅纳之，未几殁，绣金年二十二，矢志自守，勤苦终身。

王　氏

王氏，明周宾妻。年二十五寡，子东川方在襁褓，氏独处一室，屏绝问遗，父母家亦不往。

殷　氏

殷氏，明郁迟妻。年二十五寡，守节三十年。迟弟适，妻杨氏，亦早寡守节。

陈　氏

陈氏，明周镳妻。年二十七寡，教子泄为诸生。卒年九十一。

朱　氏

朱氏，明吕楠妻。年二十七寡，遗腹子尚在襁褓。倭乱，氏约儿置怀中亡匿，得脱。卒年七十二。

王　氏

王氏，明庠生薄化醇妻。年二十六寡，抚孤守节。

唐　氏

唐氏，明郑强齐妻。年十九寡，无子守节。

陈　氏

陈氏，明周敬思妻。年二十二夫亡，抚二孤麟、凤，守节五十一年。《沙溪志》作“思敬”。

柏　氏

柏氏，明王崇本妻。年三十夫亡，抚孤守节五十八年。子瑞蔻，贡生。

何　氏

何氏，明顾尔仁妻。年二十四，寡舅姑怜其贫，欲嫁之。氏闭户不出，纺绩自给，营葬夫柩。守节五十余年。旧志作“浦氏”。

钱　氏

钱氏，明周孟德妻。年二十九夫亡，家贫，矢志抚孤子玉，卒年八十余。

管　氏

管氏，明佥事志道从侄女，庠生郑都妻。幼识大体。年二十适都，都亡，无子，后姑凶戾。氏年未三十，舅趣之嫁，氏不从，则夷其灶。氏以死自誓，悬釜而炊，烟塞栋宇。戚属哀之，劝复灶，氏曰：“复灶是逆翁命也！”遂釜炊终身，卒年五十八。

薄　氏

薄氏少君，明廪生沈承妻。承有隽才而夭，少君为诗百首哭之。逾年，值承忌日，酹酒，一恸而绝。

曾　氏

曾氏，明俞待诏妻。

陈　氏

陈氏，明朱霆母。

金　氏

金氏，明王问津妻。夫亡，毁容守节。子冲宇，娶妇黄氏而夭，与媳抚孤孙显赤。又遭兵燹，两世以苦节闻。

曹　氏

曹氏，明王南瀛妻。夫亡，抚孤克之。克之亦夭，与媳曹氏抚孤孙均，俱以苦节终身。

王　氏

王氏，明陈元吉妻。年二十夫亡，抚孤光允有成，守节五十余年。光允长，以孝闻。

周　氏

周氏，明庠生杨克清妻。夫殁，遗孤尚幼，氏课耕织。值明季荒乱，勤苦备至，教子永言有学行。

苏　氏

苏氏妙真，明黄迪妻。迪殁，将殓之夕，自缢尸旁，家人救免。里人闻其贤，欲娶之。氏闻，以刀断一指自誓。卒年七十七。

郑　氏

郑氏，明夏恕妻。恕为四川布政使，抵重法，氏没为指挥家婢。主欲以为妾，氏不从。出金玉锦绣诱之，截耳自誓，为尼以终。

冯　氏

冯氏，明昆山人，年十七归陈某。夫殁，借女红自给，抚三月孤照为诸生，寻亦殁。先是，氏有妹年十七，归昆山张生。逾年，夫死，无子，移家太仓，相依三十余年。皆八十余岁卒。

唐氏

唐氏，明王廷对妻。年十九，夫殁。无子，赁庑耕织自给，守节四十余年。

龚氏

龚氏，明项某妻。年十四，项夭，矢志守贞。长斋礼佛，日织布一匹以资薪水，垂二十年。后欲为夫立后，请于州，上其事于台司，未成，惋愤卒。

庞氏

庞氏，明王屿妻。有疾，屿家欲出之，投缳死。

章氏

章氏，明庠生周杞妻。杞殁，氏恸绝复苏，寝苫数日，灭性死。

张氏

张氏，明金声亮妻。婚半载，夫死，绝食殉之。

杨氏

杨氏，明庠生张士鲁妻。年二十寡，抚三孤俱成立。崇祯七年，御史祁彪佳给“贞心匪石”额。

王氏

王氏，明庠生朱允英妻。夫死无子，事孀姑，抚二女，守节四十余年。御史祁彪佳给“纯孝完节”额。

杨氏

杨氏，明穆士淳妻。夫亡，抚孤云栋，守节。崇祯间，知州钱肃乐给额。

陆氏

陆氏，明庠生方鸣岐妻。年二十九寡，无子，抚婢所生子。稍长，口授经书。家贫，以针凿自给。知州钱肃乐给“守贞毓秀”额。卒年八十三。

施氏

施氏，明方起鹏妻，年二十四寡；子道行妻陆氏，年二十六寡。遗二孤，姑媳励节。知州给额奖之。

顾　氏

顾氏，明吴钟英继妻。守节四十余年，事舅姑以孝，抚两孤溶、淑。崇祯间，巡按御史给额奖之。

朱　氏

朱氏，明副贡生胡浴日妻。旧题名录“节烈”。

吴　氏

吴氏，明顾维翰妻。夫殁，遗五子，家贫，守节抚之。卒年七十七。知州给“苦节可风”额。

何　氏

何氏，明凌箕妻。性贞静，舅副使必正工绘花鸟，氏寓目会心，颇得其妙。夫亡，欲殉，舅劝阻之，伺间赴水死。

吴　氏

吴氏，明周维藩妻。将婚，维藩病剧，母知不起，欲迟其归，氏坚请行。既归，侍汤药甚谨。及卒，遂绝粒。父母强之归，病日甚。及姑往视，乃泣告曰：“妇死非所，夫亦不可无后。”姑许舆归合葬，且为置嗣，乃卒。

张　氏

张氏，明江孔殷妻。张父家苏州，孔殷入赘甫五日，归省父，暴卒。氏闻讣奔丧，引带自经。侍媪救免，父母迎之归。氏给小婢买砒毒鼠，密藏之，谓其姊妹曰：“善事父母，吾当往太仓，不再归矣！”一日，坚卧，作疾痛声，床箦皆动。父母惊叩，婢以实告。氏顾曰：“儿已矣！殓后当载归江氏墓。”言讫，七窍流血死，年二十二。

许　氏

许氏，明淮南副总兵王玑妻。玑妹完，许字诸昱，年及笄，与氏素以志节相励。甲申之乱，玑屯守刘阳城。城陷，谓氏曰：“我当出身以任国事，汝奈何？”氏正色曰：“君有君事，我妇人自有妇人事。”完慨然曰：“吾不孤矣！”明年，大兵徇刘河，完先自经死。氏视之曰：“姑真不负其言！”亦赴水死。旧题名录“昱”作“置”。

周　氏

周氏，明口[1]维新妻。维新巡海死，氏抚遗腹子，守节五十余年。

1　此字原阙。

罗　氏

罗氏，明昆山人，庠生陆密毓妻。明季，避仇母家，遇兵。氏免身方五日，谓密毓曰："君男子，可无死，当速归。"密毓欲与俱，曰："前途安可知？辱身生不若洁身死也。"城将破，抱儿跃池中死。

王　氏

王氏，明赵德培妻。夫亡守节。乙酉七月，兵至，被掠，伺隙投水中，詈不绝。兵恚，投石碎其颅而死。

朱　氏

朱氏，明廪生郭澥妻。明季，从夫避兵海滩，行数十步，慨然曰："《礼》：妇人不出门，我岂逐旷野求活耶？"兵益迫，先投幼女于水。又曰："我死奚惜，但未识老亲安在！"澥欲同赴海，止之曰："妾不可生，生则辱身；君不可死，死则忘父。"言讫，赴水死。

任　氏

任氏，明王端门妻。性贞静。乙酉闰六月，兵至北关，氏赴井死。

王　氏

王氏，明吴世荫妻。乙酉七月，兵至，氏被掠，投水不死，胁之登岸，义不受污。兵怒，剖腹死。

杨　氏

杨氏，明张某妻。乙酉七月，兵至，氏随众妇匿丛荻中，被获。众皆系累去，氏骂不从。举刃砍之，声益厉，遂刳腹支解死。

吕　氏

吕氏，明王家鲁妻。年三十夫死，自经，为侍者所持，未绝。舅泣谓曰："汝固烈妇，独不念汝夫一线之续耶？"乃矢志抚孤，断一指置棺中。

邵　氏

邵氏，明周柔存妻。乙酉七月，柔存挈妻子避乱，道遇兵，杀柔存父子，牵氏行。氏坐曰："吾夫吾子俱死，吾将安往？"胁以刃，不动，竟死夫侧。

程　氏

程氏，明陈梅妻。乙酉遇兵，掠之不从，乃沉诸水。再沉再出之，终不从而死。

赵　氏

赵氏，明浦山元妻。乙酉，兵至，被俘，不从。诱之，不听，兵以刀刳其腹死。

赵　氏

赵氏，明西门米店某家女。乙酉，州中讹言兵至，居民惊徙，城中一空。氏闻，赴水死，年十八。

王　氏

王氏，明朱伯开妻。为兵所掠，鞭之走，不行，与婢金莲同被数刃而死。

龚　氏

龚氏淑贞，明孝子吕云奇妻。幼工诗，十岁咏雪，有“梅花绣岁寒”之句，父挺之异之。年十六，适吕。乙酉，云奇殉父死，氏方有娠。及殡，引刀断左手小指，堕血淋漓，沾几席，众讶失声。氏徐拾指焚诸炉，拜且哭曰：“所不终为吕氏嫠者，有如指。”居穷乡，力耕食，不给，杂糠籺咽之。丁亥春，江南讹言将选幼女、寡妇入都，氏自纫其衣，投于池。陈瑚作《孝子节妇生死合圹铭》。

陈　氏

陈氏，明叶中密妻。乙酉，中密随父，并死于兵。孤藩甫四岁，氏拮据奉姑。先是，中密好施与，有请假贷，应之。及乱，亡失契券，无所责偿，而索逋者麇至，氏乃尽弃田宇偿之。泣语藩曰：“宁使人负汝父，不可使汝父有负人名也。”姑殁，归依父母家。藩后成名士，氏以哭父卒。守节三十一年。

胡　氏

胡氏，明张光斗妻。乙酉，光斗被难，氏年三十。抚遗腹子桂，守节五十六年。

顾　氏

顾氏，明庠生周绵存妻。明季，绵存被难。氏抚孤德培，守节五十六年。

李　氏

李氏，明长洲人，赵云蒸继妻。数年而寡。性好施，破产赡族，教二孤华屏、京基有成。会鼎革，母子偕隐。知州白登明给“大节霜严”额。

章　氏

章氏，明庠生唐大章妻。尝刲股治母疾。

王　氏

王氏妙莲，明林信妻。

俞　氏

俞氏，明颜埙妻。

葛　氏

葛氏，明周漕妻。

王　氏

王氏，明举人唐冕妻。性孝，姑病，痈秽不可近，氏亲为除拭。夜盗入室，氏拥姑入檐后。时天冱寒，氏以身蔽姑，濒冻死，不舍。长洲吴宽为纪其事。

郁　氏

郁氏，明名医克明女，苏祉妻。洪武三年，适祉甫四月，祉以父欠秋粮系狱。父惧，与妾夜遁。厥明，吏卒至，将执氏之官。氏曰："夫既在官，孰与妾为主而敢随吏卒上公庭乎？"遂投水死。时六月二十九日也，年二十五。父克明哀之，函骨归葬。墓在州境十五都八图郁家桥北，李大还为之铭。

赵　氏

赵氏，明廪生徐清妻。乙酉，避兵母家。兵至，投水死。清被害，妾刘氏亦抱儿投水死。

某　氏

某氏，明季，兵至沙溪镇，逼之不从，寸磔其尸。

钟　氏

钟氏，明赠刑部侍郎周海妻。夫负大仇，号于官，不得理，瘐死狱中。氏抱三岁儿讼冤，得申。守节终身，以孙广贵赠淑人。

沈　氏

沈氏，明廪生桑皋妻。以哭夫致疾卒。

金　氏

金氏，明武举赵洵妻。守节五十二年。

朱　氏

朱氏，明增生赵桧妻。年十八，嫁十日而寡，守节五十余年。

黄　氏

黄氏若，字若芝，安吉知州翼圣女，杨玠妻。少仿文淑画翎毛花草，人争购之。及寡，遂不复作，削发奉佛，守节四十三年。

顾　氏

顾氏，龚蔚文妻。夫殁，视殓毕，日夕哀恸，勺饮不入。邻媪勉以抚孤，氏曰："有祖及叔，孤儿何患？"数日死。

钱　氏

钱氏，赵德基妻。婚数月，德基殁。氏年十九，投缳者再，以姑救不死，遂长斋守志。乙酉，舅翁死于兵，氏尽鬻衣饰以殓，并其夫葬之。纺织养姑。嗣子逋粮被禁，鬻所居以出之。

王　氏

王氏，徐浣妻。幼极孝。浣殁，氏年十九，嗣子又夭，矢志弥厉。或欲强娶之，氏闻，自经死。

朱　氏

朱氏重贞，诸生国泰女，昆山监生张咸继妻。抚前室子如己出。年二十七，咸殁，族党构衅，氏诣咸柩前断指自誓。后子夭，以侄为嗣，营窀穸，躬亲负土。有《悼亡诗》十首，世颇传之。御史梁某、推官单某给"节孝可风""断臂遗风"两额。

徐　氏

徐氏，夏永昌妻。尝割股疗姑疾。

凌　氏

凌氏，庠生顾振宗聘妻。振宗殁，氏年二十三，奔丧视殓成服，为夫置嗣。卒年三十四。

王　氏

王氏贞，徐汝信妻。年二十七，汝信病革，氏许以身殉。汝信曰："汝诚殉，姑俟五年而后。”及卒，氏归依父母，坐卧一小楼，絣絖[1]自给。一日，将午炊，携米从楼下，奴举手欲接之，反走上楼。其持躬严谨如此。父欲夺其志，一夕，悬夫像，端服自经。去夫死适五年也。

杨　氏

杨氏，周正女。年十五，许字苏州张皖。皖殁，氏矢志守贞，卒年五十二。

李　氏

李氏，黄继姚聘妻。年十九，继姚殁，奔丧视殓毕，自经者再，以救免。父兄谕以事舅姑、抚继嗣，乃不死。已而抚嗣子仲康，氏喜且悲，诣柩前引刀断一指，置诸筵，泣誓曰："所不竭力以成此子者，如此指。"及舅殁，殓毕，猝然曰："吾可从夫地下矣！"跃入井，里妇绠[2]而出之。后葬舅姑及夫，为仲康聘妇。逾年，省墓，顾仲康曰："吾事毕矣！"顷之，人见氏倚树而立，久不移，逼视之，已绝脰死矣，色如生，距继姚殁二十一年。

顾　氏

顾氏，王鸣谦妻。年二十寡，无子，谨事舅姑。每食必呼鸣谦曰"饭在是"，焚楮作礼，抚棺恸哭如初丧。卒年四十四。

杜　氏

杜氏，龚某妻。年二十四寡，无子女，所居以苇席蔽风雨，一幼弟给使令，人罕见其面。知州白登明欲旌其门，却不受，曰："穷乡嫠妇，只期自守，不敢望大夫知也。"卒年七十二，邻里醵钱以殓葬。

郭　氏

郭氏，世袭刘河堡百户黄柱国妻。年二十八，夫殁，抚孤炯，守节五十四年。知州白登明给"矢柏和丸"额。

顾　氏

顾氏，庠生张旦妻。年二十五寡，抚孤舜年，守节三十四年。学政给"幽谷贞蕤"额。

陆　氏

陆氏，刑部员外郎、湖北学政王发祥继妻，生子接武。发祥赴选需次，卒于京邸。讣至，氏恸绝，浃日始苏。时接武方六岁，课极严。康熙十一年，前室子吉武登乡榜，氏喜，

1　絣絖：指漂絮。语本《庄子·逍遥游》："我世世为洴澼絖。"成玄英疏："澼，漂也。絖，絮也。"

2　绠：汲水用的绳子。

既而潸然视接武曰："今而后，藐孤有托矣！"阖户自经死，年二十九。

孙　氏

孙氏，庠生李山妻。年十七寡，家贫无嗣，每食，置饭柩前，事如生。有所需，属邻媪贸之，足不越户限。或贷以田十亩令耕，辞曰："吾命固尔，未亡人不敢当人惠也。"守节五十余年。

王　氏

王氏，方炯西聘为继室。年二十二，炯西殁，氏奔丧成服，教养前室所生二子，卒年三十七。

王　氏

王氏，扬州人，京卫经历陈策为继妻。策为病，托孤于前妻兄郭澥。及死，宗党逼嫁，氏誓死归依父母。复逼之，仍往依澥，艰苦备至，守节五十五年。子明发。

俞　氏

俞氏，叶省愚妻。年二十七，夫殁。家贫，抚孤起凤、起麟。比长，起麟偶得遗金百两携归，氏令物色还之。守节五十五年。

张　氏

张氏，俞允妻。年二十八寡，值鼎革，兵火流离，家庭井井有法。子天锡，贡生。

翁　氏

翁氏，苏州人，郁子宜妻。年二十二，夫亡，子女各一，女适望族，邀之弗往也。守节四十六年。

曹　氏

曹氏，闻大夏妻。年十九寡，孤师闵既长而夭。氏葬舅姑及大夏、师闵四棺，抚诸孙，为之婚娶。守节六十四年。

项　氏

项氏，吕道灼妻。早寡，织纴自给，抚嗣子守节。卒年七十二。

郭　氏

郭氏，庠生徐增妻，与黄柱国妻为女兄弟。年二十七寡，子三锡娶柱国女。年十七，三锡死，奉姑数十年尽孝。姑殁，典鬻营葬。守节五十余年。

钱　氏

钱氏，给谏增女，庠生黄士麟妻。兵燹家毁，士麟愤卒。子至道甫八岁，妾唐氏生子至德。两妇相依，守节抚孤，皆二十余年。

朱　氏

朱氏，顾曦仲妻。年二十四寡，抚二孤天龙、天章，守节六十年。

王　氏

王氏，庠生龚秉正妻。年三十，夫殁，抚三岁孤良贵。良贵娶妻诸氏而亡，王与诸同抚周岁孤焉。王《志》“贵”作“贲”。

苏　氏

苏氏，陆祖龄妻。年二十五寡，家贫，事舅抚孤，艰苦终身。卒年四十一。

闻　氏

闻氏，庠生顾唐垓妻。夫殁，事舅尽孝，抚孤守节。

邵　氏

邵氏，庠生[1]吕锡元妻。年二十九，夫殁，遗五孤，教养备至。又为族人欺侮，迁徙无常，至十余里，始克安居。守节五十四年。

浦　氏

浦氏，邵孝生继妻。夫殁，早夜操作，积资葬夫及王舅以下五丧。

姚　氏

姚氏，方德球妻。年二十八，夫殁，嗣子又夭，依婿。婿亡，与孀女同居，守节六十余年。女亦以节称。

何　氏

何氏，应傒志妻。年十九寡，抚孤方浩为诸生，事舅尽孝，营葬五丧。

周　氏

周氏，凌元佐妻。年二十七寡，抚孤必言及遗腹孤必行。必言，诸生。

1　生：原作“主”，据《〔宣统〕太仓州志》卷二十三《人物七》改。

邵　氏

邵氏，仇士凤妻。年二十，夫殁，子文进始生。氏以女红自给，守节四十余年。署州学正张荣给“淑慎性成”额。

施　氏

施氏，曹腾遗妻。年二十三寡，守节三十年。

吕　氏

吕氏，沈起云妻。年二十四寡，抚孤士镳，守节四十三年。

曾　氏

曾氏，庠生曹起之妻。年二十七寡，家贫，依父习耕，以食其子。

管　氏

管氏，吴允昇妻。年二十八，允昇病革，氏欲殉。允昇曰：“事固有大于死者，徒死何为？”复睨二子曰：“吾终以藐兹累若矣！”氏针黹自给，备历荼苦。抚二孤有成。长廷显，以孝闻，尝刲股疗氏疾。

周　氏

周氏，陈廷珪妻。年二十八，夫殁，无子，舅姑欲嫁之，不从。守节三十六年。廷珪妹适凌广成，年二十六寡，孤潢甫三岁，与嫂同居，守节三十三年。

陆　氏

陆氏，李士凤妻。年二十一，夫亡，无子，族人欲夺其志，不从。葬舅及夫，守节三十七年。署州学正张荣给“节冠一乡”额。

崔　氏

崔氏，举人华女，凌增妻。年三十寡，事舅姑孝。平居屏服御，不茹荤，毕力操作三十余年卒。

邢　氏

邢氏，崔龙光妻。夫亡，无子，祖将复嫁之，触柱死。旧志作“隆光”。

张　氏

张氏，胡声远妻。年二十九寡，抚孤采萸为诸生，事舅姑孝，弃卺田营墓以葬。守节四十七年。

龚　氏

龚氏，黄士昌妻。年二十一寡，遗腹生女，舅姑欲改嫁之，誓不从。生事死葬皆尽礼，守节六十余年。

王　氏

王氏，陈瑞如继妻。早寡，会潮灾，捐资济众，存活甚多。守节三十七年。

汪　氏

汪氏，吴超然妻。年二十一寡，守节七十年。旧志"超"作"起"。

曹　氏

曹氏，凌栋妻。年二十七寡，家贫，舅姑衰老，孤岳奇甫三岁。丧葬婚娶，皆取给于十指。

陶　氏

陶氏，胡璘筠继妻。年二十八，夫亡，抚二子有周、烈，守节五十余年。

唐　氏

唐氏，沈大昭妻。年二十六寡，奉舅姑，抚幼孤，历十三年，以瘵疾卒。

方　氏

方氏，季维哲妻。夫殁，掮持中外，卜地营葬，抚孤龙益为诸生。守节三十余年。

曹　氏

曹氏，杨兆熊妻。年二十七寡，抚侄为嗣，事舅姑，奉养丧葬，与夫兄弟均任之。守节三十余年。

钱　氏

钱氏，张某妻，继宗嗣母，守节六十余年。

王　氏

王氏，毛周士妻。年二十三寡，一女甫期，遗腹五月。夫兄欲夺其志，矢志不贰。既生男，抚养两雏至毕婚嫁而卒。

周　氏

周氏，陶建侯妻。夫殁，家贫，奉舅姑尽孝。及殁，殡殓如礼。守节四十一年。学政给"节并严霜"额。

王　氏

王氏，浦毅妻，守节三十六年。

顾　氏

顾氏，浦球妻，守节三十四年。

孔　氏

孔氏，陆星阶妻。家贫，昼夜操作以供薪水。婚二年，夫亡，抚孤事亲，不辞艰苦。守节二十八年。

张　氏

张氏玉德，黄承业妻。祖我思，云南举人，弃官隐居太仓。子球，生玉德，而往家于合肥。承业就婚，未一载归省，卒。玉德闻之，盥沐更衣，自经死。题名录"黄"作"王"。

王　氏

王氏，启秀女，某妻，守节十七年卒。

郁　氏

郁氏，副贡生顾光复继妻。夫亡，抚孤，守节四十四年。子衍，诸生。

张　氏

张氏，钱坤妻。年十七寡，削发奉佛，守节四十八年。

钱　氏

钱氏，咸阳县知县顾梅继妻。梅官咸阳时，氏佐理，多仁政。梅归田一载而殁，氏勤纺绩，课子焕爵为廪生，历三十余年。焕爵亦以孝闻。梅有女，性孝，母病笃，刲臂肉进之，病愈。时梅从征贵州归，询之，知女疗母事，口占诗云："老夫塞外寝干日，弱女闺中割股时。一为君兮一为母，赤心两地不相知。"闻者悲之。后适王秉忠。

黄　氏

黄氏，庠生汪标妻。年二十九寡，守节三十余年。教孤文焕、文灿有家法。知州李某给"孝节女师"额。

顾　氏

顾氏，庠生吕震廷妻。夫亡，无子，削发为尼。知州萧应聘给奖。

王　氏

王氏，龚武镇妻。年二十二寡，依嗣子兆嘉终其身。知州李某给“清操劲节”额。

陈　氏

陈氏，庠生吕升明妻。夫亡，无子，削发为尼。知州萧应聘给“操励柏舟”额。

陆　氏

陆氏，黄绍宪妻。年十九寡，守节四十年，学政给奖。

张　氏

张氏，朱说妻。早寡，抚嗣子云武，勤苦操作，卒年八十。学政张元臣给“女中丈夫”额。

吉　氏

吉氏，庠生顾之况妻。年三十寡，抚孤士炎，守节二十年卒。知州萧应聘给“节孝联芳”额。《武陵谱》名“况”。

闵　氏

闵氏，孙世宁妻。孙好赌博，至冻馁，舅忿，欲置于死，氏泣请始免。世宁终不悛，至无居室，氏归依其父。未几，世宁诱人幼女售卖被执，将鸣官，世宁愿以妻偿。氏闻之，告父曰：“我欲省姑。”遂至姑所问安，绝不言夫事。夜半，缢死，年二十三。知州给“芳年贞烈”额。旧志作“孙闰”。

吴　氏

吴氏，杜蕃锡妻，守节三十二年。

许　氏

许氏，钱之寿妻，守节三十年。

王　氏

王氏，钱学海妻。婚一载夫亡，时姑在堂，遗腹生女，纺绩自给。奉姑二十八年，孝养如一日。姑殁，丧葬尽礼。嗣子孙植娶妇，旋卒，复抚孤孙。守节四十年。

吴　氏

吴氏，钱钦妻。年二十四寡，抚嗣子鸿绩为诸生。守节四十四年。

薄　氏

薄氏，钱孙庆妻，守节二十七年。

屠　氏

屠氏，监生顾洽继妻，守节三十八年。

陆　氏

陆氏，顾樟妻，守节二十五年卒。

周　氏

周氏，陆洵妻，守节三十年。

李　氏

李氏，吴涌妻。夫亡，家贫。涌弟沆妻朱氏，亦早寡，氏与同居。及殁，朱为市棺，乃得殓，人称“双节”。李年六十五，朱年七十三卒。

郁　氏

郁氏，吴廷辉妻。夫亡，止存草房三间，昼夜纺绩，上佐姑膳。冬寒，绵不蔽体，而姑必岁添布枲。姑殁，即典草房殡葬。孤砺山殇，抚侄孙世芳为后。守节四十五年。

吴　氏

吴氏，沈三妻。夫亡，租房一间，奉姑同居，借女工度日，终其身。

顾　氏

顾氏，廪生熊泓继妻。舅铎中风，氏助夫奉汤药。及疾革，焚香割股以进。夫旋殁，丧祭尽礼。抚前室所生三女如己出。

王　氏

王氏，丁九成妻，守节五十年。

金　氏

金氏，陶才妻，守节三十年。

邬　氏

邬氏，陶士英妻，守节四十四年。

曹　氏

曹氏，陶子观妻，守节五十一年。

郭　氏

郭氏，陆燧妻，守节三十五年。

徐　氏

徐氏，顾端立妻。夫亡，嗣子不克家，依母弟学陂以居，购地葬夫祖父母及夫。守节五十四年。

张　氏

张氏，陈士泽妻，守节三十六年。

曾　氏

曾氏，钱树德妻。夫殁，家贫，无子，亦无伯叔，坐卧一小楼，纺绩度日。以堂侄若炜为嗣。守节四十六年。若炜，岁贡生。

吴　氏

吴氏，马舜臣妻，守节二十九年卒。

陆　氏

陆氏，蒋羲民妻，夫亡，抚孤之超成诸生。守节十六年卒。

陈　氏

陈氏，丁大妻。姑有淫行，欲污之以灭口，氏不从，备受惨毒至死。

张　氏

张氏，淮安人，黄名山妻。名山赘淮安，逾年，归省父母，至家病危。氏闻，自经。后十日，名山卒。

陆　氏

陆氏，王元龙妻。夫亡，抚孤，守节十六年卒。次子光照，诸生。

王　氏

王氏，运职濮文焕妻。文焕运漕道卒，氏年二十九，抚二孤、事舅姑，生养死葬。知州茹之增、知府陈鹏年俱给奖。

时　氏

时氏，庠生陈嘉继妻。年三十，夫殁。孝事舅姑，丧葬尽礼，乡里称贤。卒年六十七。学政张榕端给“女中豪杰”额，巡抚张伯行给“才节兼全”额。

龚　氏

龚氏，庠生谢显廷妻，守节二十六年卒。知州茹之增给“节孝维风”额。

王　氏

王氏，赠奉直大夫邵光龙妾。光龙，休宁人，侨居太仓，病卒。孤学易、学诗皆数岁，流离播越，赖以抚养。卒年七十三。知州茹之增给“节励冰霜”额。

华　氏

华氏，庠生凌坊妻。坊殁，氏恸绝复苏者三，纺绩教孤燔读书，年四十四卒。学政林之濬给“冰霜苦节”额坊。女年十五，母病，昼夜侍汤药。母殁，麻绖不去身，日夜号恸四载，哀毁卒。

俞　氏

俞氏，武举凌曰明妻。年三十寡，遗孤三：士锦、士钤、士锡，皆抚而教之。氏阃范严肃，尤知大体，临终命立祭田。学政林之濬给“贤节贞操”额。士锡，举人。

周　氏

周氏凤姑，少祝发于香象庵。有四尼、全尼者，与顾恩私。一夕，凤诣尼所，尼适与恩狎。凤惊，反走出户。四曰：“不污之，必败吾事。”嗾恩强污之，凤不从，胁以刃。凤以石砚提[1]恩，不中，恩遂杀凤。时康熙六十年三月十有六日也。恩等谋舁尸近僧舍傍，将启户，闻跫然有履声，如是竟夕，卒不敢发。及明，事泄。知州李珏穷治之，恩毙于狱，全尼亦瘐死，四尼以遇赦竟得释。众毁庵，瘗凤棺焉。乾隆八年，署知州王延熙详请抚军，题其墓曰“血凝白璧”。

盛　氏

盛氏，朱安九妻。早寡，抚孤，葬三世丧，守节五十年。

徐　氏

徐氏，张德秀妻。早寡，尝往母家，兄弟劝之改适，怒归，终身不再往。守节五十一年。

1　提：掷。《汉书·吴王濞传》：“皇太子引博局，提吴太子杀之。”师古曰：“提，掷也。”

孙　氏

孙氏，严孝礼妻。夫亡，无子，守节三十二年。

宋　氏

宋氏，郁元启继妻。年二十九寡，无子，守节三十余年。

曹　氏

曹氏，周瞻聘妻。年十五，瞻殁，氏往视殓成服，归母家，守贞三十年。

赵　氏

赵氏，年十八，母亡，父老弟幼，自矢不字，以养父、抚弟侄为己责，年七十余卒。

孙　氏

孙氏，严倬妻。夫亡，无子，饘粥不给，守节三十八年。

卢　氏

卢氏，唐子政妻。早寡，舅姑欲嫁之，密议婚。氏觉，黑夜抱儿走三十里，逃归母家，守节三十余年。

李　氏

李氏，黄观韶妻。年二十三寡，无子，依母家，纺绩自给。岁时往祭，终身不懈。

吕　氏

吕氏，庠生吴埙妻。

瞿　氏

瞿氏，冯家玉妻。

王　氏

王氏，曹王臣妻。夫亡，家贫，抚孤徵熊为诸生，旋夭，与寡媳金氏同守节。

戴　氏

戴氏，周廓如妻。夫亡，无子，纺绩度日，事姑以孝闻，守节六十余年。

顾　氏

顾氏，孙景高妻。年二十一寡，家贫，事姑十四年，孝敬不衰，卒年四十二。

金　氏

金氏，陆仪望妻。夫亡，事姑孝，早夜纺绩，以供甘旨，自食糟糠，守节五十三年。

王　氏

王氏，陆景宜妻。夫亡，引刀自刎，以救免。躬勤纺绩，孝养得舅姑欢心。教孤宗裘甚严，守节四十五年。

曹　氏

曹氏，陆雄飞妻。年十八寡，家贫，无嗣，事姑尽孝，守节二十余年。

沈　氏

沈氏，张勤学妻。夫亡，无子，事姑至孝，四十年无倦，卒年九十。

曹　氏

曹氏，方令美妻。早寡，事舅姑尽礼。抚孤既长，复夭，与寡媳程氏织作糊口，同守节终其身。

金　氏

金氏，吕连清妻。夫殁，无子，祭祀必亲。平日足不逾阈，守节三十七年。

龚　氏

龚氏，王海一妻。夫亡，事舅以孝，丧葬尽礼。勤抚嗣子，守节四十五年。

王　氏

王氏，陆光朝妻。姑病，奉汤药，积久不怠。夫亡，欲殉，诸亲劝以光朝无兄弟、舅姑未葬，乃强进饮食，毁容茹素，操作营葬，竣事而殁，守节二十五年。

朱　氏

朱氏，庠生顾焕妻。夫亡，纺绩自守，训课嗣子，守节三十六年。

孙　氏

孙氏，廪生严焯妻。早寡，纺织以养舅，守节三十一年。焯弟声扬妻孙氏，年二十五寡，无子，依嫂氏以居。嗣侄瑚又夭。贫益甚，日一举火，冬无絮衣，媳俞氏亦同守节。

曹　氏

曹氏，嘉定人，监生尹洢聘妻。洢殁，守贞三十余年，台司交奖。

吕　氏

吕氏，曹用敷妻。用敷以游幕卒，氏竭蹶迎榇归葬。纺织养姑十八年，抚孤瞻望，卒年八十六。

孙　氏

孙氏，履中女。性纯孝，守贞不字，侍养终身。尤娴规矩，邻里罕见其面。亲殁，哀毁卒。

侯　氏

侯氏，熊衡山妻，守节四十七年。

王　氏

王氏，吕方裴聘妻。年十八，方裴殁，奔丧守贞。越二年，哀毁成疾卒。

周　氏

周氏，倪全妻。早寡，抚子女，纺织度日。居浅室，比邻罕闻其声，守节六十年。

曹　氏

曹氏，包允中妻。夫亡，事姑孝。有叔负客逋，姑爱幼子，哭泣不安。氏变衣饰代偿，以慰姑心。纺织养姑，积资买地葬夫。卒年八十三。

周　氏

周氏，羲传女。年二十，父以避侮远出，时弟舜年甫四岁，祖父母俱老。逾二年，母殁，遂矢志不嫁，以事亲抚弟为己任。迨祖父母卒，竭力营葬。旋令舜年出寻父，知已卒，乃扶榇归。经营丧葬毕，长斋奉佛，依弟以终，年七十九。巡道朱某给"纯孝永贞"额，知州贵中孚给"纯孝完人"额。

吕　氏

吕氏，吴坚妻。夫亡，家贫，无子，守节四十二年。

王　氏

王氏，镇海卫陈氏仆殷二妻。二殁，矢志不嫁，为陈役，不惮劳。一日微疾，延庸医诊之，误曰："此胎脉也。"氏羞忿，怀利刃请诊，医如前言，遂剖腹自明以卒。闻者惊叹。

杜　氏

杜氏，毛志嘉妻，守节六十年。

王　氏

王氏，宋彦登妻。夫亡，子幼，藜藿自甘，守节四十余年。署知州金鸿给“茹荼画荻”额。

汤　氏

汤氏，宝山富家女，赘王均为婿。均贫，氏父母薄之，不加礼，氏即与均辞去。均授徒，氏勤女红自给。雍正十一年海溢，均夫妇被漂，妇得登岸，均殁于水。父母幸婿死，得更择佳婿，不复求均尸。氏泣命家僮阿午求之，久之，得尸归。既殓，父欲火化，氏不可。均有田十二亩，父攘其十，余二亩，氏以埋均，誓守志。次年，遗腹生一女，时父母已潜与嘉定某家议婚。至期，劫氏纳肩舆中行，既至，哀哭不休。夜深，伺守者懈，遂自缢。初，父逼氏行时，夺其女，将致死，阿午从旁篡得之，奔归均父家。均父贫不能育，其戚顾陈埒令其妾育之，命曰潮音，四岁而殇。烈妇之死也，阿午以计藏其骨。至是，举潮音棺合葬均墓。沈起元为纪其事。

宫　氏

宫氏，庠生熊钺妻，尝割股愈姑疾。太仓卫守备陈某给“懿孝格天”额。

金　氏

金氏，曹维妻。年二十六，生一子，二岁而夭，维亦病殁。阅七日，葬夫及子毕，遂绝粒八日，不死。晨起，服衰绖祭奠，闭户自经。

陈　氏

陈氏，杨德侯妻。夫殁，家贫，无子，所亲或难之，氏曰：“吾能忍饥寒也。”纺织终身，守节五十余年。

顾　氏

顾氏，赵宏业妻。夫亡，奉姑孝谨，遗三孤梓、槐、槚皆幼，梓又早殇。会海潮溢，三世棺在堂，独夫棺漂出，氏命槚追挽水中。一昼夜，竟得返，遂窆之。晚益好施不倦，守节四十一年。知州蔡长沄给“节并松筠”额。

顾　氏

顾氏，王思敬妾。思敬殁，教子廷钺竭尽心力。家贫，资纺绩，事思敬祖母尤谨，凡事必请命后行，守节四十年。

李　氏

李氏，吴成章妻，守节五十年。

程　氏

程氏，云南昆阳州州同李仑源继妻。夫殁，抚嗣子元枚，守节二十五年卒。

张　氏

张氏，童殿臣继妻。抚孤念兹，守节四十三年。念兹妻王氏亦早寡，抚孤宗燮，守节三十四年。

吴　氏

吴氏，王泳嘉妻。抚嗣子渥成贡生，守节三十二年。

刘　氏

刘氏，许士荣妻。夫殁，抚孤子，葬舅姑，守节五十四年。

梁　氏

梁氏，吴德舆妻。早寡，抚两侄拔、揆为嗣，事后姑尤谨，守节四十三年。

周　氏

周氏，镇海卫官生陈如錞妻。

顾　氏

顾氏，徐三观聘妻。

张　氏

张氏，顾宗彝妻。

汪　氏

汪氏，胡震吉妻。震吉殁，明年正月九日，自缢于柩侧。家人得一箧，上书“付孤子禄儿收读”，启之，乃氏所集夫之遗书。又书一纸，告尊长以不忍独生之义。时康熙元年，氏年二十一。

周　氏

周氏，丁金观妻。婚三载，夫亡，无子。至百日祀夫毕，投缳而绝。按察使戴给“义烈维风”额。

周　氏

周氏，考授州同郑定远继妻。

曹　氏

曹氏，庠生王有年妻。

顾　氏

顾氏，桂仍妻。

吕　氏

吕氏，曹思谦妻。年二十二，归数月而寡，号踊欲绝，咯血卒。学政刘墉给“壶德流芳”额。

周　氏

周氏，凌毓秀妻。

王　氏

王氏，屠国仪妻。

顾　氏

顾氏，监生毛敏中妾。

王　氏

王氏，庠生汪兴桂妻。

吴　氏

吴氏，庠生曹宸妻。

朱　氏

朱氏，吴熙麟妻。

叶　氏

叶氏，吴廷嗣继妻。

王　氏

王氏，江俊妻。

时氏

时氏，张天锡妻，年三十寡。学政梁国治给“涧草流芬”额。

朱氏

朱氏，王崤妻。年十九寡，足不逾阈者数十年。学政梁国治给“竹柏之怀”额。

叶氏

叶氏，张尚楫妻。夫殁，事舅，以针黹为活。无何，叔夫归双亡，舅亦继逝，氏丧祭尽力，抚侄为嗣，守节垂三十年。

范氏

范氏，陆国珍妻。夫亡，守节。知州给“霜清玉纯”额。

吕氏

吕氏，顾佩敏妻。夫殁，事舅姑尽礼。嗣子夭，与寡媳唐氏相依，守节五十余年。

李氏

李氏，罗相观妻。早寡，耕织度日，抚孤守节四十九年。

王氏

王氏，瞿霖妻。夫殁，抚孤，矢志乡居竟岁，键外户。与叔舅比邻，非令节不至其家。未几，子夭，鬻产营葬数丧。守节十九年卒。

戴氏

戴氏，周元妻。年十八寡，孝事舅姑。及殁，生养死葬如礼。后依父居，携孤炎教之，守节四十余年。

李氏

李氏，苏大妻，守节三十九年。

何氏

何氏，钱华廷妻。早寡，抚孤洪叙，守节四十年。

沈氏

沈氏，许字顾松，九岁为童养媳。十六，松亡，氏矢志不夺，奉姑至孝，守贞五十一年。

王　氏

王氏，陆溥妻。夫殁，抚孤。孤夭，又抚嗣孙，守节四十五年。

朱　氏

朱氏，庠生曾朴妻。早寡，事姑孝，纺织营生，教训孤子，守节三十六年。

顾　氏

顾氏，赵士铉妻。夫殁，抚两孤一女，俱为婚嫁成人，守节五十三年。

顾　氏

顾氏，杨天叙妻。早寡，姑年老，遗孤八岁，仰事俯育，取给针黹。未几，子夭，典质营葬舅姑及夫，守节三十五年。

周　氏

周氏，毛沛苍妻，守节三十年。

施　氏

施氏，庠生钱鼎桂继妻。夫殁，纺绩自给，同妾周氏守节俱三十余年。子若烐、若炜，岁贡生。

狄氏　邱氏

狄氏、邱氏，俱王嘉縠妾。嘉縠殁，饥寒自忍，纺织营生者数十年。嗣子家业中落，终无怨言。狄守节三十八年，邱守节四十三年。

程　氏

程氏，杨集继妻。年二十九寡，事舅姑孝，善理家政。子煌常，欲为母请旌，氏曰："吾守吾义，毋图身后名也。"与妾王氏同守节四十余年。

吴　氏

吴氏，周起宗妻。婚月余夫殁，家中落，倾筲以事舅姑，奉侍八载，生养死葬。小叔孝思暨两小姑婚嫁，悉资之。守节二十一年卒，以孝思子大生为嗣。

金　氏

金氏，沈廷绂妻。夫殁，拮据治丧，抚遗腹孤天昇，纺织自给，守节三十年。

孟　氏

孟氏，王荟妻。年十九，夫亡，无子，焚香茹素，守节二十八年卒。

李　氏

李氏，王文芳妾。年十九，文芳殁。先是，文芳娶于冯，早卒，遗孤尚幼。见氏端谨，纳之，命抚其孤。氏谢曰："妾贱不可执家政，愿更图之。"因娶继妻。既殁，妇抚孤矢守。文芳弟某谋夺其志，不从，杖逐之，悲泣不欲生。一日，挽孤髻流涕曰："尔善事继母。"出钱二百畀之。子方幼，不知云何，走告诸母，急入视，已自经死。

黄　氏

黄氏，顾万程妻。年二十四寡，守节六十余年。

王　氏

王氏，吕师度聘妻。年十三，师度殁，奔丧成服，守贞三年，以哀痛卒。

张　氏

张氏，子上女。幼颖悟，父教之书，过目成诵。授以女红，如素娴习者。尝窃听父兄讲授生徒，无不了了。既长，闻父母议字，谢曰："儿愿终身侍父母也。"亲殁，矢志不嫁，依兄嫂，卒年四十三。

钱　氏

钱氏，杨恺妻。年十九寡，有遗腹孤，又不育，抚侄振邦为嗣，教之。勤织布，日成三匹，易粟以供饘粥，守节三十余年。

徐　氏

徐氏，王松曾妻。夫殁，家贫。两孤钺、钧皆幼，属叔景曾教之，抚养有成。事姑尤谨，丧葬尽力。守节五十余年。

沈　氏

沈氏，陈集凤妻。早寡，事舅姑、抚孤儿，俱借十指自给，守节五十一年。子聚奎，诸生。

萧　氏

萧氏，王蕴清妻。夫殁，欲以身殉，舅姑阻之。未几，舅卒，葬舅及夫事毕，自缢死，年二十七。

吴　氏

吴氏，张麟瑞妻。夫殁，家贫，抚嗣子文河，守节三十四年。

奚　氏

奚氏，何维周妻，守节五十四年。子焕章，聘妻张氏。焕章死，氏年二十一，归夫家，执丧。事孀姑曲尽孝敬，历二十余年。姑殁，悉典衣服以具丧葬。守贞三十九年。

张　氏

张氏，朱憬妻。年二十一寡，遗孤际昌生未两月。孝养老姑，取给女红，卒年九十六。际昌，诸生。

曹　氏

曹氏，王某妻。年十八寡，宗党欲夺其志，誓死自励。嗣子某，娶某氏，未几亦卒，姑媳相依苦守。

王　氏

王氏，陆楚池妻。夫亡，无子，纺织奉姑。姑殁，氏欲随死，亲戚阻之，又潜自投缳，婢救得免。守节三十年。

顾　氏

顾氏，周长孺继妻。年十九寡，平居动以礼法，守节三十三年。

黄　氏

黄氏，龚植妻。早寡，敬事老姑。既殁，葬舅姑及夫三丧。嗣子烈，娶妇而夭，因哭子失明，旋卒，守节三十年。

高　氏

高氏，杨景园妻。性贞洁，邻人罕见其面。夫亡，欲殉，亲戚劝止。及既殡，乃谓子曰："汝父亡，家无余资，所有二箧，汝与妹均分之，我将从汝父于地下矣！"子尚幼，不省。氏乘隙怀刀拜夫灵，从容自刎。

钱　氏

钱氏，卢大文妻。婚十七日夫殁，借针黹度日，敬事舅姑。两嗣子俱早夭，艰苦益甚。守节四十四年，无疾卒。

唐　氏

唐氏，周鉽妻。夫殁，蔬布自甘，抚教两孤，守节四十五年。

郭　氏

郭氏，金闻礼妻。夫亡，欲殉，姑谕之止，乃纺织奉姑。姑殁，哀礼兼尽，抚孤守节三十年。

周　氏

周氏菊隐，顾芳新聘妻。芳新殁，矢志不改适，至戚罕见其面，卒年七十三。

赵　氏

赵氏白，字若秋，幼贞静，有至性。年十七，父遭危疾，跪祷爨神，刲左臂，刀钝不可殊[1]，啮断投沸汤，肉缩如豆。启父口灌之。迟明，召医至，医诧曰："是饮何药？脉皆起矣！"病遂愈。

徐　氏

徐氏，年十六，许字戴明扬。夫殁，守贞五十三年。

蒋　氏

蒋氏佛[2]，父宏康早卒，无子，立嗣未几，母亦殁。氏长斋，誓不字人，与伯父及弟同居。生平不嬉戏，不嗔怒，卒年六十四。

某　氏

某氏，居白米泾。父饶于资，许字举人某之子。贫不克娶，父欲改字，氏不从，不得已嫁之。未几，夫殁。父又欲嫁之，诱归，数令戚党讽谕。氏佯曰："事固可商，能葬我舅及夫，当如命。"父许诺，为卜地安葬。氏拜墓，恸绝复苏者再，得间抽刀自刎死。唐尧则有诔词。

瞿　氏

瞿氏，冯琮妻。早寡，家贫，无子，守节五十余年。

全　氏

全氏，施泳妻。年二十寡，时方妊，誓曰："生男则生，生女则死。"明年生男，矢志守节。舅以年幼，屡讽改适。氏曰："舅谓妇畏死耶？"欲自经，舅谢止之。耕田自食，卒年

1　殊：断，绝。

2　《〔嘉庆〕直隶太仓州志》云："蒋氏，小名佛"。

五十三。王《志》“全氏”作“金氏”。

陶氏

陶氏，张祥麟妻。祥麟垂死，呼氏曰：“家贫母老，生无所资。我死，汝即嫁，第勿弃我母也。”及死，亲戚劝之嫁，曰：“夫命也。”氏曰：“夫命我养姑，不知其他。”奉姑终身，年八十五卒。

张氏

张氏，萧应凤妻；妾管氏。应凤豪举，家产荡废。殁后，二氏皆青年，忍苦力作，稍稍复之。张有老母无依，迎养终其身，管事主母尤尽礼。管守节二十四年卒，张哭之恸，寻亦卒。里人呼所居曰“双节楼”。

张氏

张氏，曹兴观妻。夫殁，抚侄为嗣，又夭，孑然一身。绝粮屑，糠核和野菜食之。或馈之粟，弗受，曰：“吾妇人也，不可受人恩。”病革，栉发整衣，属邻妇以殓，曰：“我妇人，不可经男子手。”守节五十六年。

顾氏

顾氏，金维恭妻。婚七月，夫亡，织纴自给，守节五十四年。

吕氏

吕氏，周藻元妻。夫殁，截发矢志。抚侄楷为嗣，旋夭，又抚侄梧。守节三十余年。

杨氏

杨氏，庠生钱步云妻。早寡，矢志。舅殁，尽哀尽礼。嫁两小姑，抚孤娶媳。守节二十八年卒。

唐氏

唐氏，龚大缙继妻。早寡，事舅姑兼子职，抚前妻二子如己出。遗孤娶妇某氏，复夭，姑媳相依。守节四十八年。

宋氏

宋氏，钱德懋妻。夫殁，孤廷桂尚幼。端严贞静，借十指度日。性嗜书，晓大义，课廷桂甚严，守节三十年。廷桂，诸生。

顾　氏

顾氏，滕之鎏妻。年二十八，姑卒，舅与夫相继殁，治丧葬哀劳，屡濒于死。抚遗孤，守节二十四年卒。

王　氏

王氏，金宗岐妻。夫殁，孤幼，借女工以给，营葬舅姑，抚孤娶妇。未几，孤媳俱亡，哀伤病卒。守节三十六年。

顾　氏

顾氏，黄再恒妻。夫殁，孝事孀姑，嫁两女，辛勤纺织。佐叔襄理葬事既，嗣子亦夭。守节三十年。

闻　氏

闻氏，黄二观妻。夫亡，无子，纺织度日，营葬舅姑及夫三丧，守节三十五年。

钱　氏

钱氏，陆世昌妻。早寡，事姑孝养兼尽，抚二孤读书敦行，守节二十一年卒。

陆　氏

陆氏，张文占妻，守节五十余年。

金　氏

金氏，曹惠占妻，守节三十四年。

梁　氏

梁氏，吴德裕妻，守节四十五年。

王　氏

王氏，赵九苞妻，年三十寡，守节三十九年。

王　氏

王氏，庠生冯俊妻。自幼归冯为童养媳。姑病革，与老妪同侍床下。氏趋去，久不至，妪往厨中迹之，见氏长跪，方持刀刲臂肉，血淋淋下，熟以进姑，时年十八。事舅及后姑尤尽礼，总内政，妯娌雍睦，教二孤复、恒俱成立。卒年四十五。复，诸生。

何　氏

何氏，黄楷妻。婚半载楷亡，氏绝粒数日而殁，时年二十二。

朱　氏

朱氏，监生陆大树妻。夫殁，绝粒五日，姻亲劝慰，乃立后。时姑年已老，视寒暖，进甘旨，以代子职。殁后，丧葬如礼，教嗣子以礼法，守节三十年。

陆　氏

陆氏，顾梓材妻，守节二十四年卒。

汪　氏

汪氏，歙县人，胡浩妻。早寡，家贫，事舅尽孝，以侄诸生文蔚为嗣，守节四十九年。

李　氏

李氏淑，字芳兰，明慧婉顺，善承膝下欢，母尤钟爱。母病笃，日奉汤药，扶持抑搔，曲体备至。至夜，焚香吁天，愿以身代。母寻愈，而氏积劳成疾，恐伤父母心，犹自讳之。未几，卒。

萧　氏

萧氏，钱大彬妻。早寡，两叔皆幼，事舅姑，生养死殓，独力营办。卖衣珥为仲叔娶妇，纺织度日，守节四十二年。

王　氏

王氏，陆右尊妻。夫殁，孤幼，姑年已六旬，仰事俯育，俱借十指。姑殁，出资二十金以治棺，泣曰："此予十年积累，以备今日需也。"守节四十五年。

刘　氏

刘氏，张益妻。年十九寡，抚孤庭桂有成。后庭桂感母节，欲请旌。氏不可，惟教以谨言行，安亲地下为要。守节五十余年。

王　氏

王氏，赵鸿妻。早寡，舅姑年老，身任子职。为小叔娶妻，生子镛，抚以为嗣，教养成诸生。守节五十三年。

徐　氏

徐氏，叶廷栋妻，守节五十一年。王《志》"廷"作"庭"。

熊　氏

熊氏，陈尧勋妻。岁大饥，夫外出，忍饿待尽，有馈米诱之者，拒不受。卒与子女五人皆缢死。

俞　氏

俞氏，顾荫来妻。夫亡将殓，自缢死。

侯　氏

侯氏，盛玉女。事父母孝，誓不婚配，纺绩自给。年逾六旬，依弟子志加以终。

徐　氏

徐氏，时兆昌妻，守节五十余年。

董　氏

董氏，熊大栋妻。夫亡，抚孤。事迹录"栋"作"竦"

陆　氏

陆氏，熊某聘妻。某殁，守贞终身。

王　氏

王氏，金怀祖妻。少谙大体。归四载，怀祖殁，益刻苦勤俭。姑卧病，久侍汤药，洗涤厕牏，毫无厌怠。姑泣谓曰："愿来生报汝也。"抚遗腹孤，守节二十四年卒。

顾　氏

顾氏，黄介山妻。早寡，家贫，抚孤矢节。族人欲夺其志，氏面詈之，大惭而去。自是操励并坚。后孙顺发欲为请旌，氏力阻之。卒年八十九。

沈　氏

沈氏，张玨妻。年二十三寡，无子，以女红所积营葬夫柩，守节终身。

宋　氏

宋氏，陆寿妻。年十九守节，抚养嗣子。

郁　氏

郁氏，钱枢妻。年三十寡，抚孤焯，苦志守节。

周　氏

周氏，顾佩兰聘妻。年二十三，佩兰殁，守贞终身。

沈　氏

沈氏，冯文蔚妻，年二十九守节。

刘　氏

刘氏，金起凤妻。年二十八寡，苦志守节，抚孤宏圻娶妇王氏，亦寡，同守节。

张　氏

张氏，周文佺妻，年二十三守节。

宋　氏

宋氏，陆湝妻。幼有孝行，尝刲臂疗亲疾。年二十寡，守节终身。

丁　氏

丁氏，黄希尹妻，年二十二，夫亡守节。题名录“尹”作“英”。

金　氏

金氏，熊大栋妻，年二十六寡，苦志守节。题名录作“熊某”。

周　氏

周氏，王富妻，年二十九守节。

李　氏

李氏，沈英蔚妻，年三十寡，苦守终身。

吴　氏

吴氏，徐必显妻，年二十二夫殁，守节。

龚　氏

龚氏，班全忠妾，年二十六寡，守节终身。

王　氏

王氏，赵羽九妻，年二十二守节。

马　氏

马氏小多，胡维吉妾。年二十一，维吉卒，氏欲殉，以有娠未即死。既生子，五月而殇，遂自缢死。知州鳌图作传纪之。

胡　氏

胡氏，毛诩妻。年二十三寡，抚孤守节六十余年。

宋　氏

宋氏，庠生陆浩妻。年二十三守节，抚孤恺为增生。

刘　氏

刘氏，陆冠芳妻。年二十三，成婚月余而寡，矢志守节。

王　氏

王氏，余廷显妻，年二十一守节。

何　氏

何氏，杨二观妻。年十九寡，抚嗣子元龙，苦节终身。

孙　氏

孙氏，陈揆继妻。年二十五守节，抚孤闻鹤。

林　氏

林氏，赘沈凤山为婿。年二十四，凤山殁，无子，依母守节。

张　氏

张氏，萧韺妻。年二十四守节，抚孤邦直、邦彦。

顾　氏

顾氏，陆可大妻。年二十五寡，无子，守节终身。

陆　氏

陆氏，周士达妻。年二十九，守节抚孤节芳、传芳。

顾　氏

顾氏，钱志焕妻。夫亡，子堉甫周岁，抚之长成。敬事孀姑，姑殁，拮据营葬。

陆　氏

陆氏，吴德先妾。年十九，德先殁，佐正室敬事翁姑，训子有成。

陆　氏

陆氏，盛世珍妻。年二十二寡，纺绩度日，抚孤守节。

高　氏

高氏，陆民立妻。年二十三寡，勤抚孤子，事姑能色养，甘旨必备。及殁，丧葬尽礼。

王　氏

王氏，顾鹤田妻。年二十七守节，抚嗣子，耕田度日。

唐　氏

唐氏，顾镜千妻。年二十四寡，抚遗腹孤周成，力作苦守。

龚　氏

龚氏，监生陆松妻。年二十六寡，食贫孤苦。事两世舅姑，甘旨无缺。孤早殇，抚教嗣子，守节五十年。《平原谱》"如松"[1]。

包　氏

包氏，张樽聘妻。年二十一，樽殁，即断发矢志，奔丧成礼。立侄焕为嗣，寻殇。又抚幼侄瑞为后，亲自教养。守贞终身。

黄　氏

黄氏，金士凝妻。年二十寡，纺织奉姑，以成夫志。姑殁，丧葬尽礼。

张　氏

张氏，凌浃继妻。年二十六寡，抚遗孤本柄。衣食不给，叔之潞常周之，氏仍以织纴度日，积所余为夫及两前室营葬，并资本柄读书。

凌　氏

凌氏，庠生陈士彰妻。年二十七守节，遗腹不育，欲以身殉，姑阻之。奉事孝谨，家贫，衣食俱出女工。

1　《〔宣统〕太仓州志》云："《平原谱》'松'作'如'。"

顾　氏

顾氏，张觐仪妻。年二十四寡，抚孤天玉，教以读书。以纺织所畜葬舅姑及夫三丧。

柴　氏

柴氏，朱天宝妻。年二十九寡，抚孤苦守。

张　氏

张氏，周志良妾。年二十五寡，正室先亡，无子女。他妾沈氏遗腹生子甫八月，沈亦卒，氏雇乳养育，卒以有成。

张　氏

张氏，陆春妻。年二十九寡，家贫自守，抚孤效绩。

张　氏

张氏，盛宏远妻。年二十八寡，归母家，纺绩抚孤。

陈　氏

陈氏，傅鸿钧妻。年二十三，夫亡，事姑诚敬，纺织以供衣食，抚孤念堂，以医名。

邵　氏

邵氏，某妻。年二十九寡，无子，守节。

徐　氏

徐氏，吕元良妻。年二十寡，姑方氏年逾八十，孝敬不少衰。抚孤瀛奎。

俞　氏

俞氏，高鹏扬妾。年二十五寡，与正室余氏同抚嗣孤，事孀姑，纺绩度日。及姑与余相继殁，殡葬如礼。

汪　氏

汪氏，庠生沈含章妻。年二十，夫殁，无子，哀恸欲殉。时祖姑在堂劝解，始受命。侍奉十三年，祖姑卒，典衣治丧，并营葬三世。

王　氏

王氏，顾世荣妻。年二十一寡，孝养舅姑。越十五载，叔德明生子建章甫五月，建章母殁，抚养为子。

吴　氏

吴氏，徐丕文妻。年二十二，婚五月夫殁。孝事舅姑，常以女红佐养。殁后，竭力营葬。遗腹孤早夭，抚侄宗维为后。

黄　氏

黄氏，钱谨妾。年二十七寡，抚二孤，营葬舅姑及家长正室四丧。

萧　氏

萧氏，邢禧妻，年二十五守节。

王　氏

王氏，邢文在妻，年二十二守节。

顾　氏

顾氏，周丕新妻，年二十七守节。王《志》“新”作“亲”。

王　氏

王氏，张宗尹妻，年三十守节。

吴　氏

吴氏，张贻孙妻，年二十八守节。

张　氏

张氏，吴光德妻，年二十七守节。

赵　氏

赵氏，朱瑶芝妻，年二十六守节。

吴　氏

吴氏，张朝昇妻，年二十七守节。

朱　氏

朱氏，顾星发妻，年三十守节。

赵　氏

赵氏，庠生曾植妻，年三十守节。

陆　氏

陆氏，沈宾王妻，年二十二守节。

王　氏

王氏，陆鹤筹妻，年二十守节。

张　氏

张氏，赵世琛妻，年二十七守节。

陆　氏

陆氏，潘应占妻，年二十八守节。

潘　氏

潘氏，熊云升妻。年二十四寡，无子，嗣族侄晋康为后，针黹度日。翁姑相继殁，嗣子亦夭，竭力营葬，并教养嗣孙。

郭　氏

郭氏，尹维恭妻。年三十寡，家贫，无子，守节。

陆　氏

陆氏，杨继高妻。年二十六寡，家贫，无子女，奉事翁姑尽礼。

顾　氏

顾氏，金与同继妻。年二十五夫殁，善抚前妻子。孀姑年逾大耋，奉养得欢心。

陆　氏

陆氏，朱国镛妻。年二十二寡，力田守节，抚孤天锡。

尹　氏

尹氏，叶应春妻，年二十五守节。

顾　氏

顾氏，陆肇华妻。年二十九寡，纺织养姑。姑殁，拮据营葬。抚孤娶妇，生三孙。未几，孤与三孙相继而夭，艰苦终身。

叶　氏

叶氏，张鼎元妻。幼有女德。成婚时，鼎元已疾笃，侍奉汤药半载。夫亡，氏年二十七，自誓死守。家素贫，事舅抚孤，备尝艰苦。

樊　氏

樊氏，何宗武妻。年二十二寡，孝养舅姑，兼抚孤子。

马　氏

马氏，黄楫之妻。年二十寡，家贫，事孀姑尽养。

黄　氏

黄氏，张季思妻。年二十七寡，抚遗腹孤奇南。

张　氏

张氏，吴昌业妻。年二十八寡，家贫，无子，纺织守节。

刘　氏

刘氏，顾镠妻。年二十六寡，遗二女俱幼，家贫无倚，舅姑又多病，氏恸不欲生，绝粒三日，舅姑劝止。纺绩自给，仰事俯育。其后营诸丧，抚侄为嗣。

徐　氏

徐氏，曹荣祖妻。年二十七寡，家贫，无嗣，舅年老卧病，氏侍汤药者三年。及卒，尽哀尽礼。

俞　氏

俞氏，顾足妻。年二十五，夫殁，依母家守志。早夜纺织养亲，并营葬舅姑及夫。

孙　氏

孙氏，濮履信妻。年二十八寡，抚遗腹孤岵。

陈　氏

陈氏，张梦珠妾。年二十，梦珠及正室蔡氏相继殁，孤尚奎甫四岁，氏教养之。及尚奎长，又夭，聘媳李氏来归，共事老姑，尽心孝养。李氏前已特旌。

陶　氏

陶氏，许字董天。家贫不能娶，氏纺织自给。董天殁，氏年四十二，有议婚者，坚拒之。雇赁度日，誓不再字。

刘 氏

刘氏，陆敦仁继妻。早寡，二子五女俱幼，抚育婚嫁，孤苦守志四十余年。

陆 氏

陆氏，凌秉仁妻。早寡，以纺绩婚嫁子女，卒年五十四。妾管氏，与陆同守节，年八十余卒。

张 氏

张氏上慧，嘉定人陈瑚子迈继妻。幼随诸兄鹏、翀辈吟咏成集，名《坚斋稿》。婚四载而寡，子毅在襁褓，食贫孤苦，抚以成立，守节三十七年。苏州海防同知高给“天培劲节”额。

凌 氏

凌氏，庠生陆师成妻。早寡，矢节抚三岁孤有成。《凌氏家谱》“陆”作“陈”。

陈 氏

陈氏，庠生黄涵妻。早寡，抚子苦节三十余年。

陈 氏

陈氏，岁贡生徐庭言继妻，黄涵妻之妹。亦早寡，抚前室子，卒年六十七。

黄 氏

黄氏，周昇妻。年二十二寡，孤苦特甚，以族子为夫后，守节五十余年。

吴 氏

吴氏，顾希和妻。早寡苦节，至六十余卒。

凌 氏

凌氏，柴希贤妻。年二十四，夫殁，上奉孀姑浦氏，下抚三岁孤思怙。思怙娶媳陈氏，又夭，与媳同抚孤孙瞻云。姑媳三世苦志，人称“柴氏三节”。

陆 氏

陆氏，陈志纯妻。早寡。翁福卒于元氏县任，同官以其丧归。姑又殁，氏竭尽丧礼。抚遗腹子士彦，年十五即为蒙师。母绩子读，饥寒不辍，苦节五十余年。

顾　氏

顾氏，龚维贤妻。年二十一寡，抚遗腹子序龄，织纴糊口。伯氏讽改适，毁容遁母家，矢志不二，苦节终身。

张　氏

张氏，陈兰妻。于归两载而寡，抚子焕，守节五十年。

荣　氏

荣氏，陈光被继妻。乾隆二十年，岁大饥，夫就远馆不归，断炊无计，谓子女曰："岁荒难活，我陈、荣两姓皆名族，岂肯以饥寒失志？"遂自缢。少子孝方谓姊曰："母以烈死，我当以孝死。"缢于床。诸女感其言，俱缢死。一时以烈孝称。

陈　氏

陈氏，管芳芝妻。婚未一月，夫卒于昆山。氏闻讣，奔丧尽哀，尽诚竭力营葬，苦节终身。

陈　氏

陈氏，唐瞻依妻。乙酉兵至，瞻依见杀。氏年二十四，归依母家，苦节六十余年。

曹　氏

曹氏，包之俊妻。早寡，抚孤汝弼，氏年七十余卒。曾孙锦妇亦曹氏，年二十九寡，守节五十余年。

王　氏

王氏，昆山人，京兆尹执礼裔孙女，适州孝子陈廷柱。竭力奉舅姑，善视族党。姑病，饫以乳而愈。有司以双孝旌其闾。

陈　氏

陈氏，周淦妻，年二十九守节。

夏　氏

夏氏，王发源继妻。年二十七寡，抚嗣孤维翰，守节五十余年。

黄　氏

黄氏，幼适涂松南周某。年二十寡，抚一子，年十二又夭，苦节终身。

闵氏

闵氏，少以孝称，许字茜泾沈谨。未婚，谨卒，氏年二十，闻讣奔丧。时姑已前卒，事继姑宋维谨。舅卒，竭蹶丧葬，遂谋立后。两遇潮灾，家产荡尽，奉继姑三十四年。姑卒，氏泣谓嗣孤曰："汝当自立，我誓从姑于地下。"恸哭二十余日卒。

陈氏

陈氏，州判王棐妾。棐以家奴侵蚀钱粮谪戍同州，氏随戍。棐卒于戍所，氏年二十六，无所出。遇赦，扶榇回籍，孤苦守节，卒年七十七。《王志》"棐"作"斐"。

顾氏

顾氏，王焕章妻。早寡，耕种纺绩，奉姑抚孤，卒年八十二。

陆氏

陆氏，庠生童瑚年妻。年二十寡，抚周岁子正蒙，守节至七十年。

钱氏

钱氏，曹维岳妻，守节三十年。州学正给"彤管扬徽"额。

张氏

张氏，顾起元妻，早寡守节。

顾氏

顾氏，庠生李国华妻。年二十六寡，苦志守节，抚孤节延，以贫苦劳瘁卒。署知州汪给"霜清月皎"额。

黄氏

黄氏，吴鹏瞻聘妻。鹏瞻夭，氏欲奔丧，其兄难之，引巾自缢，救免。即归吴如妇礼，抚侄为嗣，卒以哀恸殁。同时士大夫著《贞女吟》成集。

王氏

王氏，宣存仁妻。年二十八寡，耕织自给，抚嗣孤发宗。

浦氏

浦氏，监生胡恬妻。夫卒，氏大恸，族亲共劝不止，明日亦卒。

闻氏

闻氏，庠生徐锦堂妻。夫殁，氏恸不欲生，家人知其性烈，极意防护，仍乘间自缢。

全氏

全氏，倪乙妻。居近海。乾隆四十三年，海溢，飘一覆舟至，内有死商四人，里正鸣官赴验，娄索里民。乙父子俱被执，氏泣曰："翁与夫被笞楚必死，茕茕一妇，何生为？"引带而绝。

某氏

某氏，海滨农家女。夫高某狂暴，论遣戍，行有日。氏视夫狱中归，检衣却寄，夜自缢死。

邱氏

邱氏，穿山农家女。夫杨某佻达负博，谋鬻妇以偿。氏闻，大恸，缢死。

凌氏

凌氏，金某妻。金好博，产荡尽。岁祲，乏食，谋鬻妇。给氏至一市，两人立俟河干，见金，跃起私语。氏觉有异，遽投水。众拯起，拥入一大宅。氏伺间缢死，年二十八。

某氏

某氏，农家女，周某妻。有同居叔长生者，潜匿房内，氏入，搂之，氏拒，受伤垂毙，长生逸去。明日，氏死。官赴验，长生具服论罪。

程氏

程氏，某聘妻。某贫甚，氏父悔之，将饰婢以代，嫁女于他族。氏度不免，遂自缢。

浦氏

浦氏，徐广继妻。年二十九寡，抚二孤，守节四十二年。学政张廷璐给"节凛冰霜"额。子金志，诸生。

支氏

支氏，张仲昌妻。年二十六寡，教遗孤文若以忠厚节俭为主，守节三十六年。

郑氏

郑氏，昆山人，太仓卫籍王东望妻。年二十八寡，抚幼孤，终身蔬布，守节二十八年。

潘　氏

潘氏，王玑妻。年二十七寡，家贫，无子，日勤针黹以奉孀姑。越十年，姑殁，为夫置嗣，教养有成。守节二十九年。

须　氏

须氏，吴嗣服妻。年二十九寡，孤子镛，甫六岁，抚之成，娶媳陆氏。镛殁，同抚孤孙源须，守节四十九年。陆守节三十八年。

钱　氏

钱氏，庠生徐镃妻。年三十寡，舅姑年近七旬，事之极孝。所生二子俱殇，嗣子阶泰，抚如己出。守节二十七年。阶泰，副贡生。

顾　氏

顾氏，庠生吴大坊妻。年二十八寡，上事舅姑，下抚子女，以孝慈著。尝曰："为孀妇，须使舅姑无丧子之苦，儿女无失父之忧。"夫兄大均殁，无子，迎嫂同居数十年，无间言。守节五十一年。

陈　氏

陈氏，监生陆元勋妾。年二十九寡，正室殁，一子肇型甫数月，抚之有成。己生一女，茕茕艰苦，相依为命。守节五十五年。

姚　氏

姚氏，商籍，浙江举人胡斐年妾。年三十寡，正室无子，己生子星禄甫九岁，抚之有成。守节五十四年。

张　氏

张氏，陆鉴妾。年二十三寡，正室杨氏多病，氏侍奉汤药，抚所生子天池有成。天池将以节孝具呈，氏不许，谓曰："主母格于年例，我何敢独旌？"遂止。守节四十五年。

陈　氏

陈氏，监生胡昌年继妻。年二十八寡，守节五十七年。女佩兰、俊兰，别有传。

孙　氏

孙氏，监生陆嘉言继妻。年二十七寡，与寡嫂俞氏营葬舅姑及夫，抚妾生子慎修、敬修如己出，守节二十六年。慎修，诸生。

王 氏

王氏，庠生陆振妻。年二十五寡，奉孀姑数十年不懈，守节四十五年。嗣子柏。

包 氏

包氏，叶维新妾。年二十五寡，正室殁，丧葬之事，一身任之。抚孤子，子卒，又抚孤孙。守节五十八年。

徐 氏

徐氏，监生杜珍妾。年二十七夫亡，抚子宗预，守节五十六年。

严 氏

严氏，张天秀妻。年二十三寡，守节四十七年。

周 氏

周氏，吴龙洽妻。年十九寡，家贫，纺绩供菽水，事姑二十二年。及殁，丧葬尽礼。子虬徵甫生而孤，教养有成。守节五十七年。

王 氏

王氏，顺天人，监生金聚奎妻。入赘甫半载而聚奎卒，时氏年二十三。家素饶，氏不为恋。百日后，扶夫枢回南，日夜纺绩以糊口。守节五十一年。

欧 氏

欧氏，庠生顾馥妻。年二十九寡，抚两孤相继殁，又与媳同抚孤孙，守节四十一年。

顾 氏

顾氏，陆锡圭妻。年二十七夫殁，事姑极谨，抚嗣子廷瑜，守节四十八年。

黄 氏

黄氏，陆畹香妻。年三十寡，事姑至九十卒。抚子王沼、王淳，守节四十九年。王沼，诸生。

吴 氏

吴氏，太仓卫籍，徐万德继妻。年二十九寡，抚遗腹子凤翔。凤翔殁，与媳同抚三孙，守节五十年。

桂　氏

桂氏，盛秉智妻。年二十九寡，抚两子篢、篛，守节四十六年。

徐　氏

徐氏，王东杲妻。年二十八，夫游幕客死，孑身苦度，守节四十八年。

余　氏

余氏，童惠中妻。年二十八寡，事嗣姑十余年，为夫弟方衡娶妇。方衡亦卒，复抚其遗腹子思宗。守节四十六年。

王　氏

王氏，陆秉坚妻。年二十四结缡，甫八月夫卒，无以为殓，尽典衣饰以治丧。岁余，姑殁，又鬻物以殓。居常绩麻不辍，积资三十年，营葬舅姑及夫，抚嗣子继桢。守节四十六年。

陈　氏

陈氏，昆山人，陶大龄妻。年三十寡，子耀甫生五月，抚教之。守节四十二年。

王　氏

王氏，昆山人，吴利川妻。年二十八寡，守节二十四年。

章　氏

章氏，徽州王宏琭妻。年二十七寡，奉继姑吴氏历四十年。抚孤永铭，守节四十六年。

蔡　氏

蔡氏，监生张玉润妾。年十九寡，子凤仪生仅八月，辛勤教育为诸生。旋卒，与媳抚孙朝虎成立。守节五十四年。

徐　氏

徐氏，王中孚妻。年二十七寡，以堂侄沛韩为子，守节四十五年。

吴　氏

吴氏，周半古妻。年二十七寡，奉姑抚子以孝慈闻，守节三十二年。

朱　氏

朱氏，监生蒋文德妾。年二十九寡，所生子宾幼，抚教为诸生。守节二十八年卒。

顾　氏

顾氏，庠生钱凤苞妻。年三十，夫亡，事继姑孝。姑有拂意，必下气怡声，勉以承命。姑病，侍奉汤药，衣不解带者数月。以堂侄兼祧为后，守节三十八年。

蔡　氏

蔡氏，杨大观妻。年二十二寡，家极贫，事姑十余年。无子，又无宗族，一生困苦，守节三十三年。

陆　氏

陆氏，曹东侯妻。年二十六寡，善事舅姑，平日楼居纺绩，虽至戚，罕见其面。以侄为兼祧子，守节二十年卒。

邵　氏

邵氏，监生王葆善继妻。年二十九寡，无子，日夜纺绩，缩衣食为夫营葬，守节二十三年卒。

顾　氏

顾氏，王二观妻。婚数日，夫即出外，殁。穷居守志，以针黹度日，卒年六十二。

黄　氏

黄氏，徐士骏妻。年二十二寡，奉养舅姑，抚侄为嗣，守节十七年卒。

丁　氏

丁氏，举人黄保泰妻。年二十三寡，子元瀚在襁褓，抚养之。守节十二年卒。

龚　氏

龚氏，陈绍祖妻。年二十二夫殁，家极贫，矢志不移。夫弟绍宗娶黄氏，年二十八寡，与龚同抚遗孤坤田，妯娌和顺，邻里称之。龚守节二十三年卒，黄守节十二年卒。

曹　氏

曹氏，王家吉妻。年二十九寡，时舅煜年逾六旬，子席珍甫生八十三日，仰事俯育，备极艰苦，守节十九年卒。

龚　氏

龚氏，周盈川妻。年三十寡，上事庶姑，下抚孤子士昌，守节十四年卒。

余　氏

余氏，卢文渭妻。年二十六寡，夫佣贩度日，及殁，无以为殓，氏倾所有备丧具。守节二十一年卒。

王　氏

王氏，丁志展妻。年二十五寡，守节十一年卒。祠主作“大成”。

李　氏

李氏，闻庆章妻。年二十一寡。道光三年，水灾，庆章与同人设收孩、恤病两局，氏质簪钏以助。夫殁后，频乘间投缳，俱救免，卒以郁郁而卒。守节十一年。嗣子钺，娶媳陆氏而夭。陆亦殉节，别有传。

某　氏

某氏，许某妻。夫殁，坚守节。瞿合节有诗纪其事。

瞿　氏

瞿氏，顾陆琮妻。年二十余寡，无子，家穷。村夏雨，毁其居，不得睡，蚊嘬成疮。寒冬衣单，肌肤皲瘃。灶无突，悬釜以炊。常就月下纺绩达晓，倦寐，自啮其臂，历久，血痕宛然。卒年七十三。

顾　氏

顾氏，陆绍华妻。年二十九寡，奉姑孝，抚子长成，娶媳后夭，鞠幼孙亦夭。氏独尸祭祀，每寒食祭夫墓，哭失声，闻者悲之。

曾　氏

曾氏，赵炳继妻。早寡，家贫，赁屋以居，与姑相依。姑死后，屋主鬻宅当徙，愀然曰：“吾夫死于是，吾姑死于是，吾未亡人，舍是安归？”遂阖户自经。

张　氏

张氏，凌元骥妻。年二十三寡，艰难辛苦，力持门户，抚教子侄，卒年四十七。

杨　氏

杨氏，沈乘豹妾。年二十五寡，卒年六十九。

周　氏

周氏，顾灿如妻。年三十寡，卒年六十八。

陈　氏

陈氏，庠生萧谦妻。年二十九寡，抚遗腹子思岵，守节三十年。

吕　氏

吕氏，赠文林郎孙枝芳妾。既寡，与宗族相见，必言大义，守节三十余年。

陆　氏

陆氏，张文吉妻。年二十八寡，内无强近之亲，外有非意之侮，屹不为动。辛勤抚孤，守节五十余年。

陆　氏

陆氏，朱恒德妻。年二十八寡，事祖姑极孝，馔必精洁，自食菽乳。性好洁，治几牖无纤尘，曰："治此心如此室矣！"

凌　氏

凌氏，谈尚黻妻。嫁时，夫已患瘵。及殁，氏雉经[1]，舅姑救之苏，泣以劝，乃复执妇礼。旋以劳苦得疾，进以药，弗服，竟死。

张　氏

张氏，顾成龙妻。夫死，求殉，姑曰："汝欲弃我？我亦从汝死矣！"相持大恸，氏乃曰："谨为吾姑延此残喘。"日治织养姑，积劳成疾，卒时张目视姑者再，年三十一。

唐　氏

唐氏，金陈四妻。年二十二，嫁甫二十三日寡。家贫，守节，卒年四十二。陈氏，金陈五妻，年二十六寡，守节四十余年。

蔡　氏

蔡氏，冯应忠妻。年二十六寡，卒年四十二。

金　氏

金氏，冯逵吉妻。年二十二寡，卒年五十余。

顾　氏

顾氏，龚耀章嗣母。夫亡，耕种自给，苦度终身。

1　雉经：指自缢。

任　氏

任氏，许字吴栋结。年十三为童养媳。姑性暴，以语言细故逐回母家，氏号泣不食，父母劝慰之，旋请归吴，姑不允。父不得已，谋适他姓，氏泣曰：“儿终为吴氏妇也！”郁郁而卒。

顾　氏

顾氏，徐序聘妻。序卒，时氏年十七，守贞至六十五卒。

黄　氏

黄氏，许字杨某。某卒，或曰：“未成婚，改字何妨？”氏曰：“昔人以一剑许人，尚不忍负，况身乎？”守贞以殁。

赵　氏

赵氏，曹葆莹聘妻。年二十二，葆莹卒。越三年，兄为择婿，氏曰：“不愿有他，人各有志，何必致我速死？”兄知不可夺，不敢复强。守贞十五年而卒。

张　氏

张氏，父某殁，不忍离母，矢志不嫁，奉养以终。

周　氏

周氏，陆应和妻。年二十八寡，事祖舅姑尽孝，抚养嗣子希陶，卒年八十余。

张　氏

张氏，沈承先妻。年二十三寡，上事舅姑，下抚嗣子云煜，卒年八十余。

顾　氏

顾氏，金大生妻。年二十八寡，守节五十余年。子镩。

蒋　氏

蒋氏，张麟洲继妻。年三十寡，先抚孤子，子殁，又抚孙镛，守节五十余年。

全　氏

全氏，瞿逊妻。年二十四寡，昼耕夜织，不辞艰苦，守节五十余年。子寿山。

虞　氏

虞氏，郁金印妻。年二十六寡，布衣蔬食，数十年如一日，训嗣子汝政为诸生。守节五十余年。

周　氏

周氏，潘备五妻。年二十三寡，事祖姑及舅以孝。夫弟幼，抚之成，为娶妇，生子锡熊，嗣为夫后。守节五十余年。

钱　氏

钱氏，陈景宗妻。年二十二寡，以耕织糊口。嗣子鸿绪，抚如己出。

倪　氏

倪氏，崇明人王藩妻。年二十九寡。藩入京充供事，及卒，迎柩归葬。遗孤浩曾年甫髫龄，教养有成。旋卒，又与媳同抚两孙，亲授句读。

李　氏

李氏，胡乘乾妻。年二十七寡，家贫，以耕田为业，抚嗣子金元。

魏　氏

魏氏，监生顾泰继妻。年三十寡，抚前室遗两孤经、纶如己出。

吴　氏

吴氏，包辉妻。年二十四寡，事舅姑，至殁，哀礼兼尽。子城。

顾　氏

顾氏，施永干妻。年二十四寡。姑常病在床，事之三十年。嗣族子在高为后。祠主“干”作“铨”。

徐　氏

徐氏，龚载扬妻。年三十寡，抚六岁孤耀高。

彭　氏

彭氏，翁玉如妻。年三十寡，孤仅四岁，抚之。

夏　氏

夏氏，曹大宾妻。年二十九寡，奉姑至九十余岁。姑目生翳，每日清晨必为舐眵。教子永昌甚严，借针黹供薪水，虽半菽不饱，弗怨也。

朱　氏

朱氏，阳湖人，王三锡妻。年二十二寡。三锡入赘，甫三载即殁。越二日，生遗腹子昌，辛勤抚育，俾习医业。氏见有青年孀妇，恒节衣食以保全其志，行之三十余年。

汤　氏

汤氏，胡天佑妻年。二十六寡。姑疾，常在床褥，扶掖抚抑，未尝少怠。敝衣蔬食，勤劳纺绩，训子云襄尤严。

杨　氏

杨氏，曹廷湘妻。年三十寡。

凌　氏

凌氏，王御天妻。年二十六寡，抚子应求娶媳曾氏。未几，卒，氏与曾同抚孤孙，含辛茹檗，两目俱盲。

史　氏

史氏，赵天成妻。年二十五，甫生一女，夫即病卒。矢志守节，事舅甚谨，殁为营葬。

吴　氏

吴氏，余殿清妻。年二十五寡，抚嗣子岳山。

陆　氏

陆氏，庠生黄慰曾妻。年二十九寡，日以针黹纺绩。上事舅，下抚女，辛勤备至。

时　氏

时氏，周缵武妻。年二十四寡，孀姑多病，氏侍奉不懈。嘉庆辛未冬，邻不戒于火，延及氏居楼屋。时姑卧床，仓卒无措，氏即负姑从楼檐逸下，姑命得全，里党惊叹。抚同祖侄泰阶为子。

诸　氏

诸氏，张廷勋妻。年二十五寡，上事两世姑嫜，备极承顺。及卒，丧葬尽礼。子媳早卒，后抚孤孙朝鼎。

郁　氏

郁氏，季溶妻。年二十九寡，事姑孝谨，抚子慈严并至。

潘　氏

潘氏，监生胡瑗俦妾。年二十九寡，时正室已故，氏支持丧葬。嗣子元熙方六岁，抚如己出。

钱　氏

钱氏，杨俊妻。年三十寡，上事舅姑，下抚两子兆荪、兆荃。

蒋　氏

蒋氏，张成翼继妻。年二十二寡，抚遗腹子茂如。

沈　氏

沈氏，王耀升妻。年二十三寡，无子，止一女，艰难困苦，转徙靡常，相依为命。

吴　氏

吴氏，徐九思妻。年二十七寡，事舅姑至殁，竭力丧葬。子槐。

张　氏

张氏，陈聪伦妾。年二十四寡，抚子锦云早卒，又与媳陆氏同抚孙阶玉。

王　氏

王氏，闻蔚如妻。年二十九寡。子耀金。

潘　氏

潘氏，庠生俞汝谐继妻。年二十八寡。汝谐入赘，生二子而卒。氏恩勤教育，旋皆殇，以从子嗣伯为后。

王　氏

王氏，狄殿臣妻。年二十八寡，孝奉舅姑，抚夫侄启丰为子。

钟　氏

钟氏，程宏发妻。年二十三寡，事舅姑生殁尽礼。

周　氏

周氏，昆山人，王觐贤妻。年二十八寡，上事孀姑，下抚两孤。姑殁，丧葬竭力，并为姑建绰楔。

顾 氏

顾氏，曹炳章妻。年二十九寡，无子，依婿以居。

浦 氏

浦氏，候选布政司理问胡琯伦妻。年二十七夫殁，舅姑俱在，两子大昕、元熙皆幼，仰事俯育，克尽心力。

孙 氏

孙氏，张锦鸿妻。年二十四寡，嗣子振勋。

徐 氏

徐氏，陆元铉妻。年二十四寡，事姑谨，抚养嗣子洪宪。

王 氏

王氏，钱壮选妻。年二十二寡。

周 氏

周氏，许祖怀妻。年二十七寡。姑病三载，侍奉如一日。

吴 氏

吴氏，杨宏声妻。年二十七寡。夫殁时，两孤瑚、瓒俱幼，上有嗣姑，仰事俯育，一身任之。

吴 氏

吴氏，仲鸣鹤妻。年二十二寡，誓以身殉，舅姑谕以大义，始勉强从命。舅姑已老，夫弟尚幼，辛勤抚教，嗣侄嘉琳为夫后。

张 氏

张氏，卢廷栻妻。年二十二寡，抚子屺望。

霍 氏

霍氏，吴春茂妻。年三十寡，与姑及长姒一门三寡，共抚夫兄子硕成人。

季 氏

季氏，庠生范宝彦妻。年三十寡。家极贫，夫族无可依，乃归母家，纺绩度日。嗣子锦云，业儒，脩脯皆氏十指所出。

朱氏

朱氏，程泳妻。年三十夫殁，又遭舅姑丧，遗田数亩，悉为丧葬费，借纺绩为生。教子椿，慈严并至。

李氏

李氏，顾赞扬妻。年二十五寡，孤甫生六月，邻居恶少日夜扰之。氏抱儿啼哭，里人发公愤保全之，名其子曰坤安。

顾氏

顾氏，费誉添妻。年二十九寡，守节四十余年。

顾氏

顾氏，杨某妻。年二十二寡。夫将死，语之曰："汝事我病，于情竭矣。善事后人，毋空为我自苦！"氏呜咽不能答。夫亡，矢志不移，守节五十余年。

袁氏

袁氏，王守臣妻。年二十七寡，食贫，矢志守节五十余年。

孙氏

孙氏，邵翔云妻。年二十余寡，守节三十余年。

赵氏

赵氏，顾鸿逵妻。年二十九寡。抚孤谦授室后，旋卒，与媳同抚孤孙。守节三十余年。

叶氏

叶氏，戴桂观妻。年二十四寡。

吴氏

吴氏，仲某妻。年二十余寡。

杨氏

杨氏，黄佩玉聘妻。年十岁为童养媳，夫殁时，氏年十四。舅姑初不令成服，欲作女嫁之，氏绝粒不欲生，方令成服。家贫，深宵纺绩，事舅姑曲尽孝道，抚侄昆冈为夫后。

胡氏

胡氏佩俊、兰昌，年第三、四女。父卒，前母所生女次第出嫁，母陈氏守节，又无弟兄，遂相约事母终身，纺绩奉养，历五十六年。以上道光十六年汇报旌。

卷十七　人物

太仓州列女三

徐　氏

徐氏，王宝信继妻。年二十七寡，事姑孝。夫卒时，遗孤维骐仅三岁，勤于教养。维骐，廪生。

戴　氏

戴氏，监生金诗和妾。年二十九寡。正室早卒，所生子闻鹤才五岁，抚之成立。闻鹤，恩贡生。

吴　氏

吴氏，王樟妻。年二十四寡，守节十二年卒。以上道光十七年旌。

曹　氏

曹氏，沈开宗妻。年二十四寡，守节三十年。嗣子士麟。

黄　氏

黄氏，蒋文灿妻。年二十七寡。事姑孝，夫故时，两子应辰、兆奎在襁褓，教养有恩。应辰，诸生。以上道光十八年旌。

汤　氏

汤氏，岁贡生钱若炜妾。年二十九寡，嫡遗子宫垣、宫埒、敦吉及己生子敦复、毓英，皆抚养之。宫垣、敦吉、毓英，俱庠生。

汪　氏

汪氏，长洲人，原荫员外郎毕嵩珠妻。年二十三寡。嗣子长庆，廪生。

张 氏

张氏，庠生徐文涛继妻。年三十寡，抚孤元善、元美读书敦品，守节二十六年卒。

张 氏

张氏，胡周鼐妻。年二十一寡，事姑甚谨，丧葬尽礼。嗣侄元恂为后。

曹 氏

曹氏，候选州同顾安继妻。年二十七寡。事姑孝，抚前室子缄及庶子缊如己生。

杨 氏

杨氏，汪元翼妻。年二十五寡。以上道光十九年旌。

金 氏

金氏，貤赠奉直大夫顾淮妻。年二十三寡。家故贫，恃织纴以给，教子有方。卒年七十六。次子文标，诸生。道光二十年旌。

钱 氏

钱氏，庠生黄绥章继妻。绥章殁，氏年二十九，妾曹氏年二十四。钱与曹同守节，抚二孤：朝晋，监生，钱出；朝升，附监生，曹出。

蒋 氏

蒋氏，黄建章妻。年二十寡。嗣堂侄朝凯为子，旋殁。媳周氏，痛夫亦卒。复嗣胞侄朝升为后。以上道光二十一年旌。

黄 氏

黄氏，浦荣曾聘妻。年十六，荣曾故，矢志守贞，年二十九卒。道光二十二年旌。

王 氏

王氏，明吴善妻。

杨 氏

杨氏，明张生妻。

程 氏

程氏，明中书桑琼继妻。夫卒，氏家欲令改志，氏不从。闭之一室，氏擗踊呕血，不食三日死，年二十六。

周　氏

周氏，明四川成都县知县吴继善妻。事详继善传。

毛　氏

毛氏，明吴葭妻。兵至，与夫同殉难。

浦　氏

浦氏，明庠生凌挺妻。乙酉为兵掠，得间投青洋江死。

王　氏

王氏，明给事中龚督妻。诩母、督、诩，俱有传。

孙　氏

孙氏，明陈思妻。见前卷一孙氏传。

某　氏

某氏，明庠生刘隆嗣妻。

朱　氏

朱氏，明赠御史曹振纲妻。年三十寡，守节四十年。子逵，见《列传》。

某　氏

某氏，明朱圣毓妻。夫故，奉姑王氏四十余年。

陆　氏

陆氏，明陶子艇妻。见《昆山志》。

许　氏

许氏，明监生徐炼妻。年十九，夫亡，无子，依侄士奇以居，守节五十年。

顾　氏

顾氏，明庠生黄廷谕妻。年二十七寡。无子，家极贫，依弟元真以老，守节二十八年。

邵　氏

邵氏，明顾燧妻。年二十七寡。

吕　氏

吕氏，明陈允忠妻。

周　氏

周氏，明庠生吴钟元妻。

某　氏

某氏，明庠生王湛妻。乙酉，湛殉义，氏守节五十余年卒。

徐　氏

徐氏，明吕辉聘妻。辉卒，闻讣，奔丧。辉先纳婢，生一子甫五日，氏抚如己出。长斋礼佛，守节终身。

王　氏

王氏，明萧某聘妻。萧咯血死，氏闻讣，奔丧，守贞以终。

夏　氏

夏氏，明徐缙妻。年二十余寡。遗田止数亩，抚子文汉、文涵，昼耕夜绩，苦节五十余年卒。

陈　氏

陈氏，明吴万春妻。年二十七寡，卒年四十五。

朱　氏

朱氏，明监生曹希彬妻。年二十寡。

许　氏

许氏，明淮南副总兵王玑继妻。年二十四寡。兵燹家破，伶仃孤苦，力抚五子，卒年八十三。

杜　氏

杜氏，龚四妻。年二十八寡，纺绩养姑。姑殁，竭力丧葬。弟欲夺其志，遂自缢。

萧　氏

萧氏，董某妻。夫卒，无子，独居。所居屋甚浅，夏浴，无赖子倚门窥之。氏觉，忿忿，遂整衣缢死。

赵　氏

赵氏，胡履绥妻。年二十寡，日夜哭泣而卒，距夫死仅六十日。

钱　氏

钱氏，薛大观妻。夫殁，大恸，与夫同时卒。

奚　氏

奚氏音，字伯琴，高声振继妻。夫亡，引刃决脰未殊，遇救得苏。未期年，以哀恸卒。所作诗格高音古，不类巾帼语。彭兆荪序之，以比薄少君。

王　氏

王氏，曹绪仁妻。年二十六寡，葬夫毕，大恸而绝。嗣侄守宽为后。

张　氏

张氏，狄堂妻。年二十九寡，日夜悲哀，年余，哭祭夫灵，大恸而卒。

吴　氏

吴氏，王缙阶妻。年二十二，婚甫八月，夫故。勺水不入口，呕血而殁。

金　氏

金氏，庠生唐文熇妻。年二十九寡，闭户自经，家人救免。越三年，夫忌日，祭毕，自经死。

林　氏

林氏，黄良贵妾。年二十寡。良贵，休宁人，寓居太仓，无所出。丧葬毕，投缳殉节，年二十一。

郁　氏

郁氏，黄某妻。某无行，欲卖之，脱身自缢死。

邵　氏

邵氏，张玮聘妻。玮卒，闻讣，自缢死。

胡　氏

胡氏，许字某。某殁，兄强与议婚，遂自缢。

孙　氏

孙氏，直隶大兴人，庠生钱希乔聘妻。希乔殁，讣至，氏恸哭呕血，不数日而卒，年二十五。

包　氏

包氏，师厚坤聘妻。厚坤殁，氏闻讣，自缢，年二十。

费　氏

费氏，居花桥。父本儒家子，博赌废业，鬻女娼家。氏闻，欲自裁。族属将鸣之官，氏谓母曰："身父身也，父鬻女，何得强？"迎者至，母大恸。氏谓母曰："无恸，去三日，当以慰母心。"至娼家，觅间自缢。置一纸几上曰："父得尔银，吾死非尔罪，其讣我母来殡我。"闻者莫不泣下。

浦　氏

浦氏，柴某妻。与孀媳凌氏、孀孙媳陈氏，俱以女红度日，人称"柴氏三节"。凌氏、陈氏，道光十六年已旌。

邵　氏

邵氏，冯某妻。夫故，抚子，娶媳何氏。子旋殁，与媳同抚孙时菖。迨娶孙媳黄氏，而时菖又夭，一门三寡，守节坚贞，时称"冯寡妇家"。黄氏，雍正七年已旌。

何　氏

何氏，冯某妻。题名录作"冯生"。

曹　氏

曹氏，庠生钱培继妻。年二十八寡，抚子震锡，支持门户，孤苦备尝，卒年六十七。震锡，诸生。

毛　氏

毛氏，庠生胡绍远妻。年二十九寡，卒年七十三。

张　氏

张氏，庠生吴发祥妻。

陆　氏

陆氏，沈有堂妻。

闻　氏

闻氏，陈澜妻。

徐　氏

徐氏，陆孚中妻。

金　氏

金氏，熊子梁妻。

闻　氏

闻氏，陈梓妻。

某　氏

某氏，桂某妻。

刘　氏

刘氏，陆某妻。夫故，闻讣，自刎，家人救止。与夫嫂刘氏同居，矢志三十年。

汪　氏

汪氏，陈宗文妻。年二十三寡，孝事舅姑，抚孤子明德，卒年七十七。

王　氏

王氏，监生胡凤徵妻。年二十余寡，抚孤廷槐、廷杰、廷松。

沈　氏

沈氏，吴惟敬继妻。年二十八寡，卒年九十。子念曾继妻顾氏，年二十九寡，卒年五十八。孙瑶庚妻陆氏，年二十四寡，卒年六十七。生子庠生汝砺。

鱼　氏

鱼氏，吴昕妻。年二十一寡，守节四十六年。

陶　氏

陶氏，吴曰璜妻。年二十五寡，卒年五十二。

周　氏

周氏，吴学洙妻。年二十九寡，卒年四十九。

吕　氏

吕氏，吴维哲妻。年二十七寡，卒年五十一。孙宝善，庠生。

毕　氏

毕氏汾，监生沈恭妻，两湖总督沅妹。幼能诗，遭父丧，几灭性。里中有"才女""孝女"之目。嫁甫逾年，生子景舒而寡，卒年六十九。有《绣佛斋诗草》。

侯　氏

侯氏，周廷璋妻。年二十六寡，抚孤绳祖，甫三龄。

孙　氏

孙氏，徐慎言妻。年二十寡，无子，依族以居，卒年九十一。

徐　氏

徐氏，周圣清妻。年十九寡，无子，归依母族，卒年七十。

陆　氏

陆氏，吴方妻。年二十四寡，卒年四十八。

张　氏

张氏，吴中妻。年二十八寡，卒年八十三。

姚　氏

姚氏，吴桂芳妻。年二十三寡。

朱　氏

朱氏，庠生王心涵妻。年二十七寡，纺绩养姑二十余年，卒年六十五。抚堂侄昌麒为后。

杨　氏

杨氏，增监生钱黄照妾。年二十八寡，抚所生子文璧、文斗，卒年五十六。文璧，诸生。

朱　氏

朱氏，赵汉三妻。年二十五寡，卒年六十一。嗣堂侄圻为后。

章　氏

章氏，高世爵妻。年二十九寡，卒年七十。嗣子天裕、丕宗。

俞　氏

俞氏，增生吴文泰妻。年二十九寡，事姑尽礼，抚五岁孤兆祥，卒年四十八。

赵　氏

赵氏，监生蒋绍祖妻。年二十七寡，卒年六十四。嗣子淇。

朱　氏

朱氏，徐宗禄妻。年二十九寡，卒年六十一。子岵瞻。

周　氏

周氏，张振扬妻。年二十三寡，舅姑年老疾病，氏侍养十八年，卒年六十一。

金　氏

金氏，候选吏目胡咸继妻。年二十九寡，子元复早卒，与寡媳李氏抚孙兆鹏。氏卒年七十二。

凌　氏

凌氏，胡锡葆妻。年三十寡，子廷贵、嗣子锡贵，俱早夭。氏茹苦终身，卒年七十二。

胡　氏

胡氏，张万程妻。年二十五寡，赖针黹养舅姑，卒年五十四。嗣子宿南，先卒。

周　氏

周氏，赵钟妻。年二十二寡，卒年七十二。

张　氏

张氏，监生顾瑞麟妻。年二十九寡。夫病，割股以进。孝养祖姑及姑，卒年六十六。子保泰、保和、保仁。

孙　氏

孙氏，监生王之辂妻。年二十寡，卒年七十七。

阎　氏

阎氏，山西候补吏目张麟徵妾。年十七寡，卒年五十六。子凤池、凤沼。

王　氏

王氏，张效逵妻。年二十寡，孝事舅姑，营葬夫柩。子时观、时复。夫故时，时复生甫五日，教养兼至。氏卒年六十七。

马　氏

马氏，王谦尊妻。年二十八寡，卒年五十六。

陈　氏

陈氏，胡廷乐妻。年二十八寡，卒年六十五。抚侄金润为后。

孙　氏

孙氏，胡廷朴妻。年二十七寡，卒年六十二。嗣侄瑞为子。

顾　氏

顾氏，徐向义妻。年三十寡，卒年六十五。子受爵、受禄。

金　氏

金氏，庠生钱学培妻。事亲抚子，备历艰辛，卒年四十五。子锛。

王　氏

王氏，陆谦吉妻。婚未半载，夫故，氏年二十二。家贫，事舅姑克尽妇职，妯娌间情谊肫笃[1]，卒年四十三。嗣子鋆，廪生。

周　氏

周氏，王云钰妻。年二十二寡，孝事舅姑，卒年三十四。嗣子廷庆、阶树。

钱　氏

钱氏，王溥妻。年二十一寡，守节二十一年。嗣子茂林，庠生。

邵　氏

邵氏，叶如柏妻。年二十六寡，遗孤仁麟生甫一月，辛勤抚育，守节以终。

俞　氏

俞氏，镇海卫籍，蒋楠妻。年二十四寡，抚三岁孤熙，教养兼尽，卒年五十七。

1　肫笃：诚恳笃厚。

张　氏

张氏，监生毛登庆妻。年三十寡，抚子思岵，娶媳程氏，年二十三寡。姑媳相依，守节以终。

王　氏

王氏，陈焕章妻。年二十二寡，事姑十九年，姑殁，丧葬尽礼，卒年四十八。

钱　氏

钱氏，徽籍，查启浩妻。年二十六寡，卒年五十。子焘。

奚　氏

奚氏，高继昌妻。年二十九寡，卒年五十二。嗣侄瞻岵为后。

徐　氏

徐氏，贾某妻。年二十一寡，亲族欲嫁之，氏坚拒自守，卒年七十二。子维城。

曹　氏

曹氏，昆山何树绩妻。年二十九寡，事姑抚孤，孝慈兼尽，卒年六十六。

徐　氏

徐氏，周峄阳妻。年二十七寡，卒年五十。

吴　氏

吴氏，曹世禄继妻。年二十八寡。

刘　氏

刘氏，李德臣妻。年三十寡，有遗腹子，抚养之。

曹　氏

曹氏，陈铸妻。年二十三寡，嗣堂侄潜为后。

王　氏

王氏，闻在玉妻。年二十九寡，抚三女，无子，嗣侄乾一为后。

闻　氏

闻氏，王堂妻。年三十寡，孝养舅姑，抚孤子以钰。

顾　氏

顾氏，陆廷望妻。年二十四寡，与寡女同居，女红之外，时以闺范相勖，卒年七十二。

陆　氏

陆氏，顾埓妻。年二十四寡，卒年五十五。子文锷，庠生。

邢　氏

邢氏，戴仲武妻。年二十三寡，舅兴宗以乐善称，凡施棺赈饥、掩骼埋胔，氏必赞成之。卒年五十五。抚侄九畴为后。

包　氏

包氏，陆受方妻。年二十五寡，姑患疡数载，亲为洗涤。葬舅姑及夫，皆如礼。卒年六十八。抚侄侃为后。

施　氏

施氏，郑元坚妾。年二十四寡，正室亦殁，老主母卧床数载，奉养不怠，卒年七十八。

蔡　氏

蔡氏，陈景韩妻。年二十九寡，卒年六十五。子向荣。

王　氏

王氏，陆锦扬妻。年二十九寡，卒年八十二。子德华。

萧　氏

萧氏，曹雨甘继妻。年二十二寡。子惠熙。

陆　氏

陆氏，邢昆藻妻。年二十六寡[1]，卒年七十二。子亦韩。

王　氏

王氏，杨御招妾。年三十寡，卒年八十六。子元吉、明山。

李　氏

李氏，盛仁观妻。年二十六寡，婚甫十月。家贫，守志，卒年七十二。抚侄兰生为后。

1　寡：原无，据文义补。

洪　氏

洪氏，李定周妻。年二十五寡，卒年七十八。子孝瞻。

闵　氏

闵氏，顾瑶妻。年二十七寡，子起棘，娶沈氏。起棘夭，妇姑同守节，抚孙维坤。

杨　氏

杨氏，程允方妻。年二十寡，卒年六十。抚侄念祖为后。

张　氏

张氏，吴介千妻。年二十七寡，知书明礼，不苟言笑，戚党敬之。卒年六十。抚侄晋贤为后。

龚　氏

龚氏，戴乾观妻。年二十七寡，事舅姑尽力，兼抚遗孤鼎三，卒年七十二。

王　氏

王氏，顾文敷妻。年二十一寡，家贫，奉孀姑，抚孤子，皆十指所出。又积资营葬事，卒年五十九。

张　氏

张氏，吕灏继妻。年二十九寡，家贫，守节，卒年七十八。嗣子慰曾。

曹　氏

曹氏，包国英妻。年二十八寡，事舅与继姑尽孝。遗孤文灿，抚之有成。卒年七十八。

张　氏

张氏，李明照妻。年十九寡，常吞声饮泣，恐伤舅姑心。卒年五十五。子俊杰。

余　氏

余氏，马二观妻。年二十二寡。抚三岁孤玉麟，娶媳生孙，而玉麟夭，与媳王氏同抚二孙，耕田自给，卒年六十七。

陆　氏

陆氏，杨益德妻。年二十七寡，卒年八十三。子念椿，

王　氏

王氏，陆士谦妻。年二十五寡，孝事舅姑，葬祭尽诚。卒年六十四，嗣侄崇礼为后。

郑　氏

郑氏，监生吴铨继妻。年三十寡，事姑谨，抚前室子起鲲，卒年四十六。

袁　氏

袁氏，包承志妻。年二十四寡，抚侄御卿为后，营葬舅姑及夫柩。卒年三十四。

曹　氏

曹氏，庠生王云纬妻。年二十三寡，卒年五十一。

王　氏

王氏，朱国治妻。年三十寡，卒年六十七。子楷煜。

韩　氏

韩氏，孙镗妻。年二十六寡，卒年四十一。嗣子汝云。

李　氏

李氏，韩德昌继妻。年三十寡，卒年六十二。子嘉镏、嘉录。

屠　氏

屠氏，王起鹏妻。年二十二，成婚逾月而寡，痛不欲生，亲戚劝慰，立侄承裔为后，始勉进饮食，纺绩度日，卒年六十七。

吕　氏

吕氏，顾储文妻。年二十四寡，卒年五十。抚侄承绪为子。

曹　氏

曹氏，监生胡瞻屺妻。年二十五寡，卒年四十三。嗣子时植。

支　氏

支氏，张天林妻。年二十六寡，卒年六十。子云路、逵九。

陈　氏

陈氏，王南飞妻。年三十寡，卒年六十七。

曹　氏

曹氏，刘佩玖妻。年十八寡。子䘵，生甫二月，抚教有成。纺绩养姑。卒年三十五。

某　氏

某氏，周少初妾。少初殁，孤麒甫离襁褓，抚之娶媳吴氏，婚二月而寡，姑媳相依守节。

凌　氏

凌氏，周某妻，年二十四寡。

凌　氏

凌氏，徐宇乾妻。年二十四寡，抚遗腹子纯祖，卒年七十余。

戴　氏

戴氏，张仲和妻。年二十一寡，无子，以族子尚英为后，娶媳严氏。尚英殁，氏年十九，事孀姑戴氏以孝闻。戴守节三十八年，严守节三十九年。

顾　氏

顾氏，凌必行继妻。年二十三寡，成婚甫两月。纺绩以供衣食，艰苦异常，卒年五十四。

王　氏

王氏，凌旸妻。年二十二寡，无子，守节四十余年。

褚　氏

褚氏，凌羽成妻，年十七守节。

周　氏

周氏，凌祖祐妻。年二十五寡，事翁孝谨，抚遗腹子祥熊，守节二十一年卒。

关　氏

关氏，凌惟燮妻。年二十四寡，守节五十年。嗣侄德馨为后。题名录、事迹录“关”作“闵”。

黄　氏

黄氏，监生凌淦妻。年二十九寡，孝事舅姑，抚三岁孤德绍，卒年六十九。

王　氏

王氏，陈重山妻。

曹　氏

曹氏，陈抒妻，守节三十余年。

王　氏

王氏，陈澹妻。

陆　氏

陆氏，陈宪武妻。年二十七寡，卒年六十七。子元。

郭　氏

郭氏，陈炽妻，守节二十余年卒。

何　氏

何氏，谢天颜妻。年十七寡，守节三十余年。子元宾。

朱　氏

朱氏，六安州训导周凤亦妻。夫早亡，事舅姑孝。姑病心悸，氏以身承其四肢，始得安寝，虽酷暑不以为苦。

徐　氏

徐氏，冯廷麟妻。年二十四寡，孤元禄在抱，口授大小学诸书，教以立身尚志，守节五十余年。

杜　氏

杜氏，龚云会妻。年二十五寡，纺绩养姑，守节四十余年。

陶　氏

陶氏，顾湘妻，守节三十余年。

陈　氏

陈氏，陶存中妻。无子，守节。题名录“中”作“忠”。

某　氏

某氏，盛宝妻。年二十余寡，遗孤在襁褓，氏抚之授室，苦节三十余年。

张　氏

张氏，马某妻，苦节终身。

张　氏

张氏，朱念三妻。年二十七寡，子恒仅三岁，力耕抚养，守节十三年卒。

陆　氏

陆氏，龚永福妻。年二十九寡，无子，无亲戚可倚，纺绩自度，卒年八十余。

赵　氏

赵氏，监生黄浩妻。年三十寡，守节三十九年。子维桢。

徐　氏

徐氏，程载坤妻。年二十五寡，守节二十一年卒。以侄建周为后。

周　氏

周氏，杜大妻，随夫商高桥镇。年二十四寡。无子，铢积三载，以夫柩附海船归葬，卒年四十五。

冯　氏

冯氏，监生陆鹓妾，年二十八守节。

郁　氏

郁氏，庠生朱培雯妻。年二十六寡，家贫，守节。子钦揆，庠生。题名录、事迹录作"珮文"。

钱　氏

钱氏，商籍，杭州府庠生胡泰定继妻。年三十寡，抚嗣子玉树成立，守节四十余年。玉树，举人。

苏　氏

苏氏，庠生金堂继妻。年二十二寡，结缡甫八月。事姑孝，抚前室子廷谔，守节五十年。

王　氏

王氏，崇明庠生施奎妻。年三十寡。夫故，时以剑自刎，救免。又坠楼不死。三年之内,泪未曾干,守节三十年。嗣子敦成,诸生。

杨氏

杨氏,贵州都匀府经历赵绳祖妾。年二十三,绳祖殁。抚遗腹子毓珍,未婚而卒,守节终身。

张氏

张氏,本姓吕,沈备良继妻。年二十七寡,无子,孝养孀姑,心力交悴,苦节四十余年。

邵氏

邵氏,陆嘉德妻,年三十寡。

陈氏

陈氏,职员王审妾。年三十寡,勤劳纺绩,敬事正室,抚育孤儿,守节三十余年。

沈氏

沈氏,庠生王兼山妻。年三十寡,抚二岁孤树兰,守节三十余年。

龚氏

龚氏,胡廷椿妻。年二十五寡,抚子泰烛娶妇屠氏而夭,氏与媳同抚孙锦堂、钟堂,守节四十年。

沈氏

沈氏,陆仪吉妻。年二十九寡,子载馨甫六岁,艰辛抚养,守节三十余年。

黄氏

黄氏,庠生钱迩尧妾。年三十寡,抚嫡子寅不啻己出,守节三十年。

王氏

王氏,监生吴淦继妻。年二十九寡,抚前室子琴及己生子岑,守节三十年。琴,诸生。

邵氏

邵氏,陆廷瑚妻。年二十三寡,守节三十余年。

吴　氏

吴氏，钱继畴妻。年二十九寡，事堂上克尽诚敬。翁殁，事姑益谨。

毛　氏

毛氏，俞万华妻。年十九寡。姑为人给事婚丧家，氏鄙其业，坚不肯为。姑欲嫁之，投缳自尽。姑觉，救免。苦志终身。子如春。

余　氏

余氏，童方衡妻。年二十七寡，抚遗腹子思宗，家贫，守节。

吴　氏

吴氏，胡元禧妻。年二十六寡。女适氏侄诸生吴近暄。近暄夭，氏与寡女相依苦守。

张　氏

张氏，庠生王庆曾妻。年二十五，成婚半载，夫赴试金陵，卒于途。氏闻讣往，抚尸恸哭，死而复苏。无子，以堂侄缵文为子。

邢　氏

邢氏，茅锦城妻。年十八，婚未逾年而寡。舅姑劝慰，乃节哀侍奉。越二十年，始得嗣子常春为后。

赵　氏

赵氏，陆廷宾妻。年二十寡，嗣侄尧佐为子。

仲　氏

仲氏，监生张锡桂继妻。年二十二寡，事姑孝。子岱龄，遗腹生，娶妇而夭。

金　氏

金氏，候选按察司知事陆树兰妻。年二十五寡，事舅姑，至殁，俱尽哀礼。抚四岁孤增善，卒年五十四。增善，诸生。

赵　氏

赵氏，昭文人，李孝陟妻。年二十五寡，家贫，耕织，抚二岁孤君锡，卒年九十余。

徐　氏

徐氏，张方观妻。年十七寡，力田为生，尝以糠籺自给，守节七十年。抚侄孙德宝为后。

叶　氏

叶氏，陆思恩妻。年二十四寡，结缡四月。家赤贫，纺绩度日，守节五十余年。

瞿　氏

瞿氏，杜同生妻。年三十寡，无子，依女以老。

霍　氏

霍氏，杨明山妻。年三十寡。子叙成。

苏　氏

苏氏，张沛丞妻。年二十五寡，奉舅姑克尽妇道。抚侄瑞徵为嗣。

钱　氏

钱氏，沈和妻。年三十寡。家甚贫，耕种事姑。子伦甫四岁，抚之。

周　氏

周氏，冯毓祥妻。年二十九寡，以从侄孙如川为后。

陆　氏

陆氏，沈国楣妻。年二十九寡，抚孤女嫁之，抚侄孙基为孙。

王　氏

王氏，马玉麟妻。年二十六寡，奉孀姑俞氏，同心矢志，抚孤金全、三和。

程　氏

程氏，董云海妻。年二十八寡。子廷桂。

陆　氏

陆氏，王汝凝妻。年二十四寡。事舅孝，抚养嗣子，积资葬舅姑及夫。

沈　氏

沈氏，赵步蟾妻。年二十三寡。家贫，纺织自给。

杨　氏

杨氏，龚鼎妻。年二十六寡，孝事舅姑，抚侄垕为子。

周　氏

周氏，陆九如妻。年二十寡，遗孤在襁褓，抚养娶媳，后夭。氏与媳王氏共励清操，针指自给。

曹　氏

曹氏，侯茂山妻。年二十八寡，遗孤元铉旋夭，抚从侄孙志江为后。

萧　氏

萧氏，监生师佐勋妻。年二十寡，上奉舅姑，抚子娶媳而夭，与媳同苦守。

曹　氏

曹氏，王熠妻。年二十五寡，抚侄丽南为子。

席　氏

席氏，包惠吉妻。年二十四寡，事舅姑以孝闻，抚子岵瞻有成。女以贞烈旌，别有传。

凌　氏

凌氏，庠生施涣群妻。年二十四寡。子宝、永年。

龚　氏

龚氏，张七观妻。年二十寡，嗣子伏观。

张　氏

张氏，监生胡健鳌妻。年二十二寡，以侄履基为后。

张　氏

张氏，黄秉善妾。年二十九寡。正室多病，氏勤女红以给药饵，抚所生子守谦、承谦，守节以终。

王　氏

王氏，顾晋甫妻。年二十九寡，子嘉和又殇，氏竭力支持门户，守志不移。

张　氏

张氏，程在明继妻。年三十寡。舅出外，独与姑居。姑染足疾，扶持不离左右。前室子鹤鸣及己生子鸿鸣，俱抚教之。

朱　氏

朱氏，浦陶铸妻。年二十七寡，嗣子文渊。

陆　氏

陆氏，方世珍妻。年二十余，成婚七月夫殁，矢志守节，抚养嗣孙成龙。

冯　氏

冯氏，龚鸣凤妻。年二十余寡，上事舅姑，下抚嗣子叙经。

裘　氏

裘氏，沙二观妻。年二十余寡，遗孤才生七月，抚之长成。

李　氏

李氏，周震亨聘妻。年十九，震亨殁，父母欲改字之，氏不从。父殁，依兄守贞，卒年六十八。病革时云："生为李氏人，死为周氏鬼。"周乃迎柩合葬。

钱　氏

钱氏，冯绳立聘妻。夫亡，父母欲别字，氏以死拒，遂致疾卒，年二十一。冯迎柩合葬。

某　氏

某氏，某聘妻。居州城西关，未嫁而婿卒，守志终身。

倪　氏

倪氏，双凤许某聘妻。许卒，氏年十四，谓父母曰："女尚为倪姓人乎？"父母曰："女年尚幼，何作此语？"氏曰："从一而终，古之义也，长幼何殊焉？"守贞三十二年卒。

曹　氏

曹氏，昆山朱某聘妻。朱亡，另议婚，氏绝粒不食乃止。朱闻，迎归，为置嗣，卒年六十五。

李　氏

李氏，王四观聘妻。年二十，夫死，守贞终身。

叶　氏

叶氏，苏国良聘妻。年十九，国良死，闻讣，奔丧。事舅姑以孝闻，抚嗣子渭川，慈严并至，卒年四十三。

朱　氏

朱氏，程太龄聘妻。年十九，夫亡，矢志守贞。

张　氏

张氏，明礼部员外郎采女，唐静妻。年十九寡，归侍母病，刲股和药以进，露祷，中寒而卒。

陈　氏

陈氏，父病，刲臂肉煎汤进之而愈。后适邵姓。

曹　氏

曹氏秀姑，松鹤女。弟羸疾，父母无倚，矢志不嫁，父母年俱七十余而终。氏年六十九卒。

周　氏

周氏，福女。父家贫，多子女。病笃，氏年十岁，涕泣祷天，愿以身代。拜祷三日夜，无疾而卒，父病遂愈。

陆　氏

陆氏，佑观次女。年十五，父病，焚香吁天请代，侍奉累月，衣不解带。父卒，不食而死。

叶　氏

叶氏庄，德成女，母赵氏。父母多病，兄商于外，氏愿终身侍奉，矢志不移，并教兄子读书，端闲贞静，族邻咸谓克称其名。以上道光二十三年第二次汇报旌。

吴　氏

吴氏，金溥妻。年二十四寡，守节三十一年。道光二十五年旌。

刘　氏

刘氏，杨善孙妻。年三十寡，守节二十九年。道光二十七年旌。

王　氏

王氏，陆步蟾妻。年三十寡，守节二十三年。道光二十八年旌。

高　氏

高氏，凌风翰妻。年二十九寡，守节二十二年。道光二十九年旌。

沈　氏

沈氏，明尚子升妻。顺治二年，大兵下，子升谓曰："我必死矣！汝亦不可辱。"氏曰诺，先子升缢死。

周　氏

周氏，庠生黄朝凯妻。年二十三，夫亡，誓以身殉。姑劝之，许以朝凯兄生子，立以为后。明年，闻夫兄生子不育，大恸而绝。后嗣夫兄三子庆嵩。

陆　氏

陆氏，闻钺妻。成婚未及一载，夫故，氏年二十三，欲以身殉。祖姑劝之曰："汝舅殁，汝姑殉节死，吾今赖汝侍养。"乃止。明年，议嗣，无昭穆相当之人，乃为其祖姑立嗣子。氏曰："祖姑侍奉有人矣！"遂自缢，悬绝而苏。越六日，哭拜夫灵而绝。

王　氏

王氏，陈鸣凤妻。年二十二，夫故，氏闭户自经，家人救苏。及殡，哭绝复苏者再，遂悲郁成疾。除服，祭夫，一恸而绝，年二十四。

陈　氏

陈氏，陆熊妻。年二十八寡，遗腹次子孕弥月，夫殡而生，旋以哀毁得呕血证。及小祥日，一恸而殁，年二十九。

程　氏

程氏，王彭年妻。夫故时，怀妊弥月，躃踊号泣，是夕即产。号泣不已，家人劝之，氏曰："吾以求死也。"旋气逆血涌，延至三日而殁，与夫同殡，年二十四。

张　氏

张氏，王树芬妻。夫疾革时，百计医祷，许以身殉。夫死五日，大恸而卒，年二十五。

张　氏

张氏，庠生胡锦霞妻。夫故，屡次自缢，因救而苏。越半载，以痛哭晕绝，年二十三。

朱　氏

朱氏，邵恭寿妻。年十八，夫病危，许以身殉。夫曰："汝即欲殉，需为我持服。"夫殁，服阕，拜夫灵毕，叹曰："妇道已尽，可以死矣！"明晨，久不起，姑揭帐呼之，不应，以手扪其鼻，气已绝，年二十。

周　氏

周氏，陆廷灿妻。年二十九，夫故，氏投缳，救免。戚党劝以夫亡未葬，子幼未脱乳，乃止。明年，葬夫毕，慨然曰："儿已免怀，可以见先夫于地下矣。"绝粒五日而死，年三十。

余　氏

余氏，徐瞻澳妻。年二十二，夫故，誓不欲生。时天寒，单衣立大雨中，中寒而死，距夫死未及旬日。

胡　氏

胡氏，靖江人，教谕王钜家婢。以女资性端淑，慎择所从。王以许陆姓戚，陆远宦，未果，议令他适。女不从，乘间自缢死。

盛　氏

盛氏，周某妻，殿英之母。年三十寡，卒年八十四。

程　氏

程氏，杨嘉猷妻。年二十二寡，卒年六十二。

姚　氏

姚氏，凌兆方妻。年二十三寡，卒年七十。

吴　氏

吴氏，凌树滋妻。年二十九寡，卒年五十一。

龚　氏

龚氏，举人张椁妾。年二十九寡，卒年八十。子三：宝熊、志鸿、登熙。志鸿任丹徒县教谕。

王　氏

王氏，钱宗岳妻。年十九寡，卒年六十六。

金　氏

金氏，朱顺德妻。年十九寡，卒年七十四。

沈　氏

沈氏，洪士钫妻。年二十二寡，卒年五十六。

吕　氏

吕氏，萧贞吉妻。年二十一寡，卒年四十二。

蔡　氏

蔡氏，顾履继妻。年二十七寡，卒年四十五。

庞　氏

庞氏，戴廉妻。年二十四寡，卒年七十。

储　氏

储氏，钱梦奎妻。年三十寡，卒年四十二。

凌　氏

凌氏，陆树萱妻。年三十寡，卒年四十六。

严　氏

严氏，监生陆柏继妻。年二十八寡，卒年五十八。

杨　氏

杨氏，戴文琦妻。年二十五寡，卒年八十四。

高　氏

高氏，庠生金懋昭妻，年二十五寡。

周　氏

周氏，侯九如妻，年二十二寡。

顾　氏

顾氏，潘玉田妻，年二十四寡。

陈　氏

陈氏，许胜明妻，年二十八寡。

杨　氏

杨氏，胡师胜妻，年二十二寡。

唐　氏

唐氏，景禧妻，年二十四寡。

毛　氏

毛氏，王文鳌妻，年三十寡。

吴　氏

吴氏，孙文学妻，年二十九寡。

王　氏

王氏，潘耀宗妻，年二十九寡。

王　氏

王氏，张来仪妻，年二十五寡。

钱　氏

钱氏，庠生毕绪珍妻，年二十九寡。

桂　氏

桂氏，赵嘉相妻，年二十三寡。

赵　氏

赵氏，王傅霖妻，年三十寡。

钱　氏

钱氏，陈福田妻，年三十寡。

程　氏

程氏，金华贵妻，年二十九寡。

刘　氏

刘氏，曹森桂妻，年二十九寡。

周　氏

周氏，陈琳妻，年二十九寡。

王　氏

王氏，闻金章妻，年二十七寡。

赵　氏

赵氏，张文郁妻，年二十八寡。

徐　氏

徐氏，监生龚楠妾，年十七寡。

徐　氏

徐氏，监生吴镛妾，年三十寡。

沈　氏

沈氏，陆梦兰妻，年二十六寡。

黄　氏

黄氏，杨尔垣妻，年二十二寡。

顾　氏

顾氏，吴锡鬯妻，年二十七寡。

胡　氏

胡氏，钱崇基妻，年二十寡。

胡　氏

胡氏，王一桂妻，年二十四寡。

程　氏

程氏，萧载铭妻，年三十寡。

杨　氏

杨氏，钱荪奭妻，年二十七寡。

陆　氏

陆氏，庠生钱玉镨妻，年二十寡。

徐　氏

徐氏，张仁宝妻，年二十一寡。

王　氏

王氏，庠生季凤来妻，年二十三寡。

周　氏

周氏，程永年妻，年二十八寡。

何　氏

何氏，金绍闻妻，年二十寡。

王　氏

王氏，沈凤山妻，年二十三寡。

邢　氏

邢氏，闻一善妻，年三十寡。

毛　氏

毛氏，吴金蓉妻，年三十寡。

莫　氏

莫氏，闻熙载妻，年三十寡。

谢　氏

谢氏，杨善坤妻，年二十五寡。

洪　氏

洪氏，庠生张钟秀妻，年二十五寡。

陈　氏

陈氏，孙显亭妻，年二十七寡。

冯　氏

冯氏，王裕成妻，年二十四寡。

钱　氏

钱氏，吕文泮妻，年二十九寡。

杨　氏

杨氏，王士华妻，年二十五寡。

胡　氏

胡氏，监生张许秀妻，年二十一寡。

邵　氏

邵氏，倪恒若妻，年二十六寡。

张　氏

张氏，监生朱渥妾，年二十七寡。

王　氏

王氏，庠生毛赐元妻，年二十八寡。

顾　氏

顾氏，庠生顾文炳妾，年二十九寡。

俞　氏

俞氏，顾张翰妻，年三十寡。

张　氏

张氏，王汝球妻，年二十寡。

钱　氏

钱氏，戴士梓聘妻。年十八，士梓殁，归戴守贞。

熊　氏

熊氏，世家女。事亲至孝，守贞不字，年六十余卒。

杨　氏

杨氏，炜女。兄某，出外谋生，以子职相托。兄病故，氏事父克尽孝道，誓不适人。父殁，遂守贞终身。

汪　氏

汪氏，刑部郎中元爵女，适吴江举人夏宝全。元爵无子，氏随任京师。年二十七，父病，刲臂肉煎药以进。及殁，哀毁逾恒，随母奉柩归，卒年三十六。

史　氏

史氏，顺天人，积厚次女。年二十五，母陈氏发痫证，氏刲股肉和药以进，母病遂愈。后适丹徒县教谕张志鸿，卒年四十一。以上道光三十年第三次汇报旌。

黄　氏

黄氏，严景浏妻。年二十四寡，守节十五年卒。

王　氏

王氏，曹暨组妻。年二十三，成婚年余夫故，投缳未死，越七十四日而卒。以上咸丰元年旌。

王　氏

王氏，明吴延祖妻。乙酉，城中乱兵起，氏方怀妊，避之沙溪。兵至，延祖携氏而逃，氏见兵将近，度不免，使延祖先遁。已被兵，押之舟次，即投水，救起，复投。如是者再四，卒不入舟。兵怒，就水中刳其腹，胎出而死。

邵　氏

邵氏，明周静常妻。静常携氏及子避兵于沙溪镇，北兵追及之，杀静常，次及其子，遂押氏行。氏曰："吾夫吾子俱死，复何之？"兵劫以刃，不从，死于夫侧。

张　氏

张氏，明正统间人，顾恂妻。苦节抚孤四十余年。子三：翼、轸、胃。

陈　氏

陈氏，明正统间人。抚两孤璧、参，艰苦备至。以上咸丰二年，知州方传书给奖。

陈　氏

陈氏，军功从九品邵英妻。

胡　氏

胡氏，监生曹荫椿妻。

顾　氏

顾氏，监生胡泳妻。

奚　氏

奚氏，监生孙恂妻。

宋　氏

宋氏，监生陆嗣云妻。

丁　氏

丁氏，监生吕士元妻。

杨　氏

杨氏，陆锽妻。

郑　氏

郑氏，陆锽妾。

杨　氏

杨氏，李湘恒妻。

曹　氏

曹氏，吴宪章妻。

袁　氏

袁氏，陆桐孙妻。

丁　氏

丁氏，薛世美妻。

吴　氏

吴氏，周锜妻。

浦　氏

浦氏，陈用梅妻。

陆　氏

陆氏，丁锡继妻。

顾　氏

顾氏，朱宿辉妻。

陆　氏

陆氏，王锡祉妻。

杨　氏

杨氏，陆淏妻。

陈　氏

陈氏，黄赫妻。

周　氏

周氏，吴世昌妻。以上宪奖年分俟考。

沈　氏

沈氏，庠生张国泰妻。嘉庆十二年，知州蒋励宣给奖。

陈　氏

陈氏，刘正如妻。嘉庆十二年给奖。

丁　氏

丁氏，吕士铣妻。嘉庆十七年，学政文宁给奖。

王　氏

王氏，王琇芳妻。嘉庆二十年，学政王以衔给奖。

张　氏

张氏，王铣继妻。嘉庆二十三年，知州赵日煦给奖。

汪　氏

汪氏，顾潮妻。嘉庆二十四年，知州赵日煦给奖。

胡　氏

胡氏，庠生凌溶继妻。

王　氏

王氏，凌抡妻。

宋　氏

宋氏，监生陆景云妾。

陆　氏

陆氏，吴文灿妻。

江　氏

江氏，镇海卫籍陈鼎妻。

徐　氏

徐氏，范应奎妻。

龚　氏

龚氏，陆寿枝妻。以上道光四年，知州张作楠给奖。

汪　氏

汪氏，顾宗义妻。年三十四寡，卒年八十四。

吴　氏

吴氏，王永嘉妻。道光五年，学政辛从益给奖。

陆　氏

陆氏，顾孝成妻。

赵　氏

赵氏，闻钰妻。

陈　氏

陈氏，庠生周子建妻。

王　氏

王氏，宗涛姊，守贞以终。

王　氏

王氏，陆志鸿妻。

唐　氏

唐氏，武生周云妻。

陆　氏

陆氏，曹杏妻。

郑　氏

郑氏，吴某妻。

袁　氏

袁氏，包某妻。

王　氏

王氏，顾洪业妻。

施　氏

施氏，郑某妻。

张　氏

张氏，吴某妻。

王　氏

王氏，陆某妻。

王　氏

王氏，顾某妻。

屠　氏

屠氏，王某妻。

吴　氏

吴氏，包某妻。

李　氏

李氏，盛某妻。

萧　氏

萧氏，曹某妻。

黄　氏

黄氏，张双南继妻。

方　氏

方氏，周荫远妻。

蔡　氏

蔡氏，陈某妻。

陈　氏

陈氏，李某妻。

程　氏

程氏，李某妻。

洪　氏

洪氏，李某妻。

王　氏

王氏，罗某妻。

顾　氏

顾氏，周宣猷妻。

顾　氏

顾氏，陆某妻。

郁　氏

郁氏，黄某妻。

徐　氏

徐氏，贾某妻。

曹　氏

曹氏，何某妻。

张　氏

张氏，李某妻。

陆　氏

陆氏，顾某妻。

张 氏

张氏，吴某妻。

陆 氏

陆氏，王某妻。

曹 氏

曹氏，方云龙妻。

曹 氏

曹氏，方亦昌妻。

包 氏

包氏，陆某妻。

邢 氏

邢氏，戴某妻。

戚 氏

戚氏，陆陶继妻。

杨 氏

杨氏，程某妻。

霍 氏

霍氏，程绍初妻。

曹 氏

曹氏，包某妻。

陆 氏

陆氏，杨某妻。

时 氏

时氏，萧云汉妻。

毛 氏

毛氏，庠生王兆槐继妻。

王　氏

王氏，周思义妻。

沈　氏

沈氏，王虎臣妻。

顾　氏

顾氏，陆维锟继妻。

高　氏

高氏，监生吴德先妻。

陆　氏

陆氏，吴某妻。

梁　氏

梁氏，吴某妻。

方　氏

方氏，曹桂林妻。

汪　氏

汪氏，张品三妻。

张　氏

张氏，王万鹏继妻。

毛　氏

毛氏，陆鉴妻。

潘　氏

潘氏，沈佑尊继妻。

吴　氏

吴氏，周起宗妻。

张　氏

张氏，周士卿妻。

顾　氏

顾氏，吕溶妻。

陈　氏

陈氏，监生蒋锷妾。

王　氏

王氏，戴振芳妻。

欧　氏

欧氏，监生王文沅妾。

张　氏

张氏，监生王鸿绪继妻。以上道光五年，知州张作楠给奖。

陆　氏

陆氏，顾保和妻。

张　氏

张氏，龚樟妻。

蒋　氏

蒋氏，季某妻。

凌　氏

凌氏，陈某妻。

王　氏

王氏，徐某妻。

朱　氏

朱氏，陆某妻。

萧　氏

萧氏，孙某妻。

王　氏

王氏，张某妻。

陆　氏

陆氏，王某妻。

陆　氏

陆氏，尤某妻。

吕　氏

吕氏，蒋某妻。

陈　氏

陈氏，丁某妻。以上道光六年，学政辛从益给奖。

陈　氏

陈氏，吴希辙妻。

谢　氏

谢氏，沈彦臣妻。

龚　氏

龚氏，黄起香妻。

金　氏

金氏，顾某妻。

周　氏

周氏，凌某妻。

唐　氏

唐氏，金某妻。

陈　氏

陈氏，金某妻。

赵　氏

赵氏，曾某妻。

赵　氏

赵氏，朱某妻。

夏　氏

夏氏，顾璲妻。

陆　氏

陆氏，黄某妻。

李　氏

李氏，张某妻。

周　氏

周氏，吴某妻。

曹　氏

曹氏，王某妻。

张　氏

张氏，陆某妻。

杨　氏

杨氏，陆某妻。

杨　氏

杨氏，陆某妻。

郑　氏

郑氏，陆某妻。

吴　氏

吴氏，陆某妻。

侯　氏

侯氏，赵廷桂妻。

胡　氏

胡氏，庠生赵同照妻。

程　氏

程氏，钱某妻。

杨　氏

杨氏，赵某妻。

邵　氏

邵氏，王某妻。

孙　氏

孙氏，邵某妻。

冯　氏

冯氏，周某妻。

李　氏

李氏，张某妻。

陈　氏

陈氏，闻序之妻。

孙　氏

孙氏，闻序标妻。

杨　氏

杨氏，闻岳三妻。

吴　氏

吴氏，邵某妻。

赵　氏

赵氏，杨某妻。

王　氏

王氏，邵某妻。

杨　氏

杨氏，李某妻。

张　氏

张氏，龚某妻。

陈　氏

陈氏，吴某妻。以上道光七年，学政辛从益给奖。

王　氏

王氏，邵某妻。

萧　氏

萧氏，朱某妻。

顾　氏

顾氏，徐宗仁妻。

钱　氏

钱氏，陆士南妻。

陆　氏

陆氏，何玉山妻。以上道光九年，学政申启贤给奖。

顾　氏

顾氏，项某妻。道光九年，布政使梁章钜给奖。

金　氏

金氏，监生王存浩妻。

王　氏

王氏，李镄妾。以上道光十年，学政申启贤给奖。

陆　氏

陆氏，监生王泰来妻。

陈　氏

陈氏，李士龙妻。

龚　氏

龚氏，张本立妻。一作立本。以上道光十五年，学政龚守正给奖。

顾　氏

顾氏，翟敬明妻。道光二十二年，学政毛式郇给奖。

张　氏

张氏，高汝楫妻。道光二十四年，学政张芾给奖。

王　氏

王氏，监生龚楠妻。

凌　氏

凌氏，曹荫槐妻。以上道光三十年，知州洪玉珩给奖。

张　氏

张氏，江南荣继妻。年三十八，夫出外不归，矢志苦守，抚养子女，卒年七十四。道光三十年，知州方传书给奖。

陆　氏

陆氏，庠生王树栋妻，年二十七寡。

徐　氏

徐氏，谢亦昌妻。年二十八寡，守节六十八年。

张　氏

张氏，监生王亮功妾。年三十五寡，卒年五十三。子浩。

凌　氏

凌氏，胡均益妻。年二十一寡，卒年四十。嗣子宝镎。

浦　氏

浦氏，季城妻。年三十寡，守节四十四年。

王　氏

王氏，赵临照妻。年三十四寡，抚孤均育，早夭，与媳方氏同守节，卒年六十。

方　氏

方氏，赵均育妻。年三十寡，事孀姑王氏克尽妇职，卒年四十一。

陆　氏

陆氏，季垌妻。年三十一寡，卒年五十九。

陈　氏

陈氏，陈山卫妾。年三十二寡，卒年六十一。子之恪。

顾　氏

顾氏，陈之恪妻。年三十四寡，卒年五十一。

徐　氏

徐氏，陈天秩妻。年三十八寡，依族以居，茹苦至老，卒年六十五。

王　氏

王氏，从九品衔许淳继妻。年三十三寡，抚前室子，慈严兼至。

陆　氏

陆氏，包桂芬妻。年三十四寡。子纯熙、纯椵，俱庠生。

吴　氏

吴氏，顾瞻麓妻。年三十四寡，嗣子思义。

徐　氏

徐氏，吕学恺妻。年三十五夫亡，孀姑在堂，氏兼子职。姑殁，丧葬尽礼。

俞　氏

俞氏，陆德钦妻。年三十寡，经营丧葬，抚育两孤。次子娶妇而夭，与媳同抚孤孙。

吴　氏

吴氏，许鸣皋妻。年二十二，夫亡，子宗源甫五岁。抚长娶媳，旋夭，与媳顾氏同抚嗣孙春平。

沈　氏

沈氏，顾师诚妻。年三十五寡，侍姑曲尽孝道。子文礼。

王　氏

王氏，顾鸣德继妻。年二十八寡，抚前室所生子如己出。

杨　氏

杨氏，钱龄妻，年十六寡。

吴　氏

吴氏，赵培因妻，年三十寡。

陈　氏

陈氏，毕绳曾妻。年二十九寡。嗣子长龄，廪生。

陆　氏

陆氏，谢鹤书妻，年三十寡。

张　氏

张氏，顾师荣妻。年四十夫卒，誓以身殉，绝粒不食，越十四日而死。

郁　氏

郁氏，吴正妻，年三十三寡。夫亡，遗孤珪甫七岁，守节抚孤，卒年七十二。

施　氏

施氏，吴珪妻。年三十五寡，抚四孤，辛勤备至，卒年六十三。

王　氏

王氏，陆桂秋妻。年二十三寡，卒年四十八。

吴　氏

吴氏，张孙余聘妻。年二十五，孙余殁，氏闻讣，衣缟素，矢志守贞。越二年，父母欲另择配，氏知，端服自经死。夫家迎柩合葬。嗣子本仁。

沈　氏

沈氏，顾宰礼聘妻。宰礼夭，氏守贞终身。

钱　氏

钱氏，庠生景熹女。年十七，父病，刲臂肉作汤以进，病立愈。后适监生李鹏远。

晋　氏

晋氏，举人陆鼎亨妻。年三十五寡。嗣子文海，廪生。

吴　氏

吴氏，陆文泰妻。年三十五寡，誓以身殉，族人苦劝抚孤，乃忍死守节。子廷瑜，廪生。

钱　氏

钱氏，景炘妻。年三十寡，卒年五十五。子城。

陈　氏

陈氏，监生沈鹤龄妻。年二十九寡，矢志守节，抚侄为后。

王　氏

王氏，曹克让妻。年二十四寡，嗣子兆梧。以上咸丰二年知州方传书给奖。

卷十八　人物

太仓州名媛

宋

龚　氏

龚氏，都官员外郎宗元女、德化县知县李处道妻。读书通大义，赋诗作字皆有古法。晚精佛乘，自名守安。卒年六十四。

明

顾　氏

顾氏淑清，钱珍继妻。通文翰，崇礼义。张士诚乱，举家逃难。前妻子及自生子俱在襁褓，力不能俱负，谓珍曰："嫡子不可失，当弃吾儿。"遂负前妻子入江阴城，兵退而归。生二子：友仁、友义，皆成立。卒年八十四。

丁　氏

丁氏，福建参议陈如纶继妻。父锐，授徒里中。有读小学者，从屏间听之，遂谙其义，因遍读经史。年二十一，归如纶。后如纶以进士宦游四方，留氏事亲，曲尽孝谨。遇前妻王氏母有恩。如纶尝典试，持公宴银、酒卮归，氏疑苞苴，不悦。如纶告之故，意始释。卒年七十。

陆　氏

陆氏卿子，赵宧光妻。偕隐寒山，翰墨流播，一时争重。著《云卧阁稿》。子均，娶长洲文淑，徵明玄孙女，字端容，性明慧，善写生，绘《寒山草木昆虫册》，题署皆工。贵姬才媛，争师事之。后十余年，均夫妇相继卒。无子，有女曰昭，嫁平湖马氏，才而孝，手撰均夫妇事状行世。

王　氏

王氏，编修衡女。年十七，归华亭徐澹宁。嗜书史，明大义，尝榜其室云"金闺文作市，玉匣气成虹”以见志。著有《万卷楼诗》。

王　氏

王氏，衡女。幼通文翰，适嘉定李宗。左琴右书，吟咏不辍。年未三十而寡。

季　氏

季氏贞一，沙溪人。博涉经史，能诗，有稿百卷。

国朝

张　氏

张氏在贞，明翰林庶吉士溥女。好学知诗，适诸生吴孙祥。时王氏静纨，字文琳，适溥嗣子在上，为在贞之嫂，闺中唱和，人艳传之。著《月窗合稿》。

王　氏

王氏辰，字若炜，又字功史，海盐诸生陈光縡妻。能诗。父处士某，有学术。张溥集四方名士为上巳浮觞会[1]，处士与光縡联席，因摘论史、汉数则，深相契重。处士遂以女妻焉。朱竹垞赠诗，以秦嘉、徐淑为比。

吴　氏

吴氏，湖北学政王发祥妻。博览典籍，尤悉史事得失，能诗善琴。性孝，母卒，作《思亲操》，时时鼓之。发祥官武昌，随任，治家严肃，内外秩然。暇则游心翰墨，著有《遗香集》。长女慧，字兰韫，适常熟诸生朱云集，工诗，中年而寡。族叔摅为选《凝翠楼诗》四卷，沈德潜谓其诗“清疏朗洁，品最上”。次女莹，字韫玉，诗清秀，适张烈，早卒。季女芳，字幼清，才与两姊均，诗不多作，作必矜贵可传，考订声韵尤精。适毛序，以子之玉贵，赠宜人。

钱　氏

钱氏筠，适诸生吴徵葵。善画花鸟。

毛　氏

毛氏秀惠，字山辉，适王愫。喜丹青，好吟咏。愫亦工诗画，夫妇相唱和，人比诸陆卿子。其诗附刻愫《朴庐诗稿》后。

1　浮觞：古人每逢三月上旬的巳日在环曲的水渠旁集会，在上流放置酒杯，任其顺流而下，停在谁的面前，谁就取饮，称“浮觞”。

卷十九 名宦

镇洋县知县

国朝

陶士偰

陶士偰，字伦宰，宁乡人。雍正元年进士，以庶吉士授知县。时镇洋新立，士偰至，规模多所创定。为治尚静镇，士民安之。在任四年，以诖误去。后开复，升广西太平知府。

唐尊尧

唐尊尧，字际虞，龙里人。康熙五十年举人，雍正七年知县事。性强敏，善折狱。部民一见即识其人，吏不能欺。十年，海溢，漂没田庐，溺死三万余人。尊尧躬至海上，殓埋之。灾民汹汹，不及上请，急出俸市粟食之。有桀骜者，借众恣肆，阴识其魁，捕抶之，众乃定。嘉定民入境聚掠，亲自逐捕，遂解散。任事五年，被劾去。士民思之。

金　鸿

金鸿，字上侯，天津籍山阴人。进士，乾隆四年知县事，政宽仁，听讼以温语相感动，不事钩抉。刘河久患淤塞，鸿奉檄开浚，躬自督率，役不淹时。县新立，无志乘，鸿延礼邑士大夫纂辑《镇洋县志》。以前署东平州事诖误去，民思之不置。

冷时松

冷时松，字茂公，临桂人。雍正八年进士，乾隆十年任县事。性廉介明察，杜绝苞苴请托，吏胥不得夤缘为奸。二十二年秋，潮灾，时松亲历沿海乡镇，便宜发粟设账，灾黎始得存活。刘河、杨林潮汐易淤，时松以时深浚，民不劳而事集。又创建娄东书院，邑人闻风捐助田亩以资膏火，规为粗就。旋调常熟县去。

福　安

福安，镶黄旗举人，任镇洋县，爱民重士。前令冷时松创建书院未竟而去，安莅任，次第经理，一切详备。在任一年，升邠州去。

荆如棠

荆如棠，字阴南，山西平陆人。乾隆十三年进士，以检讨出知镇洋县事。爱民勤政，廉洁自守，不名一钱。如棠虽文士，膂力绝人。每夜，常持稍据鞍，遍巡城邑。居民不戒于火，家有棺，众舁之不能动，如棠手出诸烈焰。甫一岁，调沛县去。

赖　晋

赖晋，字锡蕃，广昌人。进士。乾隆二十二年，由安东调镇洋。邑境故有洼地芦课，因开浚刘河，并建军工船厂，挖占芦田荡涂，地少于前。乾隆初，两次清丈案内题请豁免，户部以无年月可核，照旧征收。晋莅任，力请大吏题咨者四，中经部驳者三，卒邀恩旨，永远豁免，至今民德之。

冯圣世

冯圣世，字畴九，汉军镶黄旗举人。乾隆四十三年，补镇洋县。性慈，善听讼，务宽平，爱民重士。邑滨海，筑塘以御潮患。圣世随时修葺，塘工以固。阅兵台前石塘最险要，圣世筑为坤卦形以镇之。自后，潮无冲突。四十六年夏，飓风陡作，近海皆被淹没，死者无算，圣世出资掩埋。被灾田亩，详请缓征，民皆戴之。年七十余卒于任。

章　惠

章惠，字子元，山阴人。咸丰元年，来署县事，以邑志年久未辑，请于州牧。方传书捐廉倡修，未几，粤匪陷江宁、镇江、扬州等府，东南震动。惠与绅士条设保卫局务，昕夕视事。适州牧求代去，兼治州事者匝月，民安焉。旋调南汇，土匪据城反，胁夺县印，惠死之。

佐　贰

萧登生

萧登生，字步瀛，华阳人。选贡生。《职官表》作监生。乾隆二十一年，任镇洋县丞。恪守官箴。摄县篆，一以刻苦自励，间食粥，从者苦之，有引去者。寻调去，后官至知府。

李凤彩

李凤彩，建水人。举人，会试取明通榜。乾隆三十一年大挑，以知县用借补镇洋县丞，历署州同知及县篆。清廉自爱，往往饘粥不给。俸满，内升通政司经历。

孙家蓝

孙家蓝，直隶人。乾隆五十五年来署丞事，常摈傔从，茶坊酒肆，溷迹齐民，见有赌博、酗酒及欺侮平人者，用言劝谕，不听，立提惩责。在任有年，民情观感。

教　职

李　钧

李钧，字正衡，吴县人。廪贡生，乾隆十六年任镇洋训导。才识敏练，屡奉檄委办公事，学政李因培亦信任之。后以卓异升贵阳府经历。

余大中

余大中，字南塘，宿松人。乾隆三十九年，以岁贡生任训导。朴诚待物，训迪士子，恒以文行相勖，以老去。诸生刻去思文颂之。

仲振猷

仲振猷，字云浦，泰州人。由举人任镇洋训导。好学敦品，教士亦有法度。后卒于任。

卷二十　人物

镇洋县列传

国朝

张　叙

张叙，字滨璜，文华子。雍正十年举人，乾隆元年举博学鸿词，十六年举经学，皆报罢。二十六年，以耆年宿学赐国子监学正。生平沉潜理学，穿穴经奥，名重公卿间。前后主讲潞河、莲池、白鹿诸书院，成就人才甚多。会开四库馆，当事以所著《易贯》《诗贯》二书进呈，收入《提要总目》。卒年八十六。子郝元，有传。

王　宬

王宬，字辑青，时俊孙。乾隆七年进士，授兵部职方主事，迁武选员外郎，充会典馆纂修。十四年，转郎中，秩满记名，以繁缺道府用。明年秋，充云南学政。十七年冬，调任四川。振拔孤寒，士风为之兴起。任满入都，授安徽庐州知府。庐州为包拯旧治，宬抵任，即以拯"清心为治本"之句颜于堂，以自警。政务简静慈祥，而于奸猾不少贷。如禁庐江之私垦湖田、无为之盗挖矾山，均于民生有实政。三十二年，引疾归，宦橐萧然。知州贵中孚以州志请修，属稿稍就，会中孚离任去，事遂寝。家居二十年，硕德伟望，兼负人伦鉴。卒年八十三。子莘槐，字魏景，乾隆三十年举人，任岳阳知县致仕，亦享大年。

汪廷玙

汪廷玙，字衡玉，先世由新安徙太仓。初名璿，学政张廷璐易今名。乾隆十三年，成进士第三人，授翰林院编修。御试翰詹各官，题为《纳凉赋》，廷玙以宵旰雨旸、忧勤民事立言，上嘉其用意正大，擢一等一名，超授侍讲学士，充日讲起居注官，视学福建。适功令增用试帖，闽士狃于土音，类多声病。廷玙为讲求音释，一时生童多能诗者。寻擢少詹事，入直上书房，侍皇六子讲席。自后，供奉内廷，居澄怀园，岁与重华宫茶宴，迁内阁学士兼礼部侍郎。四十一年，以金川平定，奉命之山东、江南、浙江祭告岳渎、陵寝。礼成，请假归省，持节过里门，为母称庆，族党荣之。寻擢工部右侍郎。丁内艰，服阕，入都仍署工部，转左兼内直，充《四库全书》总阅。奉命如盛京，恭赍册宝。将启行，忽以无疾卒，年六十六。生平风度凝重，简默寡言笑，持身谦谨。服官四十年，久趋禁近，小心慎密，退则校勘图史无异。为诸生时，凡五典乡试，四视学政，甄拔多绩学工文之士。祀乡贤。

毕沅

毕沅，字纕衡。先世由休宁迁太仓，后析镇洋县，遂为县人。乾隆十九年，举顺天乡试，由内阁中书直军机处。二十五年成进士，举廷试第一，授修撰。三十一年，以翰林侍读充会试同考官，累迁至左春坊左庶子。先是，以讲官侍耕耤，奏对称旨，旋授甘肃巩秦阶道，以劳绩洊擢巡抚，官至湖广总督，卒赠太子太保。沅受主知最深，遇有陈奏，无不嘉纳，立予施行。初擢陕西按察使，入觐，首以甘肃苦旱情形具奏。是秋，诏豁通省积欠四百万两。其抚山东，奏除通省民欠四百八十七万两、常社米谷五十万四千余石。历抚秦、楚、兖、豫，前后奏豁四省无著民欠以亿万计。尝从总督明山出嘉峪关，自木垒河至吉水萨，往返数万里，查办营屯，悉合机宜。其署西安将军，清出八旗马厂空地在兴平、盩厔一带者四百八十余顷，开垦固原一带营厂地一百七十余顷，又汉阳一带沙地数百顷。其后，垦荒日增，西饷亦得渐减。先是，在河南，会连遭水旱，民间田产轻押贱抵，多为山西富民侵占。因奏陈自四十九年后，田之价值过贱者，许原主陈明取赎，以三年为限；连麦准卖之地，限半月内听原主收割。自是，民无失业。方大小金川连年用兵，各路调发均由陇栈入川。沅筹备军储，凡五年而事竣，无一失供。在楚任，会铜仁苗民石柳邓、永绥苗民石三保聚众劫掠。是时，官兵并驻镇筸，其永绥、乾州、凤凰三厅之地尽为贼薮。征发既多，转馈益急。沅令先碾常社存谷，水陆并运，以达五溪。自辰溪崖门寨以上，多苗寨，添驻兵防，驿路运道始为周密。及永绥既平，铜仁苗亦穷蹙，而湖北枝江等县白莲教又起。沅密陈前人雕剿之法，于就近降苗，内使以苗攻苗，可不烦兵力，撤胜兵为并剿乱民之用。议下，将军明亮悉如所奏行。寻以筹办苗疆善后，卒于辰州军营。上闻悼惜，谕祭葬如例。后因属吏侵帑事牵连，籍产，削世荫。嘉庆五年，上念前功，有旨给复田产。沅为政深识大体，不责苛细。喜豪举，尤爱才下士，四方辐辏，所识拔海内知名之士类不下三数十人。有客死者，辄经纪其丧而厚恤其家。没后，士林述其遗事，往往流涕。性好学，掩擅群雅[1]。著有《灵岩山人诗》三十六卷。获古书善本，辄校付梓。尝撰陕西中州、山东《金石记》。以薛氏应旂所续《通鉴》颇疏漏，裒集宋元人著撰，考其异同，补所未备，成二百五十卷。

1　群雅：《尔雅》系统之古代辞书的通称。如《广雅》《埤雅》《尔雅翼》《骈雅》《通雅》《别雅》《比雅》《迭雅》等。

汪学金

汪学金，字敬箴，廷玙子。乾隆四十六年进士，以第三人及第，如其父授编修，与修纯庙实录，官至左春坊左庶子，典江西试。学金少席华阀[1]，劬于学。甫弱冠，文誉大起。暨补中书，擢上第，属有撰述，当事咸相推引，名日益重。年未五十，遽引疾归里。是时，里中数被潮溢，海口故道久不浚。学金言于当事，亟浚之。尝独力捐建育婴堂舍。暇则治别圃，结诗社，与苏加玉、沈光春选辑娄东诗派，上溯宋元，下逮国朝，咸有论著，见者服其精确。学问淹博，兼擅众长，与钱塘吴锡麒同官坊局，人称"吴越二庶子"。卒年五十七。

彭兆荪

彭兆荪，字湘涵，礼子。少随父宦宁武，神隽有声。年十五，入太学，历试不遇。后值本省乡举，既成行，闻所知者主试，遂不赴。道光元年，举孝廉方正，不就。旋卒。兆荪天才亮特，为文章闳博沉丽，力追汉魏，尤长于诗，少务琦瑰，中年后炉锤众有，才调益雄。乾嘉以来，邑中称诗者，无出兆荪右。后乃讲求心性，诗境益澄澹孤夐，恉与理会。先是，父殁于颍州教授任，遗债甚巨，人曰："得彭君一言，券可折矣。"兆荪不欲负人，卒尽斥家产以偿之。遂客游江淮，为侍郎胡克家校刊淳熙本李善注《文选》、元刻胡三省注《通鉴》，荟萃群书，多所辨正，为世善本。侍郎任江苏布政时，大吏以国用不足，议加赋。兆荪力言于侍郎，寝其事。其友娄县姚椿作墓志，盛称之。

1　华阀：高贵的门第，古代指有权势的家庭。

卷二一　人物

镇洋县孝友

国朝

张　闰

张闰，字凫襄，议叙州判。少时，父埈夜半醉如厕，闰心动，趋视，父溺池中，亟跃入，抱父以出。有戚孀居，二孙侈纵，孀以资寄闰。暴卒，闰呼其孙，规以正言，还所寄，封识如故。邻有士族，鬻女吴门，为赎归，择配。乾隆二年，举孝廉方正，旋疾卒。同里私谥曰孝惠。子瞻淇，诸生，循例选宁州通判，有循绩。瞻洛，别有传。

朱周凤

朱周凤，字广平，诸生。弟璿，州廪生，早殁。抚养遗孤，长为婚娶，析产无异己子。

凌　骏

凌骏，字思远，诸生。父殁时，庶母弟彦甫六龄，教之成立。以故宅隘，别购一区授之。庶母苦节，为之请旌。尝葬族人十三棺。族有逋粮者，代偿焉。卒年七十六。

王廷辅

王廷辅，字鸣周。处市廛，业星卜。方三岁时，父秀芝病疽，闻呼号声，即涕泣不止。及长，以孝闻。家故贫，竭蹶以供甘旨，枕席厕牏，必躬亲之。父殁，三年不御酒肉。居母丧亦然。姊二人，所适俱贫，时周恤之。知州王镐旌其门。

张　镛

张镛，字维屏，岁贡生。少孤力学，事继母无异所生，尤力行善事。年六十卒。

刘廷钺

刘廷钺，字威若，监生。先世居西郊，后得王世贞弇山园之中弇居之，有亭池旧迹。母年逾九十，病不能行，日命二婢篬舆舁之遨游其间，以博欢笑。时廷钺已七十余。五世一堂，愉愉如也。母卒，哀毁不少节。卒年八十五。

王　模

王模，字范成，监生。侍亲疾，衣不解带。弃产以供参药，未愈，则刲股肉以进。为人敦尚气节，工岐黄术。

周　京

周京，字西侯。父士达，见《耆硕传》。母多病，侍奉汤药十三岁，竟得霍然。弱冠，弃举业，习骑射，由偏裨升吴淞守备，署参将。父母殁后，遂不复仕。子象育，字敬孚，刘河千总。父殁，去官，奉母卒。

俞宪曾

俞宪曾，字企高。年十二失怙，性至孝。母病革，夜祷北斗，刲股煎汤进，疾竟瘳。族人欲卖坟树，已议值，宪曾往墓，号恸三日，事遂寝。妻沈氏，事姑诚笃，里人称双孝。

胡汝楷

胡汝楷，初字端士，后改端木，善篆刻。弱冠时，母病，医不能治，汝楷割股肉以疗之。母后再病，汝楷复割以进，误伤其筋，致废疾。年三十一卒。

钱廷灿

钱廷灿，字致广。天性纯孝，幼时母病，吁天请代。诘朝，有道士扣门，自称宋姓，双凤诸启元荐至，授以药丸五。服之，果愈。往谢启元，启元曰："无之，且吾乡并无宋姓医者。"人以为孝感所致。孙敬堂，字魏勋，诸生。安贫自好，不事科举之学。尝得陆世仪手写《志学录》本，仿而行之，日省敬怠。晚年玩心《易》学，翛然自得。州举乡饮宾。卒年六十八。

黄景濂

黄景濂，字亦宋。道光八年举人，能诗。父为蜚语所指，几蹈不测。景濂啮指血作书，陈于上官，事旋解。

张关通

张关通，吴泾佣工也。母老，病瞽，关通鲜兄弟，又贫，不能娶，扶持哺啜，一身任之。为人佣耕，以体羸，工常后于人。主家弗善，改业蒲屦，又往往不售。里中有怜之者，曰："此关孝子屦也。"争醵钱买之，且招之佣，母是以得无缺养。腰间尝系一布囊，食所佣家舍肉，储以遗母，母享高寿。关通年六十余，犹孺慕不衰。

茜泾丐者

茜泾丐者，失其姓名，负母而来，行乞街市。晨必市汤饼啖母，食已，始去。午复来，侍母膳，晚归如之。冬夜，抱母睡，早起负就暄。夏则为之驱蚊。母亡，号哭几绝。向人乞钱，布具棺衾，敛而焚之。诣所乞家，稽颡谢，乃负母骨而去，不知所往。又有丐者张五，居城东杨家桥。病躄，盘散行乞于市。手持两器，一置馊秽者自食，一置鲜洁者奉母。每饭，扶母席地坐，伛偻陈馈，唱歌侑食以为常。

卷二二　人物

镇洋县文学

国朝

周　鼎

周鼎，字亦峨，恩贡生。性颖敏，通经史，行文健捷如夙构。晚年教授生徒，以阐发经义为宗。子之轼、之辙、之载，皆有名诸生间。之辙于乾隆六年以五经中式，早卒。

沈　桐

沈桐，字若千，岁贡生。幼颖悟，年十二，即能领经书大义。为文清真雅正，尤肆力于性理诸书。

胡　恺

胡恺，字民尊，雍正十年举人。性英迈，文亦似之。十三年，省试，奉新例以举人充江西同考官，称得士。恺处家和肃，训子侄以义方，精书法，兼善医术。卒年八十三。

汪　溥

汪溥，字永思，旧籍新安。性孝友，通经，工诗文。常往来江浙，遇名山水，吟咏成帙。晚年颇喜禅悦[1]，尤善山水，师黄公望、沈周、孙廷玓，供奉内廷，以其画进御览。子之恒，字蟾吉，以年德推重乡里。

盛金慎

盛金慎，字戒虞，敬从孙。研究经说，得其宗旨。于四子书讲义，参以撰记。祖述杨、顾之学，从游者多掇科第。以岁贡生选黟县训导，莅任三载，以老告归。卒年八十六。

陆　昆

陆昆，字柱天，岁贡生。为文贯串经史，教授乡里，随材裁就，高第弟子累累著籍。

1　禅悦：佛教语，请入于禅定，使心神怡悦。

性疏简，家无宿舂，不以屑意。殁后，弟子辑其遗编行世。

程穆衡

程穆衡，字惟淳。先世安徽休宁人，父继默，始徙居州之鹤市。穆衡乾隆二年进士，授山西榆社知县。邑多盗，亲缚其魁。为治勤约，不病民。以耿介忤上官意，罢归，贫如诸生时。穆衡博闻多识，工文章。生平以撰述为事，其《据梧斋诗文集》《梅村诗笺》《鸟吟集》《娄东耆旧传》为尤著。其他著述尚多。子师意，字愿夫，廪生，有学行，亦工诗。

闻　棠

闻棠，字静儒。以五经中乡试，乾隆元年进士，改庶吉士，授编修，历典广东、湖北乡试。二十八年，归里。棠经学渊博，诗词华赡。成进士时，试保和殿，上阅卷，列第二。馆选后遇廷试，皆前列，充明史馆纂修。使粤时，道出合肥，值大旱，邑令将讳之，棠题诗馆驿以讽，遂牒灾请赈。居家敦内行、笃友谊，家无儋石，见义必为。其卒也，士论惜之。

顾　栗

顾栗，字鹤年，岁贡生。为文胎息六经，尤长性理，从游者悉有程式。嘉定知县杨景曾慕其人，使课子。有以私事属先容者，拒弗与通。卒年七十有二。

沈寿眉

沈寿眉，字保鲁，岁贡生。素为从叔起元所重。历官所至，辄与俱。善属文，其训后进以经术为本。乾隆九年，修县志，与分校事。生平耿介自持，门无杂宾，服食厌华美。年八十三而卒。从子光春，字汇初，诸生，亦能诗，具有家法。

高　宾

高宾，字诵萧。七岁能书大字，弱冠为诸生，试辄冠其曹，益肆力于古。尝与邵嗣宗、毛咏、朱锦如辈结文社，宾独不遇以卒，年四十六。子翔汉，字鸿千，诸生，善诗文、书法，卒于山西。同时有董大新，字自芳，岁贡生，亦工经艺。

朱锦如

朱锦如，字伯霞。少师事王恪，得其传。乾隆十六年成进士，为太平教授。乞养归。父殁，服阕，补常州教授。旋归，主嘉定当湖书院。时邑中姚成自海州儒学谢事归，而张锡爵亦以诗文名，春秋佳日，三人同集，赋诗纪事以为乐。锦如至性过人，诗清新俊逸，雄壮博奥，体制非一。其《清明念母》《扶榇悲痛》诸诗，字字可涕。锡爵序之，谓其发乎性情，止乎忠孝者。

王　青

王青，字去瑕，发祥曾孙，廪贡生。幼失怙，比长，能文，尤肆力于诗。喜撰述，有《经史汇解》《曲台要义》诸书。

胡　溶

胡溶，字安公，乾隆十八年乡试第一。性沉静寡言，友爱尤笃。三十一年，授萧县教谕，殷勤诲导，多士翕服。为诗词，意温雅如其人。年七十二，卒于任。

支元福

支元福，字玉山，诸生。读书敦行，重然诺。慎取与，有狷介操。工诗，兼六法。兴至，泼墨自娱，虽屡空，晏如也。卒年七十六，无子。时又有王谐，字宜秋，好篆刻，能诗。家贫，有清操，以艺应人请，不合辄去。著有《双桂轩诗草》。年七十八。

邵南棠

邵南棠，字禹三，恩贡生。性耿介，晚境益蹇，所著有《拾存诗草》。陈掞云，字鹏翼，诸生。负隽才，尤善书法，能作擘窠大字，年逾大耋。所著有《聊寄吟》。赵溶，字云江，监生。嗜吟诗，间作画。所著有《寄蜉集》。其志操境遇，略与元福同。

吴　桂

吴桂，字一萼。父家铭，见《耆硕传》。桂少而岐嶷，好学问。乾隆十八年举人，选安徽潜山教谕。地当山水盘互，诸生僻处者，无以亲教诲。桂乃取乡之名宦及耆德可师者，录其言行，以启迪之。秀顽兴起，士风大变。以乞养归。亲殁，哀瘁卒。子本，后改名簬，字秀文，五十七年举人，选江宁教谕，工诗。青浦王昶采其作入《湖海诗传》。

闻　珽

闻珽，原名朱梴，字种怀。乾隆十七年举人，任海州学正。研覃经籍，喜藏书，兼蓄汉唐碑帖，尤精小学。子益，字省谦，由廪贡历任含山教谕、清河训导。工经义，并善诗歌，尝赋《随园紫玻璃窗》诗，一时名士为之敛手。

倪大临

倪大临，字端夔，居茜泾。乾隆四十二年举人。少受诗法于长洲沈德潜，所作真朴，一宗唐人。会试不第，遂不出。

徐　亭

徐亭，字立山，恩贡生。工制举文，依经立义，从游者多所成就。家贫，脩脯外无长物，怡然自若。卒年六十八。子纬，字旋五，天姿颖敏，蚤岁能文。乾隆五十一年举人，任潜山教谕。

王起鹏

王起鹏，字万南，廪生。父有辉，有孝行，工文词。起鹏濡染庭训，学务根柢。又从沈起元游，得其传。为文清真雅正，授徒里中，及门多知名士。子锡康，字用蕃，乾隆五十九年举人，江阴教谕，工诗文，有“经师”之目；铣，字振声，恩贡生，石埭教谕；钟，字尧千，嘉庆三年举人，吴县教谕，俱擅文誉，人亦恂恂和雅。锡康子文潞，字介人。性聪颖，未弱冠补诸生。侍郎王昶主娄东书院，授以诗法，能窥唐人门径。词以姜夔、张炎为宗。早卒。

王开沃

王开沃，字文山，遵扆孙，诸生。记问赅博，善诗词。尝游关中，主醴泉书院。弟开汾，字小鹤，副贡生，亦工诗，兼擅骈体文。

钱　荃

钱荃，字国表，本诚子，诸生。好风雅，顾陈垿、许廷鑅引为诗友。子宗颖，廪生，诗才倜傥，兼精书法，与陆学锦、学钦、沈端、沈靖、吴本相唱和，称“溪南六子”。

陆　鷟

陆鷟，字绶书，廪生。劬于学，至耄不倦。日坐一楼，手钞经史子集，纸塞窗户，人服其精能。孙文彬，字廷彦，恩贡生。工制举业，旁及隶、楷。困于省试，赍志卒。

胡张翼

胡张翼，字礼拱，廪生。学问淹博，为文陶镕经史，才藻独绝。省试，每佹得而失。教授生徒，门墙寖盛，多掇科第以去，而张翼竟以诸生终。

朱　璿

朱璿，原名大庭，字子敬。八岁而孤，母先卒，事生母以孝闻。绩学好古，由副榜考取景山教习。期满，以知县用。四十一年，召试，取二等，赐彩缎。璿工行、楷书，诗尤苍深雄厚。游西安最久，所过名迹，多有题咏。晚岁归里，因亲老不复出，未几卒。

浦还珠

浦还珠，字遇伯。岁贡生，居茜泾，从程穆衡游。洽闻强记，尤通六书之学。尝入都，董文恭诰延校群籍。寻归，怡志铅椠，年八十余。

王　钧

王钧，字奏韶。少为名诸生，为学政梁国治所器，遂膺选拔。后以四库馆誊录议叙，选湖北道州州判，历署临湘、沅江两县，长沙同知，以廉静称。移疾归，卒年六十一。

程愿学

程愿学，字廷华，诸生。先世自歙徙嘉定，后迁太仓。为人风仪玉立，意气云涌。工诗歌，与王恭为吟侣。学使梦麟、院长许廷鑅，皆目为奇士。晚年坎壈[1]，旅食江村以殁。

王　瑸

王瑸，字昆霞。乾隆三十四年进士。性孝友，能诗。历任内阁中书、宗人府主事、吏部员外郎，充云南副考官。仕宦二十年，勤慎自持，以清节著。引疾乞归，卒。

毛上炱

毛上炱，字罗照，天麒玄孙。乾隆三十七年进士，补内阁中书，充方略馆《一统志》纂修官，直军机处。驾幸江浙、山西、盛京，无不从。晋户部主事。弱冠好诗，与同邑王瑜、陆元迈、朱璿、金聚奎结诗社，出入唐宋，才情横厉。又工画，初效王原祁，既与王宸，临摹宋元名迹，纵横变化，独自成家。在内阁时，大学士刘统勋谓之曰："一卷青山送一年，非君佳句耶？"其名重公卿间如此。年五十一卒于京邸。聚奎为上炱妻弟，字宋瑞，性侃直，为诗神似昌黎，最为沈起元所赏。后入监读书。亦卒于京。

王　瑜

王瑜，字庭光，恪孙，诸生。少从沈起元、许廷鑅受诗法，尤精小学，著有《说文韵编》。阮文达元抚浙时，招至诂经精舍，与武进臧镛编《经籍籑诂》，文达深契之。同时诸生王思济，字雨甘，与瑜友善，亦以诗鸣于时。

季　均

季均，字骧衢，岁贡生。自少研覃古学，丹黄[2]并下。受业沈起元门下，起元谓其诗得初唐风格。好议论古今人物，上下数千年，竟日不倦。从游者甚众。

郁大锷

郁大锷，字英夫。乾隆三十六年举人。工制举文，以攻苦遘疾，卒于旅邸，年甫三十有九。其同岁生吴玉韶，榜名田玉，字湘洲，亦工制举文，时号隽才，卒年四十三。

1　坎壈（lǎn）：困顿，不顺利。

2　丹黄：旧时点校书籍用朱笔书写，遇误字，涂以雌黄，故称点校文字的丹砂和雌黄为丹黄。

顾骏德

顾骏德，字冰璜，廪生。父文成，诸生，为人伉爽，训子严。骏德早擅文誉，诗亦有宗法。

陈　震

陈震，字镕万。乾隆四十五年进士，授钜野知县，以经术饰吏治，不名一钱。罢官里居，教授以给。震学术醇正，经义推巨手，诗学盛唐，有集行世。

闻应辰

闻应辰，字衡在，由副贡生候选教谕。性端直，莫能干以非义。雅嗜图籍，以古文为时文，至老手不释卷。中岁得软脚病，吟诗自娱，得陶、谢风致。弟兆元，字体之，岁贡生，文名亚于兄。

顾王霖

顾王霖，字柱国。乾隆五十五年进士，由庶吉士改官户部主事，升员外郎。丁忧归里，卒。王霖质美嗜学，工诗文，兼能书画。卒后，门人常熟张大镛为刻其遗集。子登衍、晞元，俱诸生，刻苦攻诗，传其家学，困顿不遇而卒。

杨云煜

杨云煜，字宿占。乾隆五十四年举人，选来安训导。蚤岁肄业书院，得山长钱大昕、卢文弨指授经旨，为文典丽有则。子厚孙，字培英，廪贡生。敦品力学，从游甚众。主讲安道书院者数年，卒。

王树获

王树获，原名经，字润六，青子，岁贡生。为人温厚易直，训迪后进，亹亹不倦。中年流览群籍，札录成帙，尤熟于南北朝、五代轶事。著有《珊瑚钩咏史乐府》。

汪彦博

汪彦博，字潞勋，学金子。以召试举人中乾隆五十二年进士，由编修改官刑部，擢御史，条陈漕务累数千言，优旨褒纳，典广西试。后复督学其地，最后擢知山东青州府。甫二年，以病归里。又数年卒。彦博少年科第，历清要，刻意为诗，苍秀拔俗，与弟彦国并有诗名。彦国以诸生入资，官至北运河务关同知，饶干略，兼擅风雅，卒于任。

王　洲

王洲，字步瀛。乾隆六十年举人，授广东从化知县，卒于任。洲童年负隽才，蒋侍郎元益主讲娄东，得洲与彭兆荪文，才之，以二女妻焉。洲未达时，虽甚贫，无戚容。尝客汝、颍间，有窃其金者，同事廉得其人，洲不以为己金，坚却之，其阔度类此。

杨云璈

杨云璈，字钧再，岁贡生。为文喜博丽。江宁布政使康基田采风八郡，拔冠其曹，招至白门，偕江左能文士读书瞻园，学益进。性简贵，内行敦笃。丁母忧后，弃制举业，益肆力于诗，尤工骈体。晚希静摄，征举孝廉方正，辞弗就。卒年七十。

张应麟

张应麟，字正元。家贫，为童子师，隐迹江乡，好搜采潜佚。汪学金辑娄东诗派，邀与共事。中年丧妻子，寄居吴郡，为友人校书，精核不苟。性孤介，终岁所得脩脯，仅供一人餐，意安之。年七十六，卒于旅馆。时寓吴中者有萧昙。

周煜昙

周煜昙，字风衣，居贫好学，能诗文，于经史亦有撰著，偃蹇以卒。煜，字曜升，素嗜吟咏，晚年收藏乡先辈遗帙，邑人士辑《娄水文征》及《琴人集》，搜采校刊多赖其力。

沈　端

沈端，字方立，起元孙。嘉庆五年举人，选宁国训导。端早著文誉，与弟靖称“城南二沈”。为诗原本家学，恪守正宗。秉铎后，登临怀古，著作益多。丁忧旋里，主讲安道书院。时盛大士、徐元润俱在，里门偕集南园修禊，秋社一集，为时传诵。靖，字安成，廪生，颖异能文，青浦王昶引为小友。

盛大士

盛大士，字子履。嘉庆五年举人。少贫，好读书，声达街巷，竟夜弗辍。迨游京师，名噪甚，公卿争聘礼之。屡试不第，选山阳训导，后归里卒。大士嗜古博览，有所得，即笔之于编。其诗初尚才情，晚年益臻苍劲，与吴江郭麟相唱和，名与之埒。画山水，仿宋元名家。平生重友谊，同岁生沈端病殁，子幼且贫，大士悉心经纪其丧。寻继端主安道讲席，以所得脩脯赡其家，时人重之。子徵玙，字聘之，州增生。年少质美，未昌其学，以瘵疾卒，年甫三十。

张　铎

张铎，字椒卿，副贡生。居毛家市，生有异质，入塾受书如夙习。怀才负气，历试不遇，纵情诗酒以卒。生平博闻强识，诗笔绮丽，尤工乐府。后卜居虞山，孙原湘、吴卓信、黄廷鉴辈皆慕与之交。著述懒不收拾，子询之辑为《芬若楼诗文钞》。

孙　理

孙理，字绪之。廪生。工词赋，学使者试，辄居首。性嗜饮，中岁侨居常熟，与其地名人为诗酒会，极酣嬉淋漓之致。家人以生产事问，置不顾。卒病酒而亡。

王履基

王履基，字葆初，淦子。嘉庆五年举人，补陕西肤施[1]知县。天姿敏赡，记问赅博，与弟谦培长篇斗险，酒酣耳热，互相夸诧。需次关中，会总督下车，亟求工笔札者，僚属以履基名应，立召之。履基已被酒，不时至，薄暮谒上，总督出书百函，约明旦取办。履基倚厅事，笔不停缀，漏数下，百函都就。书词华美，事理赡举，僚属尽惊。谦培，字守根，监生。才华跌宕，与兄相亚。诗文书画，天然清妙。中年病卒。

吴金润

吴金润，字北霖，居刘河镇。嘉庆五年举人，以诗名于时。晚官兴化训导卒。

顾思义

顾思义，字仁仲，燕诒五世孙，增生。长于训诂，尝疏证《尔雅》数十万言。尤嗜《易》，旁通奇壬。于桑梓文献掇拾甚富，多所考证。年六十余卒。

周　僖

周僖，字东侯，诸生。侨居常熟，以诗名与昭文孙庶常原湘唱和，奥衍清折，不落凡近，兼工倚声。尝游楚越，性寡合，抑郁不得志卒。从子曰坚，字子贞，监生，由誊录官浙江芦沥场大使。豪于才，倔强自喜，下笔辄数百言，人服其敏给。

汪元爵

汪元爵，字伯孚，彦国子。嘉庆二十三年举人，由中书历官至刑部郎中。元爵负高才，与其姑子陆元文幼相交契，并擅诗歌，纵笔所之，恢恢溢目，人亦通侻自喜。元爵中年入枢，直膺察典，旦夕可显用，遽以疾卒于任。元文，字穗书，中嘉庆十八年乡试，官奉贤训导。甫之任，即病卒。卒年俱四十六云。

吴　镐

吴镐，字荆石，监生。父坤，由偏裨擢至京口游击。镐独喜文墨，不习制举业，专攻诗、古文辞、骚经、选学，靡不殚究。文笔古雅，为彭兆荪所赏。家中落，不自得，坐酒病卒。

1　肤施：古地名，在今陕西榆林县南鱼河堡附近。

陆麟书

陆麟书，字黻庭，道光十二年顺天举人。祖元迈，以诗名乡里。麟书甫十龄，取所藏遗稿，朗朗成诵。稍长，即能诗，歌行杂体，卓然成家。为文出入汉魏，闳深苍健，雄视一时。乡举文，传诵遍人口。连赴春官不第，客游江西，病卒。麟书蚤失怙，事孀母以孝闻。以叔模孙尝有抚养恩，叔殁，待诸昆季尤周笃无间。交游中，钦其学行焉。

方毓辰

方毓辰，字迪余，诸生。敝门谢客，耽玩经籍，日钞数十纸不倦。尝铨择先儒经义，集数十万言，藏于家。

卷二三　人物

镇洋县宦绩

国朝

陆　灿

陆灿，字滯文。家贫力学，有志行。乾隆十年进士，授博白知县。有监生某，奸杀仆妇，尸弃于江。灿访得实，一讯而服。朱、谢二姓争田，讼逾四十年，灿为直之。陆川民陈某，利孀嫂产，致嫂自尽。会知县他出，灿代验。母叔诬以奸，灿疑之，密侦其冤，按如法。又修书院，葺县仓，多惠政。在任四年，以疾卒。丧归，民哭送百里。

周　模

周模，字受全，广后，世居鹤市。入资为顺天府粮马通判。五城经纪，多积猾，模廉得之，悉力惩禁。摄治中，兼大兴篆，所至有称。秩满，迁户部员外。假归，卒。子瑛，字彩符，亦以资授顺天府通判，擢刑部员外郎。假归里居，会挑浚七浦，力任其事，桑梓利之。年五十一卒。

王文徵

王文徵，字士芳。乾隆十七年进士，历任从化、兴宁、新安、海阳知县。升同知，分校乡闱，称得士。母老，乞养归，病卒。在从化，创立书院。海阳俗悍，时构大狱，文徵严治首犯，省株连。又创建育婴堂，置义冢，多惠政。子淦，乾隆四十二年举人，由广东知县升澳门同知，卒。

王　璞

王璞，字振采。副贡生，选沛县教谕。值沛灾办赈，吏胥不得舞弊。蝻孽间发，竭力驱捕，蝻不为患。授徒讲学，亦井井有法。

彭　礼

彭礼，字行之，榜姓吴。乾隆三十一年进士，授宁武知县。俗鄙僿，少文礼，择秀良者教之，使各训于其乡，士始知学。村妇以奸杀其夫，诡报自缢，礼廉得之，论如律。有殴伤其父者，立杖杀以示众，然后报闻。上官才其断，弗罪也。巡抚农起将荐之，会起卒，不果。以年老乞休。既归，贫乏不能自存，因复就颍州府教授，四年而卒。初，礼就选时，寓都下，取史中循吏传录之。或谓："古今时势异宜。"礼曰："变者其迹，不变者其道，神而明之，安在不如古人乎？"子兆荪，别有传。

王　琁

王琁，字孚达。副贡生，由正定通判升大名同知。经理滹沱河工程，疏泄有方。漳河水发，昼夜防护，居民安堵。

赵大淮

赵大淮，字瀛洲。乾隆四十三年进士，历任淄川、禹城等县，以事罣误开复。后授昌乐县，居官尽职，勤政爱民，以疾卒于任。

黄锡宝

黄锡宝，字庶徵。嘉庆十三年进士，出知甘肃伏羌县，擢知河州，调广东化州。所至采辑志乘，振兴人文，边氓向风。

陆　模

陆模，字哲士。嘉庆二十一年举人，知浙江金华县。甫下车，即平反数案，以明恕称。调钱塘，勤于政。晨出行县，于舆右悬置一牌，遇投牒，即案问，令随吏缮录供状，归而以次判决，无留者。擢补台州同知，历署湖州、杭州知府。湖州匪徒啸聚为乱，官兵至，则窜伏。模踪迹之，遂获其魁，置诸法。会英夷扰事，前后数载，筹画军需，事皆济。以劳升广西南宁府，因办善后未赴。今上登极，入都谒选，会病卒。模遇事勇干，居乡时亦多所赞画。平生好为诗歌，虽处倥偬，未尝一日废也。

叶自庄

叶自庄，字肃廷，道光元年举人，授汤阴知县。性仁厚，谳狱平恕，教士有则。岳武穆裔孙名开图者，贫甚，自庄特周恤之，葬其三世之丧。丁忧，服阕，谒选得黄梅县，未抵任，卒于京。

卷二四　人物

镇洋县耆硕

国朝

吴家铭

吴家铭，字景勋，监生。幼失怙，奉母教，端悫诚一，勇于济物。尝谓："训俗莫善于圣谕十六条。"每日清晨，亲历城乡，击铜板集众，宣讲委曲，开说至丙夜方归，风雨不辍，行之二十年如一日。当事历延为约正。卒年八十有三。子桂，见《文学传》。

王　薪

王薪檒，字周桢，诸生。九岁能文，人称神童。事父母孝，昆季七人，皆友爱，白首无间言。世居城北，聚族而处，构造宗祠。有族父年高无后，敬养之，里中推为长者。卒年八十。

陆　恬

陆恬，字大淳，毅子。候选州同知。为人饶干略。州地滨海，数被潮灾，知州宋楚望议沿海筑堤捍御，恬总司其事，费省而工坚。又尝赈灾设粥，出粟平粜，以厚德称乡里。卒年八十一。子时化、正伦。时化，另有传。正伦，字有常，监生。甫十龄，母患目眚，正伦舐之获愈。其周恤戚属，亦有善行。

周士达

周士达，字尚卿。笃内行，抚幼弟，为之婚娶。族侄祥被仇害，几成冤狱，倾囊营救，始得释。潮灾，避水至者几百人，给以衣，又饲之粥，全活无数。卒年七十八。子京，有传。

毕　泷

毕泷，字涧飞，沅弟。素无宦情，一再应省试失利，即弃去。沅为入资，例铨部郎，意弗屑也。工书画，精赏鉴，家藏古器物及碑刻、字画甚富，辄能别其真赝。所居曰广堪斋,非名人旧物,屏勿御,炉香茗碗,趺坐竟日。年六十五卒。子耀曾、宪曾。耀曾,乾隆五十七年举人,幼攻诗。宪曾,有传。

季王绳

季王绳,字翼先。乾隆四十四年副贡。敦实行,工诗,兼善填词,年七十余卒。子埁,诸生,温厚坦直,恩周服属,里党无间言。举乡饮宾,卒年八十三。

金闻鹤

金闻鹤,字亮云。以恩贡生就职州判。举乡饮大宾,循谨敦朴,笃于故旧。有友人陆恺,贫而力学,晚岁目盲,茕独无依,闻鹤时周之。殁后,为刻遗稿,人称其风义。子国莹,廪贡生,候补训导。工词赋,与同里陆元文、杨政源读书汪氏趣园,人比之兰台聚焉。

陆廷珪

陆廷珪,字献琛。候选盐知事。性好施予,乐易,有长者风。旧有园舍数椽,为其先侍御毅读书处,廷珪葺而新之。日集宾客,飞觞赌奕,意兴不衰。子树熏,道光八年举人;孙增福,二十四年举人,皆沉静好读书,文造精诣,以攻苦于学。先后病殁京邸。

卷二五　人物

镇洋县义行

国朝

毕　礼

毕礼，字幼和，贡生。先世由河南偃师迁歙，复由歙迁太仓。少读书，家贫，习懋迁[1]以养亲。中年渐饶裕，兄弟五人，家口二十余，同爨以养，嫁娶皆独任之。尝设义塾于东亭子桥，置义冢于东一都，捐助育婴堂田亩，公建社谷仓廒。里中事无大小，必倡率经理。卒年七十七。子镛，字东里，监生，与妻弟吴门张凤孙以文行相勖，力学致疾，先卒。孙沅、泷、沄，并有传。

钱　枚

钱枚，字芳蔚，恩贡生。家贫，笃学，授徒里中，弟子多掇巍科、登显仕。枚惟以道义相勖，语不涉私。生平口约腹裁，营数世葬事。抚亡弟之孤寡，恩谊昭著。举乡饮，卒年七十一。

王国瑞

王国瑞，字麟书，明相国锡爵后。诸生，有文行。妇有奁田数十亩，妇族欲弗与，构端成讼。国瑞即推与之，曰："丈夫贵自立，安用妇田为？"讼乃已。相国故第，族人谋鬻之，有成议矣。国瑞率子姓哭诸庙，族人畏义，得不鬻。其风概类此。

顾焕爵

顾焕爵，字功荣，梅子。母钱，中年寡，抚以成立。焕爵勤习举业，补苏州府诸生。事母孝，得脩脯，悉供甘旨。母没，三年不居内寝。雍正八年秋，海溢，漂没无算，倡同人掩埋，以千计。又设放生会。晚年好道，与人言辄以忠孝相勖。乾隆初，诏举孝廉方正，知县欲以其名应，谢不赴。

1　懋迁：贸易。语出《书·益稷》："懋迁有无化居。"

蒋　治

蒋治，字兆康。道光三年水灾，佐有司赈贷，又出己粟平粜两月，发所蓄木棉，减价卖之，资贫民纺织，全活无算。大吏以名闻，赐盐运司提举衔。邑中善举，知无不为。先后用财，不下数万缗。没后，乡里思之。

钱钦浩

钱钦浩，字载川，坪六世孙，廪生。少孤，母苏州彭氏，娴诗礼，教之成立。性慈善，好施予。亲族告贷踵相接，饥者食之，病者药之，死亡者殡殓之，无倦容，无德色。乡党称善人。

卷二六　人物

镇洋县列女一

国朝

胡　氏

胡氏，方子龄妻。年二十一寡，抚孤树德，守节五十四年。

高　氏

高氏，陆世仕妻，年二十九寡，守节四十八年；妾唐氏，年二十五寡，守节六十七年。以上雍正七年旌。

顾　氏

顾氏，邢文杰妻。年二十八寡。事姑孝，抚遗腹子永思，备极辛勤，守节四十余年。

顾　氏

顾氏，朱士骐妻。年二十六寡，守节四十九年。以上雍正八年旌。

陈　氏

陈氏，胡元翰继妻。年二十九寡，守节三十余年。

张　氏

张氏，王楫义妻。年二十三寡，守节三十余年。题名录、祠主、县志“楫”作“揖”，琅琊谱作“缉”。以上雍正十二年旌。

闵　氏

闵氏，周爆妻。年二十六寡，守节四十余年。

朱　氏

朱氏，郁焞妻。年二十七寡，孝事孀姑，守节四十余年。以上雍正十三年旌。

陆　氏

陆氏，镇海卫舍人陈如镛妻。年二十一寡，守节四十余年。

王　氏

王氏，张天球妻。年二十六寡，守节三十余年。以上乾隆元年旌。

柴　氏

柴氏，曹有珍妻。年二十六寡，守节三十余年。

洪　氏

洪氏，汪邦枢妻。年二十三寡，守节三十余年。

陆　氏

陆氏，王文峻妻。年二十寡，守节四十余年。

陆　氏

陆氏，王文俊妻。照祠主增。

陈　氏

陈氏，王址妻。年二十七寡，守节五十余年。

范　氏

范氏，庠生王宣耀妻。年二十九寡，守节三十余年。

陆　氏

陆氏，唐禹公妻。年十九寡，守节四十余年。县志“公”作“功”。

钱　氏

钱氏，陆子丹妻。年十九寡。族人与其兄谋改嫁，氏闻，引刀截左耳。楼居五十八年卒。

吴　氏

吴氏，陆彤妻。年二十八寡，守节二十八年。子勋牧，庠生。

罗　氏

罗氏，萧允升妻。年二十寡，守节三十三年。县志“升”作“昇”。

黄氏

黄氏，郁炯妻。年二十四寡，守节二十七年。

王氏

王氏，周致恪妻。年二十五寡，守节四十六年。

王氏

王氏，附监生杨鼎妻。年二十二寡，守节四十五年。

赵氏

赵氏，庠生王偕聘妻。偕亡，氏闻讣，奔丧，守贞三十余年。以上乾隆二年旌。

李氏

李氏，镇海卫舍人陈于惺妻。年二十九寡，守节三十余年。

顾氏

顾氏，盛份妻。年二十二寡。抚嗣子杲，恩义兼至，守节三十余年。

陈氏

陈氏，张良辅妾。年二十七寡，守节三十九年。祠主"妾"作"妻"。

倪氏

倪氏，庠生王履吉妻。年二十一寡，无子，族人逼改适，氏矢志不贰，守节六十二年。嗣子瞻云。县志"王"作"黄"。

周氏

周氏，王之滉妻。年二十九寡，自课孤起凤为诸生，守节五十一年。

王氏

王氏，金彦威妻。年二十八寡，守节三十余年。

郭氏

郭氏，沈云韶妻。年二十六寡，守节三十余年。

吕氏

吕氏，顾我敬妻。嫁五月夫亡，未葬，会失火，氏抱棺号泣，誓与俱烬，火旋熄。守节五十年。

徐　氏

徐氏，庠生张琯妻。年二十七寡，守节四十三年。

钱　氏

钱氏，黄永卿妻。年十九寡，守节五十七年。

张　氏

张氏，盛大礼妻。年二十八寡，守节二十五年。

季　氏

季氏，庠生郁兆枚妻。年二十三寡，守节三十九年。以上乾隆三年旌。

毛　氏

毛氏，监生萧濬发妻。年二十八寡，守节三十余年。

陈　氏

陈氏，张受圯妻。年二十九寡，守节四十余年。题名榜“圯”作“屺”。

吴　氏

吴氏，潘圣时妻。年二十八寡，守节三十余年。

徐　氏

徐氏，周邦祚妻。年二十七寡，守节三十余年。

李　氏

李氏，任维屏妻。年二十八寡，守节四十余年。以上乾隆四年旌。

王　氏

王氏，杜绪祖妻。年二十一寡，守节三十余年。

葛　氏

葛氏，马煜妻。年二十二寡，守节三十余年。

邵　氏

邵氏，王瑞琪妻。年二十六寡，守节三十余年。旧题名录、县志作“汪氏”，汇录又有“王瑞琦妻邵氏”。

钱　氏

钱氏，庠生陆祖襄继妻。年二十七寡，抚前室所生女如己出，奉舅姑以孝称，守节五十一年。

陆　氏

陆氏，顾璞妻。年二十五寡。家贫，女工奉养舅姑，未尝少缺。

何　氏

何氏，杨镜妻。年十九寡，守节三十余年。

汪　氏

汪氏，金本妻。年二十七寡，守节三十年。

胡　氏

胡氏，沈大德妻。年二十三寡，守节十九年卒。

金　氏

金氏，萧俟妻。年三十寡，守节三十四年。

徐　氏

徐氏，顾拔妻。年二十八寡，守节十八年卒。

陈　氏

陈氏，俞仁甫妻。年二十八寡，守节三十八年。

钱　氏

钱氏，庠生张卿台继妻。年二十五寡，守节三十九年。

顾　氏

顾氏，庠生王修妻。年二十六寡，守节十六年卒。以上乾隆五年旌。

季　氏

季氏，吴明峻妻。年二十八寡，守节三十九年。

曾　氏

曾氏，顾玉铉妻。年二十九寡，守节三十余年。题名榜“铉”作“铉”，汇录又有“顾玉铉妻周氏”。

顾　氏

顾氏，王照妻。年二十三寡，守节三十年。以上乾隆六年旌。

周　氏

周氏，杨尉元妻。年二十九寡，守节三十三年。

周　氏

周氏，汪焕妻。年二十八寡，守节三十七年。

吴　氏

吴氏，郁埙妻。年二十二寡。无子，姑老，事之极孝，守节三十余年。

张　氏

张氏，李之彬妻。年二十八寡。

周　氏

周氏，金克明妻。年三十寡，守节三十二年。

顾　氏

顾氏，王槐妻。年二十一寡，守节三十八年。

孙　氏

孙氏，李永吉妻。年二十九寡，守节三十三年。

闻　氏

闻氏，赠文林郎庠生王大受妻。年二十七寡。孝养翁姑，抚长子文徵成进士，守节六十年。

王　氏

王氏，徐士荣妻。年十九，婚一月而寡，守节三十余年。

吴　氏

吴氏，汪瀚妻。年二十五寡，守节二十六年。

陈　氏

陈氏，邵子立妻。年二十五寡，守节三十一年。

陈　氏

陈氏，李雯妻。年二十六寡，守节十六年卒。

杜　氏

杜氏，李学泌妻。年二十二寡，守节五十一年。

陆　氏

陆氏，顾学诗妻。年二十八寡，守节十九年卒。

叶　氏

叶氏，庠生张景平妻。年二十五寡，守节四十年。

顾　氏

顾氏，汪灿聘妻。年十八灿卒，守贞三十余年。以上乾隆七年旌。

王　氏

王氏，盛佺妻。

徐　氏

徐氏，顾照妻。

沈　氏

沈氏，汪邦柟妻。

管　氏

管氏，王廷桢妻。

马　氏

马氏，沈大谟妻。年二十四寡。事姑抚子，克尽慈孝，守节四十五年。

王　氏

王氏，龚纯妻。

吕　氏

吕氏，庠生王星妻。年二十八寡，守节二十五年卒。

许　氏

许氏，庠生浦瓛妻。年二十二寡。遗腹生子，抚养之，守节五十五年。

沈　氏

沈氏，王上林妻。

陈　氏

陈氏，陆殿臣妻。

严　氏

严氏，徐有庆妻。年二十九寡，纺织自给，抚孤铉。

沈　氏

沈氏，廪生黄汝麟妻。祠主作“妾”。

张　氏

张氏，赵熙继妻。

张　氏

张氏，王文杏妻。

蔡　氏

蔡氏，吴廷松妻。年二十七寡，守节四十余年。

金　氏

金氏，朱云翥妻。年二十五寡，守节二十年卒。

郁　氏

郁氏，江瑞旭妻。以上乾隆八年旌。

薄　氏

薄氏，庠生侯邦圻妻。

钱　氏

钱氏，倪嘉谟妻。

李　氏

李氏，侯邦让妻。年二十一寡，抚三岁孤，比长又夭，与媳张氏同守节。

潘　氏

潘氏，张洪羲妻。

许　氏

许氏，王士英妻。

黄　氏

黄氏，孙秉恺妻。

顾　氏

顾氏，孙秉恒妻。题名榜、旧志“恒”作“衡”，汇录又有“孙秉恒妻许氏”。

龚　氏

龚氏，张廷铨妻。

张　氏

张氏，徐介锡妻。

梁　氏

梁氏，王君衡妻。以上乾隆九年旌。

谢　氏

谢氏，杨子熊妻。

王　氏

王氏，吴来极妻。

罗　氏

罗氏，徐旭琳妻。夫亡子夭，守节五十余年。旧志“琳”作“林”。以上乾隆十年旌。

王　氏

王氏，童硕妻。

张　氏

张氏，陆鸿俊妻。年二十九寡，守节三十六年。

王　氏

王氏，吴文谟妻。以上乾隆十一年旌。

王　氏

王氏，何洪声妻。年二十一寡，无子，守节四十余年。旧志"洪"作"宏"。

张　氏

张氏，陶琦妻。

王　氏

王氏，庠生林徐筠妻。

金　氏

金氏，杨履吉妻。旧志"杨"作"王"。

邵　氏

邵氏，庠生董澄妻。

王　氏

王氏，崇明廪生施均继妻。旧志"均"作"筠"。

顾　氏

顾氏，庠生王拣妻。以上乾隆十二年旌。

管　氏

管氏，金德求妻。旧题名录、旧志"求"作"球"。

毛　氏

毛氏，张垣妻。

周　氏

周氏，卫丁陈继宗妻。

唐　氏

唐氏，徐麟锡妻。旧志"麟"作"龄"。

陆　氏

陆氏，俞永昌妻。

潘　氏

潘氏，庠生郁全斌妻。以上乾隆十三年旌。

毛　氏

毛氏，庠生胡虞允妻。年二十九寡，孤采甫四岁，教养有成。氏卒年七十三。

周　氏

周氏，黄令韶妻。

钱　氏

钱氏，顾怀皋妻。

陆　氏

陆氏，王集圣妻。以上乾隆十七年旌。

朱　氏

朱氏，监生许孙诒妻。旧题名录、旧志“诒”作“贻”。

周　氏

周氏，濮阳咸妻。咸运漕死于京师，无子，氏年二十七，守节终身。“咸”一作“城”。

陆　氏

陆氏，董昱妻。昱亡，五日不食，舅命之食，进糜粥得生。舅姑殁，典衣服，营丧葬。室墙圮，有无赖子窥之，氏危坐三夕。检箧中钱市鱼蔬，悬舅姑及昱像设奠，自经死，时年二十六。以上乾隆十八年旌。

张　氏

张氏，顾玉成妻。乾隆二十四年旌。

蒋　氏

蒋氏，桂堂妻。旧志“堂”作“棠”。乾隆二十五年旌。

沈　氏

沈氏，吴维敬妻。

张　氏

张氏，孙坤妻。旧题名录“坤”作“珅”。

李　氏

李氏，杨名世妻。以上乾隆二十六年旌。

王　氏

王氏，庠生李金澄妻。

李　氏

李氏，吴循辙妻。

郁　氏

郁氏，金石麟妻。

朱　氏

朱氏，李阶妻。以上乾隆二十七年旌。

毛　氏

毛氏，庠生陆勋牧妻。

陆　氏

陆氏，钱展成妻。以上乾隆二十九年旌。

周　氏

周氏，黄绍谟妻。乾隆三十一年旌。

丁　氏

丁氏，桂邦妻。

陈　氏

陈氏，潘志济妻。旧题名录、旧志“志”作“之”。以上乾隆三十四年旌。

沈　氏

沈氏，张仁辉妻。早寡，与妾徐氏长斋奉佛，同守苦节。乾隆三十五年旌。

顾　氏

顾氏，朱文炳妻。乾隆三十六年旌。

钱　氏

钱氏，监生许照妻。

张　氏

张氏，监生侯暲妻。以上乾隆三十七年旌。

徐　氏

徐氏，毛曜继妻。

周　氏

周氏，镇海卫籍，唐天极妻。

顾　氏

顾氏，钱德棻妻。以上乾隆三十八年旌。

钱　氏

钱氏，庠生吴维弼妻。旧志作“继妻”。乾隆三十九年旌。

王　氏

王氏，陈吉士妻。

董　氏

董氏，庠生吴文徵继妻。

屠　氏

屠氏，庠生顾金策妻。以上乾隆四十年旌。

冯　氏

冯氏，监生吴光宗妻。乾隆四十一年旌。

王　氏

王氏，廪生季国栋妻。乾隆四十三年旌。

沈　氏

沈氏，贡生胡树玉妻。乾隆四十四年旌。

龚　氏

龚氏，闻思睿妻。乾隆四十八年旌。

夏　氏

夏氏，例赠文林郎增生朱叙妻。年二十七寡，父母欲夺其志，氏绝之，终不至父母家。子大庭，副贡生；伦，庠生。乾隆四十九年旌。

余　氏

余氏，吴怀理妻。

陈　氏

陈氏，施孝基妻。

余　氏

余氏，吴德亨聘妻。旧志无“聘”字。以上乾隆五十年旌。

毛　氏

毛氏，钱鸿声妻。乾隆五十一年旌。

郁　氏

郁氏，邢绍宗妻。乾隆五十四年旌。

许　氏

许氏，庠生陆南棠妻。早寡，抚孤熙娶妇而夭，氏与媳张氏同守节。旧志“熙”作“熙”[1]。

李　氏

李氏，俞金桂妾。

张　氏

张氏，李希文妻。以上乾隆五十五年旌。

王　氏

王氏，廪生陆胥妻。子华玉，诸生。乾隆五十六年旌。

戴　氏

戴氏，监生吕廷桢妻。乾隆五十八年旌。

纪　氏

纪氏，庠生陈濂继妻。事姑孝，抚前室子如己出。越二年，夫亡，遗腹生女，谓诸姒曰：“以此相累。”家人防少弛，投屋后池中死。

1　原稿如此，疑字有误。

胡　氏

胡氏，吴起凤妻。以上乾隆五十九年旌。

冯　氏

冯氏，许元琳妻。

方　氏

方氏，郁尔昌妻。

钱　氏

钱氏，徐基妻。以上乾隆六十年旌。

季　氏

季氏，方起英妻。年二十三寡，事祖舅及舅姑能得欢心。母年八十，外无依，迎养以终。嗣子彦伦。

金　氏

金氏，吴廉谔妻。年二十三寡。子殇，抚侄遵传，夫弟左璜、友恒，俱幼，氏教养之，为娶妇。不数年，两昆皆卒，妯娌间永无间言。以上嘉庆元年旌。

张　氏

张氏，萧三桂妻。年二十七寡。家贫，姑病瞽，扶持先后，孝养终身。教子璇有义方，守节六十三年。

欧　氏

欧氏，沈振宗妻。年二十五寡。子士禄、士俊。

李　氏

李氏，钱诗妻。年二十八寡。姑病足，出入扶持二十余年。夫殁，时子锡荣生甫十四月，恩勤教养，守节三十九年。锡荣，诸生。以上嘉庆三年旌。

蒋　氏

蒋氏，顾勋聘妻。勋殁，讣至，号仆，越五十日而卒。旧志名"畹兰"。

朱　氏

朱氏，陆学泗妻。年十九寡，殡之日，以手扶棺，血指淋漓，舅姑泣劝，方止。守节二十一年。

顾　氏

顾氏,陆雯锦妻。旧志无“雯”字。以上嘉庆六年旌。

陆　氏

陆氏,杨云案聘妻。年二十,云案讣至,即以剪刀自刺,母救免。奔丧,抚棺一恸绝而复苏。平生操履谨严,布衣素食终其身。嗣子作霖,诸生。

王　氏

王氏,苏源长妻。年二十九寡,事舅姑孝。子畹兰,甫十岁,抚教为诸生。旋卒,与寡媳王氏同守节抚孤。以上嘉庆七年旌。

施　氏

施氏,沈鹭妻。年二十三,结缡甫四月而寡。学册“施”作“王”。嘉庆八年旌。

赵　氏

赵氏,庠生胡学寅妻。年二十八寡。事姑孝,抚嗣子拱辰甫五岁,守节四十八年。嘉庆十年旌。

萧　氏

萧氏,监生毛清妻。年二十四寡,无子,以侄克昌为子,爱如己出。克昌夭,乃抚族孙复曾为克昌后。夫有女弟,适王氏,最为舅姑钟爱。氏抚其幼子寿,以慰舅姑心。守节四十五年。嘉庆十一年旌。

毛　氏

毛氏,庠生胡宝年继妻。年二十七寡。抚前室子泰升、泰定俱成诸生。守节四十一年。嘉庆十二年旌。

滕　氏

滕氏,李瞻云妻。年二十寡。家故贫,夫殁后益迫。纺织以奉堂上,必备甘旨。抚周岁孤师郯,教养兼至。

陈　氏

陈氏,屠茂如妻。年二十七寡。事姑孝谨,抚四岁孤逢泰,教养有成。守节三十九年。逢泰,贡生。

陈氏

陈氏，杨荫庭妻。年二十四寡，守节二十六年卒。子万仁。以上嘉庆十八年旌。

胡氏

胡氏，施奎曜妻。年十九，成婚甫十月而寡，痛不欲生，死而救苏者数次，守节三十一年。嗣子文瑞。祠主作“星聚”。

王氏

王氏，庠生金鳌妻。年二十九，夫卒，氏一恸而仆，以救得苏，守节三十二年。子礼坊、礼堂、礼庄。以上嘉庆二十一年旌。

赵氏

赵氏，胡振宇妻。年二十六寡，事继姑吴氏极婉顺。子金润，生五月而孤。及长，娶妇戴氏。金润又殁，两代孀嫠，茕茕苦守。

赵氏

赵氏，庠生王翊妻。年二十八寡，事姑至八十八岁而终。夫殁时，子虎臣方七岁，迨娶媳沈氏而子殇，一孙亦殇，与孀媳同抚嗣孙福祚。氏工诗，著有《悟禅诗草》。以上嘉庆二十三年旌。

钱氏

钱氏，赠朝议大夫廪生汪学铭继妻。年二十三寡，事本生姑极谨。翁年老多病，氏侍奉汤药不倦。夫殁时，子彦杰甫三岁，抚教之，为之婚娶，守节五十一年。彦杰，貤封中书。

陆氏

陆氏，展学易妻，年二十八寡。

毛氏

毛氏，黄廷梧妻。年二十三寡，事舅姑一如夫在时。迨舅姑殁，祖姑尚在，事之益谨。守节四十四年。子丕烈。以上嘉庆二十四年旌。

钱氏

钱氏，赠修职郎盛柽继妻。年二十三寡，纺绩自给，守节四十五年。嗣子大士，山阳县教谕。道光元年旌。

陈　氏

陈氏，王裕昆妻。年二十五寡，以侄学泗为嗣。

张　氏

张氏，陆潮盛妻。年二十八寡，奉舅抚孤，昼耕夜织，倍极艰辛。守节三十二年。

顾　氏

顾氏，庠生杨敬组妻。年二十一，婚甫两月而寡，三十一卒。嗣子世麒，举人。以上道光五年旌。

王　氏

王氏，赠文林郎陆学焜妻。年二十八寡。祖姑年臻大耋，性严事之，能得欢心。子华封甫三岁，教养倍至。华封，鄖县知县。

徐　氏

徐氏，费承宗妻。年二十七寡。舅姑相继殁，遗孤又夭，苦节六十年。以上道光七年旌。

郑　氏

郑氏，张昆绪妻。年二十四寡，抚侄洽忠为嗣，守节十七年卒。道光八年旌。

季　氏

季氏，增生王若凤妻。年二十八寡，屡投缳救免。夫殁六日，夜半投水，若有人掖之出，不得死，守节以终。嗣子树松。道光九年旌。

王　氏

王氏，副贡生袁鼎妾。年二十一寡，抚孤镐为诸生。道光十三年旌。

刘　氏

刘氏，王猷妻。年二十寡。夫病时，尝刲臂肉以进。嗣堂侄秉梁，教养成诸生。

冯　氏

冯氏，昭文人，庠生周敦艮妻。年三十寡，以侄厚祺为后。自襁褓至成人，抚教之，心力交瘁。以上道光十五年旌。

王　氏

王氏，附监生陈天祚妾。守节四十三年。

张　氏

张氏，王曦继妻。年二十一寡，无子，守节五十一年。

欧　氏

欧氏，王正烈妻。姑尝猝患风噤，氏稽颡吁天，割臂血和药以进，疾顿苏。夫亡，矢志。亲串至，不令入内堂。守节四十五年。学政刘墉给"壶范垂光"额。旧题名录"王"作"黄"。

林　氏

林氏，施廷德妻。年三十寡，矢志抚孤，守节三十五年。知县平其政给"节并松筠"额。

赵　氏

赵氏，张声妻。年二十一寡，无子，守节。知县平其政给"矢志柏舟"额。

浦　氏

浦氏，周时昌妻。夫亡，抚教遗孤，守节五十一年。

杨　氏

杨氏，陈拣继妻，守节五十八年。

汪　氏

汪氏，王恺妻，守节四十年。

吴　氏

吴氏，周灿南妻。年十九寡，事舅姑尽孝，二十七卒。

杨　氏

杨氏，许纯嘏妻。居夫丧，颜其室曰"慕洁居"，卒年六十四。

黄　氏

黄氏，许纯熙妻，守节三十三年。

李　氏

李氏，周潮聘妻。夫殁，奔丧，守志，卒年六十八。

韩　氏

韩氏，王磐妻。事舅姑内外无间言。磐病，氏曰："设有不讳，当以身殉。"及殁，以哀毁呕血死，年二十八。

苏氏七娘

苏氏七娘，十四都人，苏某妻，守节五十年。

陆　氏

陆氏，许桂妻。奉姑孝，能先意承志。姑患目疾，跪舐之。年三十七卒。临死，谓夫曰："事姑未终，死有余恨矣！"

曾　氏

曾氏，庠生盛森桂妻。少通《孝经》，年二十三于归。明年冬，舅姑皆病疫，侍奉月余，衣不解带。姑欲食鲜鱼，冻不能致，刲股肉以进。舅殁，家贫，日织布二匹，借以养姑，寒暑不辍。遘劳疾卒，年三十七。

周　氏

周氏，杨视旋妻，守节二十八年。

王　氏

王氏，吴大家聘妻。年二十，大家殁，父母欲令改适，以死自誓，卒归吴氏。后以哀毁成疾卒。

王　氏

王氏，蔡天佑妻。早寡，养姑抚孤，备尝荼苦。雍正十年秋，海溢，姑与夫柩漂失。氏沿海寻求，卒于芦荡中得之。卒年七十九。

李　氏

李氏，庠生吴琬妻，守节三十三年。

胡　氏

胡氏，庠生吴之昌妻。夫殁，与妾姜氏同守节，抚两孤毓鹭、毓鸾。事迹录"之"作"芝"。

郁　氏

郁氏五姐，徐思振聘继妻。思振远幕不归，氏父母暨兄俱殁，独居，纺绩度日。邻人怜之,劝曰:“汝夫外出三十载,且无消息,守何益?”氏怒,痛哭,赴水死。

陆　氏

陆氏,顾受谦子某聘妻。年十九,某卒,守贞六十年。

陆　氏

陆氏,顾文焯妻。年十九寡,守节三十三年。

金　氏

金氏,毛协妻,守节六十六年。

顾　氏

顾氏,龚廷玺妻。早寡,教子敬石、孙典书俱诸生。守节六十五年。

陆　氏

陆氏,聪俊女。幼时,父母俱病,氏奉事极孝,誓不适人,服养终身。卒年五十一。

李　氏

李氏,周涵妻,守节四十八年。

范　氏

范氏,周鸿妻。早寡,守节三十四年。子镜,举人。

黄　氏

黄氏,庠生季冲飞妻。年十九寡,守节二十八年卒。子增,贡生。

胡　氏

胡氏,陈亿妻。夫殁,遗二孤,皆早夭,抚孙成人,守节四十八年。

顾　氏

顾氏,戴绍宗妻。早寡,事姑尽孝,抚嗣子城成诸生,守节三十一年。

周　氏

周氏,吴大田妻。夫殁,家贫,姑老,生养死葬,俱尽礼。抚三岁孤生习。苦节三十七年。

王　氏

王氏,周斌进妻。夫殁,抚孤矢志。逾年,孤殇,抚侄怡为子。守节五十八年。

郁　氏

郁氏，周缃妻，守节三十四年。

周　氏

周氏，吕大来妻，守节五十年。

陆　氏

陆氏，萧栻妻。年二十三寡，抚侄抡为后，卒年七十八。抡，廪生。

陆　氏

陆氏，举人吴维锷继妻。年二十五寡，抚前室子震文、春潮，纺织终身。

张　氏

张氏，王淞妻。年二十五寡，无子，一女又殇，十指操作以养孀姑。

季　氏

季氏，张瑾妻。年三十寡。子启。

浦　氏

浦氏，郁铎妻。年二十一寡，守志终身，未尝见齿。子瞻洛妻陆氏，婚十月瞻洛殁，氏年二十三，事姑先意承欢，抚遗腹子之翰有成。

萧　氏

萧氏，孙俊继妻。年二十八寡，无子。俊本徽州人，流寓镇洋，舅姑无人侍奉，借十指以供甘旨。舅姑殁，经营殡葬，皆尽礼。

杨　氏

杨氏，张篁庭妻。年二十八寡。姑钱氏，年七十余，卧病，氏扶持不懈。及殁，殡殓中礼。抚孤晋锡娶妇，并夭。

陆　氏

陆氏，熊炯聘继妻。年十九，炯病瘵死。讣至，乞归熊，母许之，守贞以终。

冯　氏

冯氏，陆大昕妻。年三十寡，抚教两孤霖、雯。

赵　氏

赵氏，李昌炽妻。年二十八寡，家贫，守节。嗣子基，诸生。

龚　氏

龚氏，黄芬妻。年二十一，成婚二十四日，夫殁。嗣孤思蓼，弱冠而夭，又抚孤孙。舅姑及夫三柩，皆一力营葬。

钱　氏

钱氏，罗致贤妻。通文理，熟于四书。年二十二，成婚二十余日，夫殁。家贫，无嗣，归依父母。父母殁，无兄弟，氏训蒙纺织自给。

尹　氏

尹氏，监生顾墉继妻。年二十六寡，生子怙怀甫周岁。奉事老姑，抚前室子无异己出。

陆　氏

陆氏，顾骏誉妻。年三十寡，事姑孝谨。子妇相继殁，抚孤孙，教以读书。

曾　氏

曾氏，张文若妻。年二十四寡，抚侄楷，守节四十五年。楷，诸生。

赵　氏

赵氏，闻鉴妻。年二十八寡，养姑尽礼，抚嗣孤国奇。

龚　氏

龚氏，徐受益妻。年二十三寡，事姑甚谨，抚嗣孤铭。

汤　氏

汤氏，王谦益聘妻。谦益年十六而夭，氏绝粒死，其舅为合葬小娄塘。

陆　氏

陆氏，庠生王琬继妻。夫卒越九十余日，投缳死，年四十二。

陈　氏

陈氏，刘文模妻。夫殁，矢志从夫，赴井死，距夫亡四十余日。

顾　氏

顾氏，钱梦鼐妻。家贫，以针黹佐朝夕，昼夜不辍。膏油不继，则梯月[1]毕之。梦鼐病，偶思肉糜，计无所出，烹臂肉以进。梦鼐询肉所自，幼子以实对，梦鼐一恸而绝。氏入，不哭，以后事嘱其子往告亲族，阖户自经于夫侧。

闻　氏

闻氏，庠生王之桢继妻。夫死，不食越二十日，大哭而绝，年二十八。

金　氏

金氏，王文茂妻。年二十五，夫卒，遗腹子三岁而殇，恸哭数日，遂自缢。

徐　氏

徐氏，周殿英妻。年二十五寡，遗腹生子廷桂，同姑盛氏抚育之。奉姑十三年，借十指以给，守节五十九年。

蒋　氏

蒋氏，吴见元妻。年三十寡，孤子在襁褓。家贫如洗，日纺绩抚之。迨娶媳而子夭，又与媳同抚孤孙乾祐，守节六十七年。

王　氏

王氏，陆汉妻。年二十八寡，上事孀姑，下抚嗣子，以孝慈称，守节二十七年卒。

钱　氏

钱氏，徐路遵妻。年二十九寡，抚嗣子席珍娶妇，旋卒，又与媳抚孙锦堂、绢，守节六十三年。事迹录作“遵路”。

蒋　氏

蒋氏，监生季应麟妾。年二十九寡，欲以身殉，旋念嫡子坊无依，乃以守节抚孤为己事，卒年七十三。

朱　氏

朱氏，庠生王寅铨妻。年二十九寡，守节二十一年卒。子洵、文灏。

胡　氏

胡氏，邹英才继妻。年二十八，成婚甫五月而寡，生遗腹一女。既而舅亦卒，归依

1　梯月：依靠月光。

父,父又卒,抚前室遗孤至十三岁而亡。纺绩积资二十余年,葬舅姑于祖墓,买地葬夫及前室。嗣侄丕烈为后。

王　氏

王氏,徐剑光继妻。年二十九寡。姑病在床,奉养至殁不怠。嗣子步瀛早夭。守节四十八年。事迹录无"继"字。

陆　氏

陆氏,陈木匠妻。年十九寡,无子女,或劝改适,氏拒之,矢志益坚。家贫,借纺绩自给,有馈米与絮者,俱不受,守节四十六年。

顾　氏

顾氏,监生胡应奎继妻。年二十七寡,守节四十一年。嗣子挺秀。

何　氏

何氏,陆粹夫妻。年二十五,嫁甫两月而寡,守节四十三年。嗣孙玠。

钱　氏

钱氏,凌合妻。年二十四寡,嗣子汝湘,抚如己出。守节二十七年卒。

李　氏

李氏,郁大钧妻。年二十寡,抚侄云澜为后,守节二十四年卒。

陈　氏

陈氏,毛君锡妻。年二十四寡。夫殁,遗租田数亩,舅姑已老,孤子甫生七月,氏夜织昼耕,仰事俯育,不以贫苦异志,守节四十三年。

陈　氏

陈氏,管大德继妻。年二十八寡。子士荣与孙相继卒,遂悲悼以终,守节五十年。

张　氏

张氏,苏州人,候选千总徐广文妻。年二十五寡,子毓麟甫生两月,卖钗钏为丧费。或劝卖田产,氏正色曰:"田产祖宗之基业,钗钏嫠妇之废物,岂可以彼易此?"守节三十一年。

孙　氏

孙氏,陆宏基妻。年三十寡,守节三十八年。子曜。

吴　氏

吴氏，陆振鲲妻。年三十寡，抚五岁孤金兰为诸生，守节二十一年卒。

苏　氏

苏氏，施愿妻。年二十五寡。上事姑，下抚子万森，辛勤困苦，守节四十二年。

吴　氏

吴氏，本姓顾，施佑范妻。年二十寡，无所依赖，以纺绩为生，艰苦备尝。嗣子金松，旋亦客死。守节四十一年。

蔡　氏

蔡氏，顾洪妻。年二十九寡。事姑孝，抚遗孤起凤成诸生。守节三十四年。

陈　氏

陈氏，沈振先妻。年十九寡，事本生舅姑，能得欢心，守节四十一年。嗣子庆明。

蒋　氏

蒋氏，太仓卫籍时凤辉继妻。年二十九寡，守节十五年卒。嗣子世瑞。

邹　氏

邹氏，朱缨妻。年二十六寡，守节三十六年卒。子鹏。

周　氏

周氏，龚廷楹继妻。年二十二，嫁甫六十日而寡，抚前室所遗三岁孤及女三人，教养兼至，守节三十年。

朱　氏

朱氏，凌含妻。年二十九寡，守节三十年。

费　氏

费氏，陈汉章妻。年三十寡。时祖舅及孀姑在堂，事之尽孝。守节二十六年卒。子熙瑞。

王　氏

王氏，陆受圭继妻。年二十五寡，守节十五年卒。

葛　氏

葛氏，张图璧妻。年三十寡，抚侄锡岳为嗣，守节二十九年卒。

王　氏

王氏，薛九畴妻。年二十五寡，抚二岁嗣子一桂，守节三十二年。

孙　氏

孙氏，萧奎妻。年二十四寡。家贫，织绵恒夜分不息，积劳成疾，守节十年卒。

叶　氏

叶氏，顾凤彩妻。年二十九寡。遗孤文焕仅三岁，恩勤抚育。家极贫，备历艰苦，守节十一年卒。

张　氏

张氏，镇海卫籍增生李景妻。年三十寡，守节十二年。卒子树棠。

王　氏

王氏，镇海卫籍蒋蓬山妻。年二十一，甫孕而夫卒，及期生女，痛甚，嗣堂侄桧为后，旋夭，又改嗣槐，又殇，苦节二十七年卒。

钱　氏

钱氏，吴大文妻。年二十一寡。结缡仅八月夫卒，贫无以殓，尽出奁物为丧具。嗣侄是森为后，守节二十六年卒。

程　氏

程氏，钱文帛妻。年二十五寡。嗣子振先远出营生，依姑母纺绩度日。守节十二年卒。

虞　氏

虞氏，王廷栋妻。年二十寡。夫殓日，以头触棺，志在必死。姑泣劝，始稍节哀。抚嗣子亨，辛勤备至。守节十四年卒。

陆　氏

陆氏，庠生飞淮女。因母老多病，不忍暂离，遂守贞侍养，卒年七十八。

吴　氏

吴氏，董铨妻。年三十寡。家故贫，夫殁，益甚。日夜纺绩，以谋衣食，守节四十余年。

朱　氏

朱氏，太仓卫籍时凤苞妻。年二十七寡，事舅姑以孝称，守节四十余年。

龚　氏

龚氏，监生胡炳如妾。年三十寡，与正室同抚孤士英，守节四十余年。祠主“如”作“琏”。

孙　氏

孙氏，镇海卫籍陈炤继妻。年二十九寡，事姑孝，训子垕为诸生，守节四十余年。

李　氏

李氏，庠生张楷妻。年二十九寡，事舅及嗣姑尽孝。夫殁时，两子善继、善述俱幼，悉心教养，守节四十余年。

戴　氏

戴氏，监生王翼陶妻。年二十八寡，守节四十余年。

谢　氏

谢氏，费松生妻。年二十八寡。夫殁十日，生遗腹子思泉。纺绩度日，奉姑尽孝，守节四十余年。

黄　氏

黄氏，孙常稌继妻。年二十七寡，事姑孝，抚孤春烜。守节四十余年。

孙　氏

孙氏，钱士华妻。年二十四寡，嗣侄永昌为子，教养之。守节四十余年。

郁　氏

郁氏，庠生吴兆熊继妻。年二十六寡，守节四十余年。子尧槎、竺桂、傅梅。

顾　氏

顾氏，钱叙妻。年二十六寡，食贫苦守，守节四十余年。子大观。

王　氏

王氏，吴德贤妻。年二十四寡，守节四十余年。子瑞丰。

秦　氏

秦氏，李廷祖妻。年二十六寡，遗孤正芳在襁褓，矢志守节，昼耕夜绩，积资葬夫。芳卒，孙凤翔及永俱幼，又为之辛勤抚育。

朱　氏

朱氏，周廷苍妻。年十九寡。夫殁时，夫弟年幼，氏抚养，为之婚娶。迨夫弟生子玉芝，遂嗣为后。

张　氏

张氏，候选从九品王掌纶妻。年二十九寡，竭力葬夫，抚二女长成，嫁之。

盛　氏

盛氏，龚世华妻。年二十八寡，与夫孀嫂同居，为之抚其子孙，一如己出。嗣孙永贵。

李　氏

李氏，张显宗妻。年二十四寡，耕织自守，抚孤女出嫁。

王　氏

王氏，镇海卫籍增生陈基继妻。年三十寡。夫病，竭力医药。迨殁，苦志课绩，以事其姑。

王　氏

王氏，陆天鹗妻。年二十七寡。家素贫，夫卒，益甚，孤子镛甫三岁，教养有成。

陆　氏

陆氏，萧步瀛妻。年三十夫亡，庶祖姑及姑相继殁，竭力谋丧葬。遗孤金声、金鳌，辛勤教养。

吴　氏

吴氏，胡昂妻，年二十四寡。

郁　氏

郁氏，李元经妻，年二十九寡。

王　氏

王氏，杨静渊妻，年二十八寡。

唐氏

唐氏，瞿万阶妻。年二十八寡。子秉衡、焕明。

陈氏

陈氏，庠生胡振圻妻。年三十寡，抚孙灿为诸生。

唐氏

唐氏，钱惇行妻。年二十九寡，事嗣祖姑年九十九而终，氏日夜纺绩，营葬六柩。嗣子心穀。

凌氏

凌氏，方渭川妻。年二十八寡，事姑尽孝。嗣侄焕为夫后。

马氏

马氏，张元进妻。年二十八寡。孀姑在堂，氏竭力耕作，代子职者十三年。孤子士良方六岁，抚育有成。

庄氏

庄氏，吴瑞明妻。年二十二寡。家极贫，日夜勤绩，常不能自给。嗣侄铭绪为子。

许氏

许氏，吴兆祥妻。年二十七寡，与叔姑庄氏相依，辛勤操作，砥砺志节，人称二难。

王氏

王氏，李印川妻。年二十八寡，家贫如洗，含哀纺绩，以育幼女。

王氏

王氏，戴承宗妻。年二十三寡。舅年九旬尚健，皆氏侍养之力。遗孤廷相甫周岁，教养有成。

龚氏

龚氏，陶礼璋妻。年二十三寡，嗣侄大源为后，抚如己出。

葛氏

葛氏，新阳人，武生季寿春妻。年二十三寡，事舅及庶姑惟谨。舅殁，多遗逋，氏罄所有料理，日勤纺绩，以养庶姑。

邵　氏

邵氏，陈纶章妻，年三十寡。

朱　氏

朱氏，镇海卫籍杨文灿妻。年二十九夫卒，悉屏钗环，不御绸绫。嗣子锡潞，教养备至。

钱　氏

钱氏，顾觐光妻，年二十二寡。

陆　氏

陆氏，何源妻，年二十六寡。

张　氏

张氏，监生沈鸿基妻。年二十六寡。子鹤筹。祠主"鸿"作"洪"。

王　氏

王氏，萧保璜妻。年二十二寡。事舅姑至殁，丧葬尽礼。嗣侄受禧为夫后。

吴　氏

吴氏，朱瀚妻。年二十九寡，尽典所有，为夫丧具，抚孤有成。

王　氏

王氏，虞天益妻。年三十寡，事舅尽孝，抚嗣子衡玉，慈严并至。

王　氏

王氏，庠生周燧妻。年二十九寡。孤锡埰娶妇而卒，与媳同抚孤孙。

凌　氏

凌氏，朱之望妻，年二十八寡。

王　氏

王氏，顾亨来妻。年二十七寡，苦志守节，岁时祭祀，必哭泣失声，邻里皆为感动。武陵谱名"泰吉"。

宋　氏

宋氏，吴德骥妻，年二十六寡。

叶　氏

叶氏，张福妻。年二十七寡。家贫，仅租田四亩。夫殁，劝氏改适者踵至，氏守节自誓。夫兄故后，嫂已改嫁，遗侄海宝，寄养他姓，氏收养之。先为海宝娶妇，分与租田，然后及其子。子名南宝。

顾　氏

顾氏，举人陆遵路妾。年二十九寡，事正室维谨。迨殁，丧葬竭力。训嫡子万翀及己生子兰徵，视之如一。

胡　氏

胡氏，王辰福妻。年三十寡，舅姑年老，敬事不怠。及殁，与夫兄弟措办丧葬，不以孀居推诿。抚子彬大，所需皆十指所出。

金　氏

金氏，胡灿妻。年三十寡，事祖姑及姑能代子职，抚孤初吉，教养兼至。

周　氏

周氏，樊成先聘妻。年十一归樊童养，夫殁时，氏年二十一。事姑孝，姑病危，默祷于灶神，割臂煎药以进，病遂愈。嗣子炳文。

王　氏

王氏，岳阳县知县莘槐女。氏因胞兄早夭，侍亲不嫁，长斋礼佛终身。以上道光十六年汇报旌。

卷二七　人物

镇洋县列女二

张　氏

张氏，李永藩妻。年二十八寡，子维德仅七岁。氏上事舅姑，下抚孤儿，守节四十一年。

梁　氏

梁氏，庠生王辋松妾。年二十二寡，子东煦。以上道光十八年旌。

陈　氏

陈氏，貤赠文林郎叶文旸妾。年二十九寡，抚嫡所遗二女如己出。夫故时，子有璋仅九龄，茕茕乏靠，家事独自任之。守节三十四年。

叶　氏

叶氏，宋震妻。年二十九寡，仅生一女。嗣子调英极幼，上事病姑，无微不至。后以茕无所依，归母家。母病剧，氏刲股和药以进，人鲜知者。

蒋　氏

蒋氏，庠生陆耀妾。年二十九寡。夫故时，子枚甫生一月，与嫡抚养至十七岁殇，嗣孙焯又殇，复嗣树縠为子，心力交瘁。以上道光十九年旌。

陈　氏

陈氏，监生李汝瀚聘妻。年二十六，汝瀚殁，闻讣，过门守贞。嗣子兆桐，庠生。道光二十一年旌。

景　氏

景氏，曹振沅妻。年二十一寡，守节三十三年。

吴　氏

吴氏，曹振奎妻。年二十寡，以哭泣瞽目。迨除服，一恸而绝，年二十四。以上道光二十三年旌。

王　氏

王氏，小胡哥妻。胡哥操舟为业，后航海不归，知为飓风飘溺。舅姑又相继殁，氏善自防闲，止一邻童为执爨。有恶少啖其兄，以利害动之。氏忿，与兄绝。恶少又贿邻童，勿与往来。氏知祸迫，倾所有市薪，夜半整衣端坐，举火自焚。邻里奔救，氏于火中大呼曰："谨谢诸邻，我得死所矣！"及火熄，气已绝。殡之，面如生。事在康熙三十年间。

某　氏

某氏，皮工马四妻。生子而夫死，或讽其翁嫁之，氏不从。有恶少计逼之，觅氏不得。诘朝诣井汲，见氏倒立井中。出之，面如生。住茜城西街。事在乾隆二十年间。

王　氏

王氏，徐茂元妻。母家以弹花为业，赘茂元为婿。嘉庆十九年二月，茂元病故，母欲另嫁，即于四月三日自缢死，年二十七。

陈　氏

陈氏，胡鹤年妻。道光五年冬，夫亡，氏痛不欲生，舅姑劝止之。越二年，舅姑欲更议赘婿，氏号泣曰："果尔，当以一死报吾夫！"遂得疾。明年疾剧，辄曰："今当从夫地下矣！"舅姑谨防之。一日天未明，启户投宅旁河而死。

时　氏

时氏，貤赠河间府同知庠生汪学淳妻。夫故，勺浆不入口，时时捶心而泣，哀毁成疾，阅七月而卒，年二十六。子彦达殇，嗣孙元韶、元翼俱夭，以夫兄子彦杰兼祧。

张　氏

张氏，庠生王家琳妻。氏归甫五月而夫亡。逾百日，以痛哭死，年二十五。

秦　氏

秦氏，胡乾德妻。夫故，一恸已绝，家人多方救苏。时有遗孕，以痛哭伤胎，及产，而儿已死，氏长吁一声而卒，年二十五。

俞　氏

俞氏桓仪，庠生赵以锟妻。以锟笃志潜修，著《敬门日省录》以考校功过，氏亦奉行内训日程，互相规劝。以锟殁，氏每哭辄呕血，阅四月，一恸而绝，年二十四。

高　氏

高氏，年十六，嫁刘河顾姓子。翁姑素无行，夫嗜酒，不事生业。翁姑欲夺其志，氏不从，迫之，日加棰楚，乃窜古墓中，绝粒数日。夫家诱之归，仍欲嫁之。氏曰“头可断，身不可辱”，竟绝粒死。事在嘉庆初年。

王　氏

王氏，陈某妻。姑有秽行，欲污氏以塞口。氏不从，雉经死。

曹　氏

曹氏，张恂夫妻。恂夫游幕闽省，久绝音耗，家中贫苦，氏百计支持。里有轻薄子，艳其色，诱之，假为恂夫书，遣人投氏。氏启书，大恸，遂投缳死。事在嘉庆十三年。

汤　氏

汤氏，居刘河乡，距市数里。家极贫，氏年十七，赴质库归，二无赖尾挑之。氏疾行，为所及，将污之，遂投河死。

杨　氏

杨氏，吴骅妻。年二十四寡，守节十三年卒。子汝植，娶张氏，年二十九寡，守节四十三年。

吴　氏

吴氏，陆眉照妻。年二十一寡，长斋奉佛，抚侄耀曾为子。卒年六十八。

沈　氏

沈氏，庠生胡麟徵妻，年二十寡。子廷栻。

胡　氏

胡氏，监生张学泗继妻。年二十五寡，卒年七十七。嗣子桓，庠生。

许　氏

许氏，唐用宾继妻。年二十九寡，抚堂侄裕本为后，卒年七十四。题名录无“继”字。

陶　氏

陶氏，登仕郎王祖钱妾。年二十五寡。遗子庆曾，抚之有成。卒年八十三。

黄　氏

黄氏，金茹英妻。年十七结缡，甫七月而寡，卒年七十二。

黄　氏

黄氏，陆景曾继妻。年二十七寡，抚前室子铨、钰及己生子铭鼎、铣。卒年六十三。铭鼎，庠生。

潘　氏

潘氏，汪昆兰妻。年二十八寡，上事舅姑，下抚遗孤，卒年七十七。子逢源。

钱　氏

钱氏，陈永年妻。年三十寡，抚子耀锡。及殁，又抚孙镛。卒年八十四。

钱　氏

钱氏，庠生何毓秀妻。年三十寡，卒年六十五。

沈　氏

沈氏，严师德妻。年二十七寡，善事舅姑。子善夫、锡蕃，抚教之。卒年七十三。

石　氏

石氏，王长龄妻。年二十五寡，抚子桂生，早亡，与媳朱氏同守节。

王　氏

王氏，缪文治妻。年二十八寡，卒年五十三。子应德。

朱　氏

朱氏，王东升妻。年三十寡。家贫，卖弓弦为业。子才元，前殁。氏卒年七十二。

孙　氏

孙氏，李煜妻。年三十寡，卒年七十。

陆　氏

陆氏，沈盈仲妻。年二十九寡。赤贫，无子，矢志苦守，卒年六十六。

张　氏

张氏，嘉定人，顾思敬妻。年三十寡，卒年五十六。

杨氏

杨氏，庠生钱文奎妻。年二十五寡，孝事孀姑。子维铼，尚幼，抚之长成。卒年六十九。

王氏

王氏，庠生季永锡继妻。年二十七寡，卒年六十六。子豹臣。

赵氏

赵氏，张薪传妻。年二十八寡，卒年六十七。子云鹏。

孙氏

孙氏，钱岳年妻。年二十三寡，时氏方娠，越三月生子，抚之，卒年六十六。

周氏

周氏，杨双妻。年二十一寡，佣作养姑。或劝改适，氏坚拒之，守节以终。

张氏

张氏，庄向荣妻。家贫，守节，卒年六十余。子通元。

翁氏

翁氏，上海人，胡擢英妻。年二十六寡。孝谨端庄，族亲推重。抚侄汝桢为后，卒年六十。

黄氏

黄氏，汪隆辉妻。年二十五寡，嗣子彰善。

徐氏

徐氏，黄照妻。年十九寡，卒年五十一。嗣子元口[1]，庠生。

陈氏

陈氏，李天球继妻。年三十寡，事姑孝，妯娌和。家贫拮据，为夫治丧葬。嗣子曾茂，抚如己出。卒年五十一。

毛氏

毛氏，李绍岐妻。年二十五寡，卒年五十二。

1 此字原阙。

余　氏

余氏，吴振基妻。年二十八寡，守节终身。

闻　氏

闻氏，吴文锦妻。年二十四寡，守节至八十卒。

龚　氏

龚氏，吴耀先妻。年二十八寡，卒年七十。题名录"先"作"光"。

王　氏

王氏，武生管珏妻。年二十五寡。上事孀姑，下抚嗣子心传，旋殁，又与媳同抚孤孙。氏卒年六十八。

赵　氏

赵氏，章谎明妻。年二十四寡，卒年七十一。子元瑞。

薛　氏

薛氏，黄廷辅妻。年二十七寡，卒年七十。

管　氏

管氏，李二观妻。年二十四寡，以纺织为活，卒年四十一。

陆　氏

陆氏，武生管王宾妻。年三十寡，事舅姑谨，遗孤国、英兄弟，俱抚养之。卒年五十一。

张　氏

张氏，朱学成妻。年二十八寡，卒年八十三。

葛　氏

葛氏，朱熙妻。年二十寡，卒年六十。嗣子元求。

周　氏

周氏，庄明远妻。年二十九寡。氏通《女孝经》，为里中女师，得脩脯以养姑。卒年六十四。

黄　氏

黄氏，戴士元妻。年二十六寡，卒年五十七。嗣子上珍、世珍。

陆　氏

陆氏，庠生高陈谟妻。年二十九寡，卒年四十三。子鸣桂、调梅。

浦　氏

浦氏，金兆宗妻。雍正十年潮灾，兆宗以救母，为屋压死。一家二十余口，独氏存。年二十二，遗腹止三月，母欲嫁之，不可，曰："金氏止我在耳！我守则金存，我去则金绝。且天不亡金，遗腹定生男也。"至明年，果生子明发，抚之有成。卒年六十七。

浦　氏

浦氏，龚西清妻。年二十寡，卒年七十余。子士崧，庠生。

王　氏

王氏，周正甫妻。年二十六寡，守节五十余年。子大桢。

张　氏

张氏，周怡妻。年二十七寡。事姑周至，抚嗣子大瓒，娶媳黄氏而夭，又抚孙谨。卒年六十余。

沈　氏

沈氏，周应祥妻。年二十五寡。父劝之嫁，氏曰："儿嫁，夫祀绝矣！"父愕然，竟成其志，苦守五十年。

王　氏

王氏，周潮妻。年三十寡。事姑至终，诚孝不衰。卒年五十三。子立勋。题名录"潮"作"灏"。

何　氏

何氏，周润妻。年三十寡。子大林，早夭。女素贞，适刘河许子正。未几，婿殁，母女相依，借纺织以自给，守节三十余年。何卒，素贞励志益坚，尝自为诗曰："母氏一黄鹄，孤飞三十年。停针时不语，勿刺并头莲。"守节四十余年。

施　氏

施氏，太仓城守周象育妾。夫殁，或讽之曰："非正室，再嫁可也。"氏大恸曰："正副有别,所天一也。”卒不从,守节三十年。

倪　氏

倪氏,冯维清妻。年二十余寡,以清节自高,零丁孤苦,怡如也。守节三十余年。

朱　氏

朱氏,冯演妻。年二十,嫁甫四十五日,夫殁。焚色衣于灵前,誓以身殉。家人百计阻之,乃抚嗣子芳为后。芳不肖,氏恸曰:“我不死者,为延夫祀耳！今复何望?”遂自缢。

顾　氏

顾氏,郁宗贤妻。年二十九寡,上事舅姑,抚三岁子振伯娶妇。未几,舅姑殁,子亦夭。又抚孤孙,得曾孙备。而孙与孙媳又相继殁,更抚养曾孙。卒年七十六。

沈　氏

沈氏,孙焕文妻。年二十三寡,成婚未逾年。母悲其少,欲嫁之,氏不可。母曰:“孙氏无人,将奈何?”氏曰:“我去,则孙祀绝矣!”遂抚夫之甥为子。守节四十余年。

冯　氏

冯氏,顾大观妻。年二十四寡,遗腹生一女。舅姑老病,事之,备尝艰苦。丧葬毕,家徒壁立。后依婿以终。守节五十六年。

朱　氏

朱氏,王天锡妻。年二十三寡。翁年逾六旬,孤子方孩,饔飧不继。翁殁,鬻田以供丧葬。卒年六十七。

朱　氏

朱氏,王天驷妻。年二十六寡。翁患瘵证,氏勤汤药,得痊。抚其二子。卒年七十三。

张　氏

张氏,浦序东妻。年二十九寡。善事舅姑,抚遗腹子,备极辛勤。卒年六十三。

朱　氏

朱氏,吴珍如妻。年二十六寡,卒年五十。嗣子桂。

吴　氏

吴氏,张尔音妻。年二十寡,家极贫,抚孤登云,守节三十余年。

邢氏

邢氏，庠生顾理妻。年十八寡，结缡仅九月，以族侄兴贵为子。丧葬毕，携子依母家。氏于四书六经，无不淹贯，亲自课读。又痛夫早殁，长斋奉佛，不茹荤者六十年。

倪氏

倪氏，张秉衡妻。年未二十寡，抚子乾一、豹文。乾一娶妇吴而夭，姑媳孀居，艰苦异常。倪守节三十余年，吴守节五十余年。

季氏

季氏，吴经理妻。于归未几，夫客维扬数载，得疾而殁。抚侄德鹏为子，德鹏夫妇俱亡，抚侄孙荣润为孙，历艰辛者四十余年。题名录“季”作“李”。

徐氏

徐氏，金嘉会妾。年二十二，嘉会夫妇俱殁，嗣子又殇，时姑年老，氏奉养惟谨。守节四十余年。

奚氏

奚氏，毛亦冈妻。年二十一寡，抚侄守凝为嗣，守节三十余年。

顾氏

顾氏，朱廷扬妻。年二十寡。嗣子锡圭，娶妇王氏，生瞻屺而王殁。又娶倪氏，生瞻岵而锡圭殁，逾十二年，倪亦殁，氏抚二孙有成，年八十五，无疾而逝。

王氏

王氏，陈蕴辉妻。年二十五寡。善事舅姑，姑性极严，承顺不违。抚三岁孤翰周。卒年七十余。

某氏

某氏，陶某妻。早寡，子在襁褓。家贫，纺纴自给。以欲速不纯，人谓之“陶粗纱”。子长，就傅授室，皆十指所出，卒年八十余。

蒋氏

蒋氏，顾廷烈妻。年二十二寡，四十一卒。子德基。

王氏

王氏，顾大椿妻。年二十五寡，四十九卒。嗣侄桀园为后。

蒋　氏

蒋氏，张孝思妻。年二十八寡。子德明，遗腹生，纺绩糊口，守节六十余年。

张　氏

张氏，冯继宗妻。年二十六寡，守节五十余年。子增福。

包　氏

包氏，滑近贤妻。年二十五寡，守节五十余年。子松泉。

马　氏

马氏，王守朴妻。年二十五寡，卒年七十余。子鉴元、觉元、鼎元。鉴元，庠生。

张　氏

张氏，金华玉妻。年二十五寡，守节四十余年。嗣子汝昌。

陆　氏

陆氏，黄清华妻。年二十六寡，卒年六十四。子兆椿。

黄　氏

黄氏，薛耀山妻。年二十七寡。舅姑相继殁，丧葬尽力。嗣子云泉。

顾　氏

顾氏，武生缪文涛妻。年二十寡。孙荫德。

张　氏

张氏，廪生沈靖继妻。年二十五寡，以侄逢恩兼祧为后。

叶　氏

叶氏，崇明庠生张纬妻。寄居镇洋，年二十九寡。孝事舅姑，抚三子谦、艮、同。

闻　氏

闻氏，廪生陆仁钦妻。年三十寡。子善源。

黄　氏

黄氏，恩贡生陆锡蕃妾，年二十九寡。

季　氏

季氏，庠生沈恩妻。年二十八寡。事舅姑，先意承志。嗣子启泰。

黄　氏

黄氏，丁乐山妻，年二十三寡。

沈　氏

沈氏，陈汝霖妻。年二十六寡，嗣子之鼎。

唐　氏

唐氏，徐介福妻。年二十八寡。抚两子俱娶妇而夭，与媳两王氏同守节。

李　氏

李氏，庠生胡元复妻。年二十六寡。上事孀姑，下抚孤子兆鹏为庠生。

金　氏

金氏，邹受生妻。年三十寡，耕田苦守。

陆　氏

陆氏，李绍元妻，年二十六寡。

王　氏

王氏，姜维善妻。年二十一寡，成婚甫四十日，无子，苦守终身。

屠　氏

屠氏，凌塘妻。年二十四寡。子钟福。

张　氏

张氏，邹大镛妻。年二十七寡。子治。

邱　氏

邱氏，庠生毛璞中妻。年二十一寡。长子家畯，四岁；次子家畛，遗腹生，俱抚之长成。

龚　氏

龚氏，武生吴大钟妻。年二十八寡，守节五十余年。子鹤泉，为刘河营千总，升守备。题名“钟”作“踵”。

潘　氏

潘氏，朱万程妻。年二十九寡。事姑及太姑以孝闻，抚孤炳文，守节五十余年。

杨 氏

杨氏，王万霈妻。年二十七寡。孝养舅姑，守节五十余年。嗣子赞元。

俞 氏

俞氏，新阳人管茂春妻。年三十寡，守节三十余年。子登标，庠生。

顾 氏

顾氏，黄文元妻。年二十九寡，纺织为活。遗孤洪声，娶妇而夭，与媳同守节。

洪 氏

洪氏，元和人，陆载锡妻，年二十一寡。

顾 氏

顾氏，嘉定人，周瀚妻。年二十七寡。事舅姑廿年如一日，抚孤庆元、继元，迎寡姊同居，共励贞操，父亦依以终老。

徐 氏

徐氏，陆集梧妻。年二十七寡。姑老子幼，兼有幼女三人，日夜耕织，赖以长成。

陈 氏

陈氏，沈德妻，年二十八寡。

陈 氏

陈氏，周维新妻。年二十七寡。里中无赖诱氏夫弟逼醮，氏投缳，以姑救得免。未几，夫弟死，氏力耕以养姑。

毛 氏

毛氏，张惠吉妻。年二十四寡。孝敬舅姑，无子，依母家以居。岁时仍奉祭祀。

毛 氏

毛氏，张汇吉妻。年二十五寡。姑病，祷天愿代。及卒，氏悲痛几绝。

陆 氏

陆氏，王朴栽妻。年二十四寡，子贞一。

顾 氏

顾氏，张焕采妻。年二十五寡，孝养舅姑，抚子玉应。

吴 氏

吴氏，监生支大猷妻。年二十九寡，子守衷甫生，抚之长成。

张 氏

张氏，顾成业妻。年二十三寡。子应春。

沈 氏

沈氏，顾耀宗妻，年二十六寡。

刘 氏

刘氏，周观恒妻。年三十寡，奉姑维谨。子培基。

黄 氏

黄氏，本姓邱，王双喜妻，年二十三寡。

陆 氏

陆氏，庠生王栋妻。年二十九寡。子宝树，廪生。

毛 氏

毛氏，刘河某聘妻。及笄而夫家日落，某不肖，父母欲离婚。氏恸曰："此乃命也，不肖子不可嫁，改适何为？"守贞六十年。

金 氏

金氏，张树聘妻。树随父河南任所，疾殁。讣至，氏痛哭不已。及翁致仕归，氏来侍奉翁姑，克尽孝道。卒年六十五。

王 氏

王氏，幼为父母多病，不忍离左右，立志养亲。父母殁，兄亦亡，氏茕居一室，纺绩为生，卒年六十六。以上道光二十三年第二次汇报旌。

黄 氏

黄氏，许念修妻。年二十七寡，守节三十四年。

赵 氏

赵氏，胡文瑛妻。年二十七寡，守节十四年卒。

许　氏

许氏，王云沣妻。年二十一寡，守节四十一年。

俞　氏

俞氏，王云治妻。年二十一寡，守节四十五年。以上道光二十四年旌。

俞　氏

俞氏，郁嘉勋聘妻。年二十，夫死，立志守贞。越四载，夫家迎归，氏拜夫木主，大恸，不食五日而卒。道光二十八年旌。

张　氏

张氏，邵涵辉妻。年二十七寡，守节二十六年卒。道光三十年旌。

萧　氏

萧氏，姜荣山妻。年十六寡，卒年五十二。

高　氏

高氏，全学泗妻。年二十九寡，卒年六十三。

顾　氏

顾氏，胡九皋妻。年二十八寡，卒年五十九。

钱　氏

钱氏，胡鸿声妻。年三十寡，卒年七十七。

金　氏

金氏，严荣光妻。年二十三寡，卒年六十三。

江　氏

江氏，陈珊妻。年二十八寡，三十八卒。

朱　氏

朱氏，王继裘妻。年二十九寡，卒年七十三。

黄　氏

黄氏，章孝思妻。年二十九寡，卒年五十六。

俞　氏

俞氏，陶德新妻。年二十五寡，卒年六十五。

王　氏

王氏，卢俊文妻。年二十四寡，卒年六十四。

汪　氏

汪氏，职员陆滇生妻。年二十三寡，卒年六十二。

孙　氏

孙氏，钱鹤年妻。年二十三寡，卒年六十五。

王　氏

王氏，监生顾惠畴妻。年三十寡，卒年七十一。

沈　氏

沈氏，邵余九妻。年二十一寡，卒年六十四。

萧　氏

萧氏，姜桂荣妻。年二十六寡，卒年五十二。

吉　氏

吉氏，王汇如妻。年二十六寡，四十九卒。

王　氏

王氏，张炳文妻。年二十六寡，卒年五十一。

吴　氏

吴氏，曹克嶷妻。年二十九寡，卒年七十七。

张　氏

张氏，廪生沈宗毅妻。年二十七寡，三十八卒。

孙　氏

孙氏，顾光珠妻。年二十四寡，卒年五十七。

毛　氏

毛氏，姜浩渊妻。年二十一寡，卒年五十二。

陆　氏

陆氏，李玉衡妻。年二十七寡，卒年六十一。

夏　氏

夏氏，戴学声妾。年二十八寡，四十五卒。

吉　氏

吉氏，张庭模妻。年十九寡，卒年五十一。

冯　氏

冯氏，庠生张梦林妻。年二十九寡，卒年七十二。

顾　氏

顾氏，庠生张文继妻。年二十三寡，卒年六十八。

张　氏

张氏，顾宗涑妻。年二十七寡，卒年五十。

张　氏

张氏，汪韫铨妻。年二十八寡，卒年五十八。

屠　氏

屠氏，萧振翰妻。年三十寡，卒年六十六。

王　氏

王氏，监生陆濬妻。年三十寡，卒年五十四。

季　氏

季氏，陆世芬妻。年二十三寡，卒年五十八。

张　氏

张氏，陆熙妻。年二十八寡，四十九卒。

毕　氏

毕氏，王金诏妻。年二十三寡，四十七卒。

方　氏

方氏，顾树本妻。年二十九寡，四十六卒。

魏　氏

魏氏，监生施星海妻。年二十七寡，卒年六十四。

范　氏

范氏，王鋆妻。年二十六寡，三十九卒。

周　氏

周氏，张允昇妻。年二十七寡，卒年七十一。

王　氏

王氏，杨廷魁妻，年二十九寡。

周　氏

周氏，张维城妻，年十九寡。

蔡　氏

蔡氏，沙产芝妾，年二十四寡。

陈　氏

陈氏，周竣廷妻，年十九寡。

陈　氏

陈氏，陶景高妻，年二十八寡。

马　氏

马氏，吴序耀妻，年二十五寡。

王　氏

王氏，钱锡璋妻，年二十四寡。

王　氏

王氏，徐永山妻，年二十寡。

金　氏

金氏，王庆妻，年二十四寡。

王　氏

王氏，庠生吴豹蔚妻，年二十四寡。

吕　氏

吕氏,李荫松继妻,年三十寡。

陆　氏

陆氏,张堉妻,年二十五寡。

顾　氏

顾氏,监生郁钟麟继妻,年二十九寡。

姚　氏

姚氏,邵松宇妻,年二十九寡。

张　氏

张氏,陈胜祥妻,年二十三寡。

李　氏

李氏,镇海卫籍尹汝莹妻,年三十寡。

周　氏

周氏,徐学林妻,年二十九寡。

王　氏

王氏,朱兆泰妻,年三十寡。

石　氏

石氏,山东青州府知府汪彦博妾,年二十五寡。

尹　氏

尹氏,王汝生妻,年二十八寡。

王　氏

王氏,姜桂蟾妻,年二十五寡。

萧　氏

萧氏,王春元妻,年二十四寡。

吕　氏

吕氏,程蓬庵妻,年二十七寡。

甘　氏

甘氏，汪之俊妻，年二十八寡。

张　氏

张氏，汪承钰妻，年二十六寡。

王　氏

王氏，孙鸿儒妻，年二十三寡。

马　氏

马氏，季镛妻，年二十一寡。

张　氏

张氏，陈尔昌妻，年二十九寡。

盛　氏

盛氏，杨守仁妻，年二十七寡。

严　氏

严氏，盛鸣高妻，年二十九寡。

潘　氏

潘氏，汪云江妻，年二十六寡。

姚　氏

姚氏，尹寿妻，年二十一寡。

邵　氏

邵氏，蒋珍妻，年三十寡。

陆　氏

陆氏，钱珪妻，年二十二寡。

周　氏

周氏，谈圣扬妻，年二十九寡。

王　氏

王氏，展胜观妻，年二十九寡。

曹　氏

曹氏，赵毓球妻，年二十七寡。

叶　氏

叶氏，曹永龄继妻，年二十八寡。

何　氏

何氏，张象贤妻，年二十五寡。

唐　氏

唐氏，查承苍妻，年二十寡。

张　氏

张氏，周之祺妻，年三十寡。

杨　氏

杨氏，张孝扬妻，年二十八寡。

陆　氏

陆氏，庠生王殿松妻，年二十四寡。

郑　氏

郑氏，郁凤翔妻，年二十二寡。

金　氏

金氏，王缵妻，年二十四寡。

时　氏

时氏，陆作霖妻，年二十一寡。

郑　氏

郑氏，钱企妻，年二十三寡。

沈　氏

沈氏，赵元锡继妻，年三十寡。

胡　氏

胡氏，王宗洛妻，年三十寡。

袁氏

袁氏，王富生妻，年二十一寡。

陈氏

陈氏，倪士发妻，年三十寡。

沈氏

沈氏，钱耀龙妻，年二十六寡。

龚氏

龚氏，沈攀凤妻，年二十三寡。

李氏

李氏，庠生王启祥妻，年二十二寡。

陆氏

陆氏，王光祚妻，年二十六寡。

张氏

张氏，徐震伯妻，年二十八寡。

陈氏

陈氏，瞿克俊妻，年二十四寡。

黄氏

黄氏，杨汉章妻，年二十一寡。

瞿氏

瞿氏，杨汉云妻，年二十一寡。

潘氏

潘氏，陈钦照妻，年二十八寡。

周氏

周氏，许观润聘妻。年十六，归许为童养媳。二十岁，观润殁，父母欲迎归择配。氏曰："既入许门，当为许氏鬼。"遂矢志守贞。嗣子文蔚夭，又嗣登书为子，娶妇生子而殁，氏与孀媳王氏同抚孤孙。

周　氏

周氏，蔡廷爵聘妻。五岁为童养媳。二十二岁，廷爵殁，氏矢志守贞。嗣侄德裕为后。

吴　氏

吴氏，监生亦彬女。年二十一，父病笃，氏割臂肉和药以进，病遂愈。

李　氏

李氏，坤元次女。以长兄良彩赴京为供事，仲兄亦出外谋生，氏愿侍养父母，誓不适人。迨亲殁，仍守贞不字。以上道光三十年第三次汇报旌。

王　氏

王氏，廪生陆文海妻。年二十七寡。夫故三日，一恸而亡。咸丰元年旌。

黄　氏

黄氏，吴海妻。嘉庆十九年，县学王麟孙给奖。

陆　氏

陆氏，廪生陈熙妻。道光四年，知州张作楠给奖。

王　氏

王氏，庠生胡枚妻。年三十三寡，抚孤熊，贡生。道光五年，知州张作楠给奖。

严　氏

严氏，毛式金妻。年二十三寡。道光七年，学政辛从益给奖。

陆　氏

陆氏，监生丁天佑继妻。道光八年，学政辛从益给奖。

陈　氏

陈氏，宋培义妻。道光八年，学政朱方增给奖。

熊　氏

熊氏，陆念曾妻。道光九年，学政申启贤给奖。

周　氏

周氏，许润聘妻。道光十年，学政白口口[1]给奖。

奚　氏

奚氏，项璇妻。道光十一年，布政使梁章钜给奖。

丁　氏

丁氏，薛亦兰妻。道光十一年，学政汪守和给奖。

石　氏

石氏，朱凤岗妻。

侯　氏

侯氏，董安澜妻。以上道光十三年，学政廖鸿荃给奖。

孙　氏

孙氏，胡志继妻。

侯　氏

侯氏，邢瑞玠妻。

吴　氏

吴氏，邢殿臣妻。以上道光二十四年，学政张芾给奖。

俞　氏

俞氏，施锡祉妻。道光二十七年，学政李煌给奖。

包　氏

包氏，朱裕祥妻。

顾　氏

顾氏，张效兰妻。道光二十八年，学政青麟给奖。

王　氏

王氏，徐子焯妻。咸丰元年，学政青麟给奖。

1　此二字原稿为墨丁。

汪　氏

汪氏，郁书文妻。二十七寡。家贫，无子，矢志苦守，卒年四十四。

钱　氏

钱氏，郑洪源妻。年二十九寡，卒年六十九。嗣侄桂照为后。

王　氏

王氏，许登书妻。年三十寡，遗孤成锷甫离襁褓，薪水借十指以给。

吴　氏

吴氏，顾宗信妻。年二十九寡，抚子兆泉，日则力耕，夜则纺绩，至老不倦。

王　氏

王氏，顾锡瑕妻。年三十寡，嗣子春霖。

陈　氏

陈氏，王仲瑄妻，年二十七寡。

杨　氏

杨氏，郁凤诰妻。年三十，夫亡，遗孤璿尚幼，尽心抚育。

胡　氏

胡氏，监生杨万仁继妻，年三十三寡。

张　氏

张氏，庠生王仲玢妻。年三十一寡，抚子女完婚嫁，并营葬舅姑及夫柩。卒年五十五。

徐　氏

徐氏星姑，洪女。幼失怙，无兄弟姊妹，矢志终身奉母。母洪氏不听，年及笄，许字璜泾某氏。未几，某卒，氏奔丧成服，仍还母家，奉母终身。卒年六十。以上咸丰二年，知州方传书给奖。

卷二八　人物

镇洋县名媛

国朝

张　氏

张氏藻，字于湘，青浦人。诗传家学，少与兄凤孙唱和，适毕镛为继妻。著有《培远堂集》，王昶叙之。子沅，官陕西巡抚。乾隆四十五年，圣驾南巡，沅居忧，谒行在，具奏母氏贤行，上赐“经训克家”额旌之。沅建楼灵岩别业以奉宸章。

王　氏

王氏佩华，字兰如。有夙慧，通四子书，家人以“女秀才”目之。长归庶子汪学金，次子彦国，以孝闻。后学佛持净戒，自号慈愿。性和顺，尤好施济。著有《愿香笔记》，精融梵理。临殁，炷香趺坐，西向而逝。

刘　氏

刘氏，江西萍乡人，侍郎凤诰女，刑部郎中汪元爵妻。知书，晓大义。先是，元爵世父彦博欲创立义仓以备歉岁赈贷，不果。元爵有志缵成，未及而卒。氏出白镪五千金成之。事闻，得旨给“乐善好施”坊旌表。

后 跋

吾乡鳌《志》以后，失修已历五十年。咸丰二年，先大父创议重修，偕季菘耘、赵耳山、叶涵溪、毕雄伯诸先生开局分纂，旋以军兴，未及卒业，仅成《人物传》数十卷。先敏肃公暨叔父通守公，屡欲付梓，以公冗未果。光绪六年，溯耆携之武昌，敬治剞劂，阅六月工竣。以先人未成之书，仍其名曰《壬癸志稿》，盖壬子、癸丑二年所作也。敬志颠末如此。

光绪六年岁在庚辰冬十有一月，孙溯耆谨识。

编后记

太仓历代旧志是太仓宝贵的历史文化资源，是娄东文化的重要组成部分，做好太仓旧志整理工作，对于传播、弘扬太仓优秀历史文化，赓续娄地文脉，推进太仓社会主义文化强市建设具有重要意义。根据国务院《地方志工作条例》、《江苏省地方志工作条例》和苏州市《关于全市旧志整理工作的实施方案》，2022年7月，太仓市印发了《太仓市旧志整理工作实施方案》，明确提出：太仓旧志整理工作的形式为点校，并采用简体横排、西式精装的形式出版。整理的基本任务书目为22种，其中州县志11种、乡镇志7种、山水志2种、专志2种。计划从2022年开始，分州志、县志（州志残本）、乡镇志、专志四个系列，采用逐年分项分系列的形式完成太仓现存所有旧志的点校出版工作，并同步完成数字化处理。

此次点校出版的《壬癸志稿》是一部太仓古代人物专志，由出版单位广陵书社邀请陈吉祥、陈必佳完成点校整理。在此对出版单位和两位学者一并表示感谢。

习近平总书记在考察中国国家版本馆中央总馆时指出：中华民族的一些典籍在岁月侵蚀中已经失去了不少，留下来的这些瑰宝一定要千方百计呵护好、珍惜好，把我们这个世界上唯一没有中断的文明继续传承下去。今天，我们启动《壬癸志稿》《太仓州志》等太仓历代旧志的点校整理工作，就是对地方历史文化的保护、传承，以期这些散发着中华文化独特气韵的历史文献在新时代推动文化繁荣、建设文化强市方面发挥新的作用。在此也敬祈专家学者和广大读者予以协助，并对志书疏漏之处予以指正。

编者

2023年6月